AF634527

Hartmut Reiners

Die ökonomische Vernunft der Solidarität

Diese Publikation wurde durch die Georg-Friedrich-Knapp-Gesellschaft für Politische Ökonomie e. V. ermöglicht.

Bibliografische Information der Deutschen Bibliothek:
Die Deutsche Bibliothek verzeichnet diese Publikation in der Deutschen Nationalbibliografie.
Detaillierte bibliografische Daten sind im Internet über http://dnb.ddb.de abrufbar.

2. unveränderte Auflage 2024
© 2023 Promedia Druck- und
Verlagsgesellschaft m. b. H., Wien
Alle Rechte vorbehalten

Umschlaggestaltung: Stefan Fuhrer

Druck: Custom Printing, Warszawa
Printed in Poland
ISBN: 978-3-85371-516-1

Promedia Verlag
E-Mail: promedia@mediashop.at
Web: www.mediashop.at
www.verlag-promedia.de

Hartmut Reiners

Die ökonomische Vernunft der Solidarität

Perspektiven einer demokratischen Sozialpolitik

PROMEDIA

EDITION MAKROSKOP

Über den Autor

Hartmut Reiners, geboren 1945 in Bad Rothenfelde (Niedersachsen), ist Volkswirt und Gesundheitsökonom. Er war viele Jahre in den Gesundheitsministerien von Nordrhein-Westfalen und Brandenburg tätig und an Reformen der Krankenversicherung zwischen 1988 und 2009 beteiligt.

Inhalt

Einleitung

Francis Fukuyama traf 1989 mit seinem Essay »Das Ende der Geschichte?« den publizistischen Zeitgeist. Die liberale Zivilgesellschaft und die Marktwirtschaft hätten sich endgültig als politische und ökonomische Modelle etabliert, der Sozialismus sei daher tot und begraben. Diese Erzählung bezog sich auf die nach dem Ende des Zweiten Weltkriegs entstandene Systemkonkurrenz zwischen der kapitalistischen Marktwirtschaft des Westens und der zentralen Planwirtschaft des RGW-Systems in Mittel- und Osteuropa, das Ende der 1980er Jahre implodierte. In den folgenden Jahren wurde dieser Systemkonflikt in der politischen Arena auf den Wohlfahrtsstaat projiziert, der sich in den westlichen Industrieländen in unterschiedlichen Ausprägungen etabliert hatte. Marktliberale Ökonomen und Publizisten sehen in ihm eine »Teufelsmühle« (Hank 2010), die mit ihren expansiven Mechanismen das erfolgreiche Modell der sozialen Marktwirtschaft zerstöre und die globale Wettbewerbsfähigkeit der deutschen Wirtschaft beeinträchtige.

Dieser Behauptung steht die Tatsache gegenüber, dass in den »reichen Demokratien« (Wilensky 2006) die seit 60 Jahren kontinuierlich wachsenden Sozialbudgets mit einem soliden Wirtschaftswachstum einhergegangen sind. In der alten Bundesrepublik Deutschland lag die Sozialleistungsquote des Bruttoinlandsprodukts (BIP) 1960 bei 18,3 Prozent. Sie stieg bis 1990 auf 24,1 Prozent und liegt heute (2021) im vereinten Deutschland bei 32,5 bzw. 30,3 Prozent, wenn man die pandemiebedingten Effekte herausnimmt. Diese Entwicklung muss den »neuen Staatsfeinden« (Roß 1998) eigentlich ein Rätsel sein. Wie kann es sein, dass der Sozialstaat mit wachsendem Wohlstand expandiert, wo der ihm doch eigentlich nach ihrer Auffassung die Existenzgrundlage entziehen sollte? Wie kann diese Entwicklung mit Wirtschaftswachstum und steigender Produktivität einhergehen, wo steigende Sozialausgaben ihren Modellen zufolge zu wirtschaftlicher Stagnation, wenn nicht Rezession führen?

Politische Ökonomie des Sozialstaats

Die Herausgeber einer Denkschrift zu 60 Jahren Sozialgerichtsbarkeit stellen in ihrer Einleitung fest, dass die Ökonomen in der Forschung und Lehre zu Fragen der Sozialstaatlichkeit in den letzten Dekaden massiv an Gewicht verloren haben (Masuch et al. 2015: VIII). Lehrstühle für Sozialpolitik, die früher zur Standardausstattung von Ökonomie-Fakultäten gehörten, gibt es kaum noch. Die in der akademischen Lehre dominierende neoklassische Ökonomik kann mit der Sozialpolitik wenig anfangen. Sie wird auf Sozialabgaben als betriebswirtschaftlicher Kostenfaktor reduziert (Schmähl 2015: 31f.).

Die wenigen von der Lehrbuchökonomie präsentierten Abhandlungen zur Sozialpolitik basieren großenteils auf der in den 1950er Jahren in den USA entwickelten Public-Choice-Theorie, die in Deutschland in den 1980er Jahren auch als Neue Politische Ökonomie bekannt wurde. Sie repräsentiert einen »ökonomischen Imperialismus« (Kenneth Boulding), der die auf die Marktwirtschaft gemünzte Denkfigur des Homo oeconomicus auf die sozialen Sicherungssysteme überträgt. Deren Besonderheiten werden als fatale Abweichungen von marktwirtschaftlichen Regeln interpretiert, ohne zu fragen, ob diese im Sozialstaat überhaupt eine Relevanz haben.

Die seit über 20 Jahren in den Sozialstaat implantierten marktanalogen Mechanismen haben zu schweren Verwerfungen geführt. Dieser Sachverhalt wird im sozialpolitischen Diskurs aber nicht als *ökonomisches* Problem diskutiert, sondern als Frage der sozialen Gerechtigkeit. Diese »Subjektivierung der Sozialpolitik« (Stefan Lessenich) blendet die ökonomischen Parameter sozialer und gesundheitlicher Dienste aus, die sich zu einer großen Sozialökonomie entwickelt haben. Zwischen der Ökonomisierung und der Kommerzialisierung der Absicherung sozialer Risiken wird kaum unterschieden. Es mangelt an einer ökonomischen Fundierung der Sozialpolitik als der Steuerung eines Wirtschaftszweiges mit mehr als acht Millionen Beschäftigten, der sich grundlegend von anderen Branchen unterscheidet.

Strukturwandel des Sozialstaates

Das Wachstum des Sozialbudgets hängt nicht zuletzt mit den seit den 1960er Jahren steigenden Ausgaben für gesundheitliche und soziale Dienste zusammen. Heute besteht das Sozialbudget zu fast 40 Prozent aus Sachleistungen. Die in der Literatur vorherrschende Charakterisierung des Sozialstaats als reine Transfermaschine stimmt nicht mehr. Während Lohnersatzleistungen wie Renten und Arbeitslosengeld sich in den vom Lohnniveau vorgegebenen Grenzen entwickeln, steigen die Ausgaben für gesundheitliche und soziale Dienste überproportional zum BIP und den Löhnen. Dieser Strukturwandel wird von der Definition der Sozialpolitik als »Politik der Einkommensverteilung« (Elisabeth Liefmann-Keil) ausgeblendet, die nach wie vor den sozialpolitischen Diskurs bestimmt. Auch der politökonomisch hochgebildete Soziologe Heiner Ganßmann sah im Sozialstaat »nichts anderes als auf politischem Wege geltend gemachte Verteilungsansprüche« (2009: 54). Diese Eigenschaft hat er nach wie vor, insbesondere in der Renten- und Arbeitslosenversicherung. Aber es ist eine verkürzte Sicht, den Sozialstaat auf ein System von Transferleistungen zu reduzieren.

Der steigende Anteil der gesundheitlichen und sozialen Dienste am Sozialbudget hat seine Wurzeln in deren gegenüber der Industrieproduktion geringerer Rationalisierbarkeit. Konsumgüter haben heute einen deutlich geringeren Anteil an den Lebenshaltungskosten als früher, dafür geben wir mehr Geld für Dienstleistungen wie die in der gesundheitlichen und pflegerischen Versorgung aus. Das ist keine Kostenexplosion, als die diese Entwicklung oft dramatisiert wird, sondern die Folge des Strukturwandels moderner Volkswirtschaften von einer Industrie- zu einer Dienstleistungsgesellschaft.

Die Gesetzlichen Kranken- und Pflegeversicherungen sind die Basis einer Dienstleistungswirtschaft, in der sechs Millionen Beschäftigte zwölf Prozent des Bruttoinlandsprodukts (BIP) erwirtschaften. Auch die anderen Sozialversicherungen bieten Dienstleistungen in der Gesundheitsförderung, medizinischen Rehabilitation und beruflichen Fortbildung an. Der moderne Sozialstaat schafft Jobs, mit denen die durch die Rationalisierung und Digitalisierung in der Industrie einhergehenden Arbeitsplatzverluste kompensiert werden können.

Er hat sich mit seinen Diensten genauso wie das Bildungswesen und die Verkehrsinfrastruktur zu einem unverzichtbaren Teil der gesamtwirtschaftlichen Reproduktion entwickelt, dessen Budget man nicht willkürlich mit einer »Sozialbremse« (Peter Altmeier) begrenzen kann, ohne die gesundheitliche und soziale Versorgung der Bürgerinnen und Bürger zu gefährden. Deren Kosten verschwinden nicht mit ihrer Privatisierung, vielmehr wachsen sie, weil sie der Kosten- und Qualitätskontrolle des Sozialversicherungssystems entzogen und privaten ökonomischen Interessen untergeordnet werden. Das erhöht die Lebenshaltungskosten und damit indirekt auch die Lohnkosten. Die Vorstellung, mit der Verlagerung der Sozialabgaben in die privaten Haushalte würden sich die Kosten des Faktors Arbeit verringern, ähnelt dem Glauben von Kleinkindern, man würde sie nicht mehr sehen, wenn sie sich die Hände vors Gesicht halten.

Die ökonomische Vernunft des Sozialstaats

Marktliberale Ökonomen bestreiten nicht, dass eine allgemeine Absicherung sozialer Risiken wie Arbeitslosigkeit, Alterung und Krankheit erforderlich ist. Sie sehen darin aber keine genuin staatliche Aufgabe. Man müsse sie vielmehr privaten Versicherungsunternehmen übertragen, weil diese die allgemeine Risikoabsicherung wirtschaftlicher durchführen könnten als die von Natur aus träge und ineffiziente Sozialbürokratie. F. A. Hayek fasste diese Überzeugung in der für ihn rhetorischen Frage zusammen: »Kann ernstlich geleugnet werden, daß die meisten Menschen besser gestellt wären, wenn ihnen das Geld ausgehändigt werden würde und es ihnen frei stünde, ihre Versicherung von privaten Unternehmungen zu kaufen?« (Hayek 2005: 399).

Seit Jahren wird das wachsende Gesundheits- und Sozialwesen von mächtigen Unternehmen als ein sicheres und renditeträchtiges Anlageobjekt entdeckt. Diese Bestrebungen lassen sich kaum mit moralischer Empörung über eine unsoziale Ökonomisierung und die Profitgier von immer mehr Krankenhäuser und Arztpraxen finanzierenden Hedgefonds wirksam bekämpfen. Der Sozialstaat hat zwar mit dem Ziel, allen Bürgerinnen und Bürgern ein menschenwürdiges Leben zu ermöglichen, einen sozialethischen Grundzug. Aber er hat auch gewichtige wirtschaftliche Argumente auf seiner Seite. Er kann allgemeine Lebensrisiken wie Arbeitslosigkeit, Alterung und Krankheit effektiver absichern als privatwirtschaftliche Alternativen.

Eine auskömmliche Rente, eine umfassende gesundheitliche Versorgung, die Sicherheit am Arbeitsplatz und die Existenzsicherung bei Arbeitslosigkeit gehören zum Standard moderner Gesellschaften, der auch in der Sozialcharta der EU kodifiziert ist. Private Absicherungen dieser Risiken können sich nur dann legitimieren, wenn sie diese Aufgabe effektiver und wirtschaftlicher wahrnehmen als öffentliche Institutionen. Das ist aber nachweislich nicht der Fall, wie in den Kapiteln 4 bis 7 dieses Buches gezeigt wird:[1]

- Eine *Arbeitslosenversicherung* wird von der Versicherungswirtschaft gar nicht angeboten. Die Arbeitsmarktrisiken sind von Bedingungen abhängig, die

1 Die Gesetzliche Unfallversicherung (GUV) wird in diesem Zusammenhang nicht berücksichtigt, obwohl sie die historische Keimzelle unseres Sozialversicherungssystems war. Sie hat eine Sonderstellung, weil sie keine Sozialversicherung für Erwerbstätige ist, sondern eine obligatorische Haftpflichtversicherung für alle Arbeitgeber, die von branchenbezogenen Berufsgenossenschaften organisiert wird. Die Beiträge werden nur vom Arbeitgeber entrichtet und richten sich nach den Risiken der Betriebe. Ein Solidarausgleich wie in den anderen Säulen der Sozialversicherung findet nicht statt.

von ihren Aktuaren nicht in Versicherungsprämien kalkuliert werden können.

- Das Umlageverfahren der *Gesetzlichen Rentenversicherung* ist weniger krisenanfällig als das von Unwägbarkeiten der internationalen Finanzmärkte und den Interessen von Kapitalanlegern abhängige Kapitaldeckungsverfahren. Dieses hat zudem hohe Overhead-Kosten und unerwünschte externe Effekte, zum Beispiel in Form sprunghaft steigender Preise auf dem Immobilienmarkt als einem bevorzugten Anlagebereich von Pensionsfonds.
- Die *Gesetzliche Krankenversicherung (GKV)* gibt für die gleichen medizinischen Versorgungsleistungen ein Drittel weniger aus als die *Private Krankenversicherung (PKV)*. Die in der Wirtschaftspresse ständig wiederholte Behauptung, ein einheitliches Krankenversicherungssystem führe »zu einer schlechteren Versorgung und weniger medizinischer Innovation« (FAZ 23. 09. 2022), ist aus der Luft gegriffen. Das duale System von GKV und PKV hat, wie der Wirtschafts-Sachverständigenrat (2004/2005) feststellte, keine ökonomische Legitimation.
- In der *Pflegeversicherung* bietet der von der PKV verwaltete private Zweig die gleichen gesetzlichen Leistungen wie die soziale Pflegeversicherung aber nur als Kostenerstattung, was mit erhöhtem bürokratischem Aufwand für die Versicherten und ihre Angehörigen verbunden ist.

Das Sozialversicherungssystem hat eine solide ökonomische Legitimation gegenüber privatwirtschaftlichen Absicherungen, aber auch einen erheblichen Reformbedarf. Eine sachgemäße Ausstattung der gesundheitlichen und sozialen Dienste, den sozialen Abstieg im Alter verhindernde Renten und die Integration von Langzeitarbeitslosen in den Arbeitsmarkt sind nicht ohne ein wachsendes Sozialbudget zu haben. Die Behauptung, das sei nicht finanzierbar, ist schon deshalb falsch, weil die Privatisierung der sozialen Sicherungssysteme keinen Spareffekt bringt, sondern, wie noch gezeigt wird, Ressourcenverschwendung und höhere Overhead-Kosten. Die Frage ist auch nicht die nach der Zahlungs*fähigkeit*, sondern die nach der Zahlungs*bereitschaft*. Wenn sich die deutsche Wirtschafts- und Sozialpolitik weiterhin an den Dogmen der *Schuldenbremse* und der *Sozialabgabenbremse* orientiert, werden wir die sozialen Probleme unseres Landes nicht bewältigen können.

Kapitel 1
Die Ökonomen und der Sozialstaat

Die meisten Ökonomen fremdeln mit der Sozialpolitik, deren Eigenarten nicht in ihre von Kosten-Nutzen-Kalkülen geprägte Gedankenwelt passen. An den deutschen Ökonomie-Fakultäten herrschen zwei miteinander verflochtene Denkschulen: die *neoklassische Ökonomik* mit dem Paradigma des nutzenmaximierenden *Homo oeconomicus* und der *Ordoliberalismus* mit dem Fokus auf eine Marktwirtschaft mit reguliertem Wettbewerb. Die Neoklassik betrachtet den Sozialstaat als eine systematische Fehlallokation von Ressourcen, was sie mit der Public-Choice-Lehre begründet. Demnach kann der Wohlfahrtsstaat nicht effektiv funktionieren, weil sich seine Akteure wie in der Marktwirtschaft am Eigennutz orientieren. Jeder versuche, aus den Angeboten des Sozialstaats so viel wie möglich für sich herauszuschlagen. Das setze eine »Teufelsmühle« (Hank 2010) von steigenden Sozialabgaben und sinkendem Wirtschaftswachstum in Gang.

Diese Auffassung teilt der die deutsche Wirtschaftspolitik seit den 1950er Jahren dominierende Ordoliberalismus und fordert, Sozialpolitik habe »in erster Linie Wirtschaftsordnungspolitik zu sein« (Eucken 1990: 315). Für Walter Eucken, Nestor dieser Lehre, bewirkt die Marktwirtschaft per se eine effektive Sozialpolitik, weil sie die »Wirtschaftsordnung mit dem höchsten wirtschaftlichen Wirkungsgrad« (ebenda) sei. Eine kartellrechtlich flankierte Wirtschaftspolitik bringe »Wohlstand für alle« (Ludwig Erhard) und löse damit auch die meisten sozialen Probleme. Man müsse die private

Vermögensbildung in Form von Sparplänen und Wohneigentum fördern und durch gezielte Geldleistungen kinderreiche Familien und einkommensschwächere Personengruppen unterstützen. Ansonsten solle man die staatlichen Sozialleistungen auf eine das Existenzminimum abdeckende Grundsicherung beschränken.

1.1 Der Homo oeconomicus im Sozialstaat

In der herrschenden Lehre wird die Ökonomik als die Wissenschaft von der Allokation knapper Ressourcen verstanden, gemäß der Definition von Lionel C. Robbins: »Die Ökonomie ist die Wissenschaft, welche das Verhalten der Menschen als Beziehung von Zielen und knappen Mitteln mit verschiedenem Nutzen untersucht.« (zit. nach Jochimsen und Knobel 1971: 16). Sie beschäftigt sich demnach mit Fragen der Nutzen- und Gewinnmaximierung unter dem Vorzeichen von Knappheit. Dieses Paradigma gilt für alle Akteure im Wirtschaftsleben, für etliche Ökonomen darüber hinaus auch für menschliches Verhalten schlechthin. Es ist entweder eine Leerformel, wenn es besagt, dass Handlungen von Personen stets von Ziel-Mittel-Relationen geprägt sind. Oder es ist eine übergriffige Ideologie, wenn damit die Gewinnmaximierung zu einer anthropologischen Konstante in allen Lebenslagen erklärt wird.

Der Homo oeconomicus als Denkfigur

Die von Robbins 1932 formulierte Definition vom ökonomischen Denken und Handeln hatte sich schon in der zweiten Hälfte des 19. Jahrhunderts als Denkansatz der neoklassischen Ökonomik durchgesetzt (Blaug

1996: 277ff.). Er richtet den Fokus auf die Knappheit von Gütern und hat damit eine andere Fragestellung als die klassische Ökonomik von Adam Smith über David Ricardo bis zu Karl Marx, in deren Mittelpunkt die Untersuchung über das »Wesen und die Ursachen des Reichtums der Nationen« steht, wie es im Titel des Hauptwerkes von Adam Smith formuliert wird.

Eine solche Ökonomik beschäftigt sich mit der arbeitsteiligen Produktion von Gütern und deren Anerkennung auf den Märkten als gesellschaftlich nützliche Dinge. Sie entstand mit der Industrialisierung im 18. und 19. Jahrhundert, die zur Massenproduktion von Gütern jenseits von Subsistenzwirtschaft, feudalem Merkantilismus und monopolistischen Zünften führte.

Die Bauernmärkte und Handwerkermessen im ausgehenden Mittelalter waren strikt reguliert und hatten nicht den Charakter von Warenmärkten. Das Erwerbsstreben stand zudem unter dem biblischen Verdikt von Habgier und Selbstsucht. Der als Nestor der Ökonomik geltende Adam Smith war eigentlich Moralphilosoph. Er wollte zeigen, dass die freie Marktwirtschaft keineswegs, wie Klerus, Adel und Zünfte warnten, im Chaos und Sittenverfall endet, sondern über eine unsichtbare Hand zur rationalen Steuerung des Warenaustausches führt. Er fasste dies in einer der berühmtesten Sentenzen der ökonomischen Theorie zusammen (Smith 1963: 21f.):

> »Wir erwarten unser Essen nicht von der Wohlfälligkeit des Fleischers, Brauers oder Bäckers, sondern davon, dass sie ihre eigenen Interessen wahrnehmen. Wir wenden uns nicht an ihre Menschlichkeit, sondern an ihre Eigenliebe und sprechen nie von unseren Bedürfnissen, sondern von ihren Vorteilen.«

Dieses Verhalten von Marktteilnehmern kombinierten Ökonomen wie Stanley Jevons, Carl Menger und Leon Walras in der zweiten Hälfte des 19. Jahrhunderts mit dem *Gossen'schen Gesetz* des sinkenden Grenznutzens von Gütern (Hofmann 1964: 129ff.). Der tritt ein, wenn für jede zusätzlich für ein bestimmtes Gut ausgegebene Geldeinheit der damit erworbene Zusatznutzen geringer wird. Die Höhe des Preises einer Ware hängt demnach von ihrer Knappheit ab, die mit steigender Nachfrage zu Preiserhöhungen und bei abnehmender Nachfrage zu Preissenkungen führt. Die Aufgabe von Ökonomen wird darin gesehen, den Gleichgewichtspunkt zu bestimmen, an dem Zusatzaufwand und Zusatznutzen im Einklang stehen.

Damit wurde die Ökonomik in eine Praxeologie transformiert, deren Mechanismen sich unabhängig von Raum und Zeit auf alle Menschen und ihre sozialen Beziehungen anwenden lassen. Sie gelten für Robinson auf seiner Insel ebenso wie für global aufgestellte Großkonzerne. Der Begriff vom ökonomischen Denken und Handeln gleitet damit in die Trivialität ab, dass »ungeachtet der Gegebenheiten und namentlich der institutionellen Ordnung einer Gesellschaft, das menschliche Handeln, soweit es rational ist, immer versuchen wird, das Beste aus jeder gegebenen Situation herauszuholen« (Schumpeter 1972: 128).

Die in zahlreichen Publikationen ausführlich belegte Kritik, die von der Denkfigur des Homo oeconomicus vorgestanzten Modelle seien spekulativ und hätten keine seriöse wissenschaftliche Fundierung,[2] perlt an

2 Vgl. Albert 1963, Aldred 2020, Bell und Kristol 1984, Frank 1976, Hofmann 1968, Vogt 1973.

den meisten Ökonomen ab. Sie werden in ihrer akademischen Ausbildung im Denken und Formulieren von Optimierungsmodellen trainiert. Weichen diese von der Empirie ab, wird die Diskrepanz nicht auf eine mangelhafte Theorie zurückgeführt, sondern einer falschen Realität angelastet oder mit Hilfe der notorischen Ceteris paribus-Klausel[3] von der komplizierten gesellschaftlichen Wirklichkeit abgeschottet. Der britische Ökonom Jonathan Aldred kommt in seiner kritischen Bestandsaufnahme der neoklassischen Ökonomik zu dem Ergebnis, sie bestehe »aus einer Sammlung hochgradig unrealistischer Geschichten über einen selbstsüchtigen und hyperrationalen *homo oeconomicus*« (Aldred 2020: 23, Hervorhebung im Original), den der Ökonom und Sozialphilosoph Amartya Sen (2020) einen »rationalen Dummkopf« nennt.

Public Choice

Die Public-Choice-Lehre ist die Reaktion der neoklassischen Ökonomik auf den Wohlfahrtsstaat und wird auch von Soziologen als wichtiger Beitrag zur Analyse sozialer Mechanismen des Wohlfahrtsstaates gewürdigt (Berger 2001, Bude 2019). Sie hat Vorläufer in Joseph Schumpeters Theorie der Demokratie und im Unmöglichkeitstheorem von Kenneth Arrow:

- Joseph Schumpeter zieht eine Parallele zwischen Märkten und der Politik, die in der Demokratie ein

3 Diese Klausel setzt alle anderen als die im jeweiligen Modell enthaltenen Parameter konstant und schließt damit entsprechende Einflüsse aus den Überlegungen aus.

»Wahlstimmenmarkt« sei (Schumpeter 1972: 427ff.). Dort gehe es nicht um die Suche nach optimalen Problemlösungen, sondern um das Erringen politischer Mehrheiten. Zwischen einem in Wahlen geäußerten Volkswillen und dem individuellen Wollen bestehe ein Widerspruch, der nicht harmonisch in eine »volonté générale« überführt werden könne.

- Kenneth J. Arrow untermauerte Schumpeters These, ohne sich direkt auf sie zu beziehen, in seinem die Public-Choice-Lehre begründenden Werk »Social Choice and Individual Values« (Arrow 1951) mit dem Unmöglichkeitstheorem. Er zeigt mit mathematischer Beweisführung, dass es kein demokratisches Politiksystem geben kann, das eine kollektive Präferenz hervorbringt.

Anthony Downs (1965) formulierte auf Basis dieser Grundannahmen eine »Ökonomische Theorie der Demokratie«, die davon ausgeht, dass politisch gesteuerte Systeme wie Märkte nach dem Muster der individuellen Nutzenmaximierung funktionieren. James M. Buchanan und Gordon Tullock (1962) und Mancur Olson (1968) leiteten daraus einen Strukturmangel aller kollektiven Systeme wie Sozialversicherungen und Gewerkschaften ab. Sie behaupten, dass dort individuell rationales Handeln zu ökonomisch irrationalen Ergebnissen führt. Organisationen, die Kollektivgüter anbieten, stünden vor einem Dilemma. Eine freiwillige Mitgliedschaft habe Trittbrettfahrer-Effekte zur Folge, da auch Nicht-Mitglieder von den Leistungen profitierten. Das zahlende Mitglied sei der oder die Dumme, jedenfalls ergebe es für einzelne Personen keinen ökonomischen Nutzen, dieser Organisation beizutreten. Deshalb könne sie nur auf Basis einer Zwangsmitgliedschaft Bestand haben, etwa mit einer Sozialversicherungspflicht oder einem Tarifmonopol von Gewerkschaften.

Moral Hazard

Dieser Zwang wiederum provoziere eine Überinanspruchnahme von Leistungen, da jedes Mitglied ohne Rücksicht auf seinen tatsächlichen Bedarf für seine Beiträge so viel wie möglich wieder aus dem gemeinsamen Topf herauszuholen versuche. Aus der Tatsache, dass es für alle Gruppenmitglieder vorteilhaft wäre, wenn das gemeinsame Ziel erreicht würde, folge nämlich nicht, dass sie auch ihr individuelles Handeln auf die Erreichung dieses Ziels ausrichten würden. Zwar sei es im Interesse aller, sich solidarisch zu verhalten. Da jedoch die einzelnen Gruppenmitglieder befürchten müssten, dass die jeweils anderen sich eigennützig verhalten und damit Vorteile verschaffen, verhalten sie sich selbst auch so, um nicht zu den Benachteiligten zu gehören. Gruppenziele und individuelles Verhalten der Gruppenmitglieder würden sich in dem Maß auseinanderentwickeln, wie die Gruppe wachse. Je größer diese sei, umso schwieriger sei es für einzelne Mitglieder, das Verhalten der anderen einzuschätzen oder zu kontrollieren. Die Anonymität großer sozialer Einheiten verführe zwangsläufig dazu, sich des von der Gruppe bereitgestellten Gutes übermäßig zu bedienen.

Diese Erzählung wird als *Moral Hazard* bezeichnet, ein aus der Feuerversicherung in den USA stammender Begriff, der das Risiko der fahrlässigen, wenn nicht mutwilligen Brandstiftung durch Versicherte meint. Zu seiner Illustration werden von ihren Protagonisten gerne

Begebenheiten aus dem Alltag herangezogen, die mit Politik nichts zu tun haben. Der Sozialökonom Philip Herder-Dorneich, der Moral Hazard als »Rationalitätenfalle« bezeichnet, wählt das Gleichnis eines alkoholseligen Betriebsausfluges. Werde ein solches Vergnügen per Umlage mit der gleichen Pauschale für alle Teilnehmer finanziert, sei es für niemanden lohnend, auf ein Bier zu verzichten. Im Gegenteil, es sei ökonomisch rational, mehr als die anderen zu trinken, um hinterher nicht derjenige zu sein, der mit seiner Enthaltsamkeit den Rausch der anderen finanziert. Herder-Dorneich konstatiert (1982: 50): »Bei Umlagen wird Zurückhaltung im Konsum irrational.« Das ist schon mit Bezug auf Betriebsausflüge eine gewagte These, geht aber an der Realität des Sozialstaats weit vorbei.

Das Moral-Hazard-Theorem spielt vor allem in der Gesundheitsökonomik eine Rolle. Es wurde in den 1960er Jahren von Kenneth Arrow (1963) und Mark Pauly (1968) im Zusammenhang mit der Einführung einer sozialen Krankenversicherung für Rentner (*Medicare*) und Sozialhilfeempfänger (*Medicaid*) in den USA entwickelt. Sie setzten jedoch unterschiedliche Akzente. Arrow konstatiert eine grundsätzliche ökonomische Asymmetrie im Gesundheitswesen, die sich aus der dominanten Position der Ärztinnen und Ärzte ergibt. Auf deren Expertise müssen sich die Patientinnen und Patienten verlassen. Aber ärztliches Handeln orientiert sich nicht nur an medizinischen Erfordernissen, sondern auch an den ökonomischen Interessen der Arztpraxen und Krankenhäuser. Arrow sah in der sich daraus ergebenden angebotsinduzierten Nachfrage auch ein moralisches Problem. Aber man kann ökonomische Interessen nicht mit Appellen an das Gewissen des medizinischen Personals eingrenzen, sondern nur mit kollektivvertraglichen Vereinbarungen über Vergütungen und die Sicherung der Versorgungsqualität (Näheres in Kapitel 6). Mark Pauly sah das anders und verortete das Problem der Leistungsausweitungen im Gesundheitswesen eher in Fehlanreizen eines vollen Krankenversicherungsschutzes. Ohne finanzielle Eigenverantwortung der Versicherten in Form von finanziellen Eigenbeteiligungen käme es zu einer Überinanspruchnahme von Leistungen.

Die Debatte über angebots- und nachfrageinduzierte Moral-Hazard-Effekte wird bis heute in den Lehrbüchern zur Gesundheitsökonomik geführt (Breyer et al. 2013, Hajen et al. 2017). Auch neoklassische Ökonomen gehen davon aus, dass die freie Marktwirtschaft im Gesundheitswesen wegen der Asymmetrie im Arzt-Patienten-Verhältnis nicht funktionieren kann. Deshalb solle man dort nur marktähnliche Instrumente der Kostensteuerung und Preisbildung verwenden, um zu einer möglichst optimalen Ressourcenverwendung zu gelangen. Sie sehen in Selbstbehalten und Zuzahlungen der Versicherten effektive Mechanismen zur Steuerung der Inanspruchnahme medizinischer Leistungen. Geht diese nach einer Einführung oder Erhöhung von privaten Zuzahlungen zurück, wird das als eine Bestätigung des Moral-Hazard-Theorems gewertet.

Die Abnahme von Arztbesuchen oder des Arzneimittelverbrauchs ist jedoch an sich kein valider Beleg für positive Anreizwirkungen von Selbstbeteiligungen. Sie können zwar je nach ihrer Höhe Auswirkungen auf die Inanspruchnahme von Leistungen und die Ausgaben der Krankenversicherungen haben. Aber finanzielle Belastungen können Versicherte auch von einer rechtzeitigen medizinischen Behandlung abhalten, was die gesundheitlichen Risiken erhöht und zu vermeidbaren Kostensteigerungen im Gesundheitswesen führt. Paulys These der systematischen Fehlanreize für Mitglieder von Krankenversicherungen hat keine empirische Evidenz. Sie taugt noch nicht einmal als Prüfhypothese, weil sie unterstellt, dass medizinische Behandlungen ein erstrebenswerter Genuss sind, von dem man gar nicht genug bekommen kann. Diese Annahme kann man schon mit dem Hinweis auf Zahnbehandlungen, die lästige 24-Stunden-Blutdruckmessung und die leidvolle Chemotherapie als unrealistisch verwerfen. Auch die Behauptung, eine soziale Krankenversicherung verleite zu gesundheitlich riskantem Verhalten, weil sie für dessen Folgen aufkomme, geht an der Realität vorbei. Die gesundheitlichen Chancen und Risiken hängen vor allem von den genetischen Eigenschaften der Menschen und ihrer sozialen Lage ab, die sie beide individuell gar nicht oder nur sehr begrenzt beeinflussen können.

Die entscheidende Frage ist, ob es Eigenbeteiligungen der Versicherten geben kann, mit der die GKV-Ausgaben begrenzt werden, ohne damit sozial Schwache und chronisch Kranke auszugrenzen oder finanziell zu überfordern. Alle bisher dazu gemachten Untersuchungen laufen darauf hinaus, dass es die sozialverträgliche und zugleich die Behandlungsausgaben effektiv steuernde Form der Selbstbeteiligung der Patientinnen und Patienten nicht gibt (Reiners 2019: 93ff.). Zuzahlungen haben nur dann einen sinnvollen Effekt, wenn den Versicherten die Wahl zwischen von der Kasse bezahlten Standardleistungen und teureren Therapien mit dem gleichen Effekt gelassen wird. Das ist zum Beispiel in der Arzneimittelversorgung in Segmenten möglich, wo der Patentschutz für Wirkstoffe ausgelaufen ist und mehrere Produkte mit gleicher Wirkung am Markt sind (Reichelt 1994). Ansonsten gilt die Faustregel, dass Zuzahlungen entweder hoch und ausgabenwirksam sind, aber soziale und gesundheitliche Schäden riskieren, oder niedrig und sozial verträglich sind, dann aber keine Auswirkungen auf die Inanspruchnahme von Leistungen haben.

Ökonomischer Imperialismus

Moral Hazard ist eine von vielen Derivaten der Denkfigur des Homo oeconomicus. Dessen Kosten-Nutzen-Schema hat sich von ökonomischen Fragestellungen der Ressourcenverteilung immer weiter entfernt. Es hat sich eine »Ökonomik von Allem« verbreitet (Aldred 2020: 191ff.), die sich mit ihren Optimierungskalkülen in alle möglichen Bereiche des gesellschaftlichen und kulturellen Lebens einmischt. Der wichtigste Protagonist dieser Hybris, die Kenneth Boulding als »ökonomischen Imperialismus« bezeichnete (Boulding 1973: 118), ist Gary Becker. Sein »ökonomischer Ansatz zu menschlichem Verhalten« (Becker 1982) reduziert alle Lebensäußerungen und Verhaltensweisen auf die Maximierung des persönlichen Vorteils, wobei die Definition dessen, was vorteilhaft ist, sich nach Beckers Postulat allein im Kopf eines jeden Individuums abspielt. Mit soziologischen Analysen menschlichen Verhaltens und dessen Einbettung in soziale Zusammenhänge kann Gary Becker nichts anfangen, wie er in einem Gespräch mit der Wirtschaftsjournalistin Karen Horn bekannte (Horn 2009: 175). Der Denkansatz des Homo oeconomicus mit seiner klaren Kosten-Nutzen-Logik sei so umfassend, »dass er auf alles menschliche Verhalten anwendbar ist« (Becker 1982: 8).

Mit ihm begründet er, weshalb Mütter nicht berufstätig sein und zu Hause bleiben sollten, während ihre Ehemänner Geld verdienen und die Familie ernähren (Becker 1991). Diese Aufgabenteilung mache die Hausarbeit produktiver, weil sie von einer Fachkraft ausgeübt werde, und steigere wegen der besseren Verdienstmöglichkeiten der Männer den Lebensstandard der Familie. Auch die Sexualität wird in dieses Schema gepresst, wobei Kinder als »commodities«, also Wirtschaftsgüter, gelten, die in einer Ehe günstiger produziert werden könnten als in außerehelichen Beziehungen (Becker 1991: 124). Eigentlich gehören solche »Freakonomics« (Aldred 2020: 200ff.) ins akademische Kuriositätenkabinett, aber die Schwedische Reichsbank erwies sich als humorlos und belohnte Gary Becker 1992 mit dem Nobelpreis für Wirtschaftswissenschaften.

1.2 Sozialpolitik und Wirtschaftsordnung

Der Neoliberalismus ist eine Sammelbezeichnung für politische Projekte, die sich die Hegemonie der Marktwirtschaft zum Ziel gesetzt haben. Als sein Geburtshelfer gilt die nach dem Zweiten Weltkrieg vom Publizisten Walter Lippmann, dem Ökonomen Friedrich A. Hayek und dem Philosophen Karl Popper initiierte *Mont-Pelerin-Gesellschaft (MPS)*. Sie war anfangs ein Forum von Wissenschaftlern und politischen Publizisten, die eine »offene Gesellschaft« (Karl Popper) anstrebten und sich als Gegenbewegung zu sozialistischen Programmen der Wirtschaftsplanung verstanden. Schon bald zog sich der kritische Rationalist Karl Popper zurück, und die MPS entwickelte sich zu einem marktradikalen Zirkel, der vor allem von Hayek und seinen Anhängern geprägt wurde (Nordmann 2005: 211ff., Thomasberger 2012).

In Deutschland etablierte sich zeitgleich ein Denkkollektiv von Ökonomen unter der Führung von Walter Eucken, deren Ordoliberalismus bis heute die akademische Lehre und den wirtschaftspolitischen Mainstream in Deutschland dominiert (Ötsch et al. 2017, Ptak 2003). Beide Gruppierungen eint das Streben, der Marktwirtschaft zur politischen Hegemonie zu verhelfen, sie haben aber unterschiedliche Vorstellungen über die Realisierung dieses Ziels. Während Hayek für einen marktradikalen Ansatz steht, der politische Eingriffe in den Markt grundsätzlich als freiheitsfeindlich ablehnt, postuliert der von Eucken initiierte Ordoliberalismus eine politische Marktregulierung. Für beide Richtungen ist der »Wille zur Wettbewerbsordnung mit dem Willen zur Freiheit eng verbunden« (Eucken 1990: 250) und der Markt die »Verfassung der Freiheit«, so der Titel von Hayeks sozialphilosophischem Hauptwerk (Hayek 2005). Beide ziehen daraus unterschiedliche politische Konsequenzen, die man mit »Planung für den Markt« und »Planung für die Freiheit« überschreiben kann (Thomasberger 2009).

Ordoliberalismus versus Marktradikalismus

Die Ordnungspolitik ist ein Begriff aus einer spezifisch deutschen Tradition der ökonomischen Lehre, der in der internationalen Literatur sogar im deutschen Original verwendet wird (Schefold 1981). Der Trend zur Monopolisierung im ersten Drittel des 20. Jahrhunderts führte zu einer Debatte über Wettbewerbspolitik, die nur dem Markt eine optimale Ressourcensteuerung zuordnet.

Eucken entwickelte eine Marktformenlehre von der vollkommenen Konkurrenz über Teiloligopole, Oligopole, Teilmonopole zu Monopolen (Eucken 1989: 163ff.). Dabei gibt es für ihn eigentlich »nur die Wahl zwischen zentralverwaltungswirtschaftlicher Lenkung wesentlicher Teile des Wirtschaftsprozesses und der Wettbewerbsordnung«. Alle anderen »Lösungen des Ordnungsproblems« könnten nur »vorübergehenden Bestand haben« (Eucken 1990: 245). Eucken postuliert eine Wirtschaftspolitik, deren Instrumente auf den Erhalt der marktwirtschaftlichen Ordnung ausgerichtet sind und nicht darauf, ob sie geeignet sind, bestimmte Probleme zu lösen. Diese Marktdogmatik hat sich »jeder Empirie entledigt, mit Hilfe derer man Strukturmängel des Wirtschaftssystems verstehen will« (Ötsch et al. 2017: 91). Wirtschaftliche Fehlentwicklungen und Disparitäten haben für ihn stets die gleiche Ursache: die Abweichung vom Pfad der marktwirtschaftlichen Tugenden.

In der Bestimmung des Marktes als der natürlichen Wirtschaftsordnung sind sich Eucken und Hayek einig. Jedoch ist Eucken ein entschiedener Gegner der Laissez-faire-Wirtschaft, die davon ausgeht, dass der Markt ein sich selbst optimal regulierendes System ist. Er habe einen immanenten Hang zu Monopolen, jeder Marktteilnehmer suche nach Möglichkeiten, »um Monopolist zu werden« (Eucken 1990: 31). Damit werde der Wettbewerb als Voraussetzung für Innovationen und ökonomisches Wachstum zerstört. Der Staat habe die Aufgabe, die marktwirtschaftliche Ordnung zu bewahren und sie vor ihren suizidalen Tendenzen der Monopolbildung zu schützen. In diesem Sinn haben Ordoliberale nichts gegen einen starken Staat, der den Markt reguliert, ohne die Wirtschaft direkt zu lenken (Eucken 1990: 197ff.).

Allenfalls haben sie, wie Alexander Rüstow einräumt, Erklärungsprobleme. Ordoliberale seien zwar Gegner der Planwirtschaft und träten für die Wirtschaftsfreiheit ein. Der Markt habe jedoch einen »überwirtschaftlichen Rahmen, und innerhalb dieses Rahmens kann die Sache gar nicht planmäßig genug hervorgehen. Was der Staat tut, muss er planmäßig tun.« (Rüstow 1971: 26).

Für den marktradikalen Hayek sind hingegen alle Staatseingriffe in den Markt ein Irrweg. Die meisten »Dienstleistungen, die die Organisation der Regierung uns bieten kann«, sind in seinen Augen überflüssig und freiheitsraubend, bis auf Sicherheitsorgane, »die die Durchsetzung der Regeln des gerechten Verhaltens gewährleisten« (Hayek 1980: 179). Der sich selbst regulierende Markt ist für ihn keine nur ökonomische Angelegenheit, sondern das »Leitbild eines innerlich konsistenten Modells« einer »spontanen« gesellschaftlichen Ordnung (Hayek 1980: 94). Hayek versteht sich als Verfechter einer gesellschaftspolitischen Utopie, die zwar »nicht zur Gänze verwirklichbar sein mag«, aber »nicht nur die unentbehrliche Voraussetzung jeder rationalen Politik (ist), sondern auch der wichtigste Beitrag, den die Wissenschaft zur Lösung praktischer Politik leisten kann« (ebenda). Es gehe darum, sich gegen die »Unterwerfung der Gesellschaft unter den Staat« zu wehren und den Markt als einen »Prozess« zu fördern, »der größer ist, als wir selbst, aus dem stets Neues, Unvorhergesehenes herauswächst und der sich in Freiheit auswirken kann« (Hayek 1957: 84). Der Markt mit einem von staatlichen Regulierungen freien Wettbewerb ist für ihn das einzig legitime gesellschaftliche »Entdeckungsverfahren« (Hayek 1969), alles andere sei »Anmaßung von Wissen« (Hayek 1973). Der Mensch weiß nichts, der Markt weiß alles – auf diese Kurzformel kann man Hayeks Gesellschafstheorie einer spontanen Ordnung bringen. Hayek und seine Anhänger betreiben eine »Vergötzung des Marktes« (Vogl 2017) und betrachten demzufolge alle Versuche einer politischen Steuerung wirtschaftlicher und sozialer Prozesse als Hybris, wenn nicht Blasphemie. Der Markt ist für sie kein Verteilungsinstrument, sondern ein »Gottesbeweis« (ebenda).[4]

Soziale Marktwirtschaft

Kaum ein anderer Begriff hat die deutsche Wirtschaftspolitik der vergangenen 75 Jahre so beherrscht wie die Soziale Marktwirtschaft. Sie wurde zur »Utopie des Westens, die sagen soll, dass der Kapitalismus irgendwie nett, zu aller Nutzen und sogar unbürokratisch eingerichtet werden kann« (Kaube 2022). Die meisten Parteien reklamieren ihn für ihre Wirtschaftspolitik, auch wenn sich dahinter unterschiedliche, wenn nicht gegensätzliche Programme und Zielsetzungen verbergen. Er wird allgemein Ludwig Erhard zugeordnet, wurde aber von seinem Mastermind Alfred Müller-Armack kreiert.[5] Er entwickelte in seinem 1947 erschienenen Buch »Wirtschaftslenkung und Marktwirtschaft« die Soziale Marktwirtschaft als »Strukturformel«. Der Marktlibe-

4 Hayek bekennt sich in seinem Essay »Die Anmaßung von Wissen« ausdrücklich zu spanischen Scholastikern im 16. Jahrhundert, die die ersten Versuche, Preisbildungen auf den Märkten zu berechnen, für Gotteslästerung hielten (Hayek 1973: 16).

5 Müller-Armack leitete in den 1950er Jahren die Grundsatzabteilung des von Erhard geführten Bundeswirtschaftsministeriums und war danach bis 1965 der für die EU zuständige Staatssekretär. Vor und nach seiner Tätigkeit als Ministerialbeamter hatte er Professuren an den Universitäten Münster und Köln.

ralismus alter Prägung irre darin, »daß er den Preismechanismus als eine völlig in sich funktionierende Maschine betrachtete« (Müller-Armack 1990: 63). Der Markt brauche eine politische Regulierung, um seine die allgemeine Wohlfahrt fördernden Eigenschaften zum Tragen bringen zu können.

Zwar hielten die Väter des Ordoliberalismus die Sozialpolitik für eine notwendige Ergänzung der Marktsteuerung, aber das machte ihre Lehre noch lange nicht zu einer verkannten Grundlage des modernen Wohlfahrtstaates, wie einige Autoren heute in einer »verklärenden Sicht« (Wendl 2021) behaupten. Davon wollten seine Protagonisten nichts wissen. Sie hielten ihn für einen »modernen Wahn« (Erhard 2020: 245) und wollten die Sozialpolitik auf eine nicht näher definierte Grundsicherung beschränken. Müller-Armack (1990: 116) stellte die für ihn rhetorische Frage, »ob wir nicht gerade im Interesse der sozialen Ziele eine marktwirtschaftliche Umorientierung der Sozialpolitik vornehmen müssen«.

Wie eine solche Sozialpolitik konkret aussehen soll, bleibt in den Schriften der Ordoliberalen im Ungefähren. Die Sicherung der marktwirtschaftlichen Ordnung hat für sie absolute Priorität. Alle politischen Maßnahmen mündeten »in der einen Frage nach ihrer Wirkung auf die Leistungsfähigkeit des Produktionsapparates. Wenn es also richtig ist, daß nur verteilt werden kann, was vorher produziert wurde, dann muß die erste Frage aller Sozialreformer auf die Wirtschaftsordnung mit dem höchsten wirtschaftlichen Wirkungsgrad gerichtet sein.« (Eucken 1990: 315). Erst auf dieser Basis könne man sich Gedanken über eine »spezielle Sozialpolitik« (ebenda: 318f.) machen. Die müsse vor allem in der Förderung von Privateigentum liegen. Wie die Erfahrung gezeigt habe, sei der Besitz eines eigenen Hauses und Gartens von zentraler Bedeutung »sowohl als Ausgleich für die einseitig beanspruchende Berufstätigkeit wie auch als wirtschaftlicher Rückhalt« (ebenda: 319).

Müller-Armack (1990: 119) trat auch für direkte staatliche Zuwendungen an Haushalte mit kleinem Einkommen ein, wie etwa die Sparförderung, das Kindergeld oder Zuschüsse zur Bildung von Wohneigentum. Für Ordoliberale hat zwar »das Versicherungswesen für die Arbeiter besondere Bedeutung«, und wenn das nicht ausreiche, seien auch staatliche Wohlfahrtseinrichtungen notwendig. »Aber der Akzent sollte, wo irgend angängig, bei der Stärkung der freien Initiative des einzelnen liegen« (Eucken 1990: 319). Nicht die solidarische Sozialversicherung ist die gewünschte Lösung, sondern die individuelle Risikoabsicherung mit Spar- und Versicherungsverträgen, gegebenenfalls mit einer staatlichen Subventionierung.

Das sah Ludwig Erhard genauso (2020: 254): »Der staatliche Zwangsschutz muß oder sollte dort haltmachen, wo der einzelne und seine Familie in der Lage sind, selbstverantwortlich und individuelle Vorsorge zu treffen.« Die Ausweitung sozialstaatlicher Versicherungen über den Kreis der »schutzbedürftigen Personen« hinaus lehnte er entschieden ab. Das gelte insbesondere für Bestrebungen, »die selbständigen Erwerbstätigen in die Kollektivsicherung einzubeziehen« (ebenda: 255). Soziale Sicherheit sei »gut und in hohem Maße wünschenswert, aber *Soziale Sicherheit* muß zuerst *aus eigener Kraft*, aus eigener Leistung und aus eigenem Streben erwachsen. Soziale Sicherheit ist nicht gleichbedeutend mit Sozialversicherung für alle – nicht mit der Übertragung der individuellen menschlichen Verantwortung auf irgendein Kollektiv.« (Ebenda: 262, Hervorhebungen im Original). Sozialversicherungen sollen auf untere Einkommensschichten beschränkt bleiben und ihre Aufgaben mit steigender wirtschaftlicher Kraft auf Privatversicherungen übertragen werden.

1.3 Der Sozialstaat als Sündenbock

Die Dogmen der neoklassischen Ökonomik bestimmen seit den 1980er Jahren in Deutschland den Diskurs zur Sozialpolitik. Ein wachsendes Sozialbudget erhöhe über die Sozialabgaben die Lohnkosten und führe zur Staatsverschuldung. Beides bremse die wirtschaftliche Dynamik, gefährde die globale Wettbewerbsfähigkeit der Wirtschaft und gehe zulasten der nachwachsenden Generationen. Auch die Weltbank, die OECD und die EU-Kommission präsentierten Memoranden mit folgender Botschaft (Ganßmann 2009: 115ff.):

- Die öffentlichen Leistungen bei Arbeitslosigkeit beeinträchtigten die Flexibilität und Funktionstüchtigkeit des Arbeitsmarkts.
- Die Leistungen des Wohlfahrtsstaates dehnten den öffentlichen Sektor aus und führten zur Ineffizienz.
- Insgesamt führten die Wohlfahrtsprogramme zu kumulierten Defiziten im Staatshaushalt und damit zu steigenden Staatsschulden.

In Deutschland bekam diese Debatte eine besondere Wendung und wurde von einer europäischen zu einer deutschen Frage umdefiniert. Die Behauptung der britischen Wochenzeitung *The Economist* (03.06.1999), Deutschland sei der »kranke Mann des Euro«, wurde von deutschen Publizisten und Ökonomen bereitwillig aufgegriffen und in das Postulat einer systematischen Lohnkostenbegrenzung umgesetzt (Sinn 2004), die man vor allem mit einer Reduzierung der Sozialabgaben erreichen könne.

Unsinnige Sozialbremse

Seit der *Agenda 2010* wird die Wirtschafts- und Sozialpolitik von dem Ziel bestimmt, die Sozialabgaben auf maximal 40 Prozent der Bruttolöhne zu begrenzen. Die Bundesvereinigung der Arbeitgeberverbände (BDA) setzte 2020 eine Kommission ein, um dieses Limit zu begründen. Sie behauptet auf Basis fragwürdiger Annahmen, dass die Sozialversicherungsbeiträge ohne grundlegende Reformen bis 2025 auf fast 43 Prozent der Bruttolöhne steigen würden, bis 2040 auf 50 Prozent und bis 2080 auf 55 Prozent. Diese Quote sei nicht finanzierbar, man müsse sie auf 40 Prozent der Bruttolöhne begrenzen. Das sei kein beliebig gesetztes Limit, sondern ein Erfahrungswert. Die Jahre mit einer Überschreitung dieses Grenzwertes seien stets Krisenjahre gewesen »mit extrem hoher Arbeitslosigkeit, was den Teufelskreis aus hoher Beitragsbelastung und ungünstiger Wirtschaftsentwicklung klar illustriert« (BDA-Kommission 2020: 16f.).

Die BDA-Kommission bedient sich hier eines abgeschmackten Tricks der ergebnisorientierten Nutzung von Statistiken. Im Ökonomiestudium lernt man in den ersten Statistikvorlesungen, dass es unseriös ist, zwei Ereignisse im Zeitablauf nebeneinander zu stellen und daraus einen Wirkungszusammenhang zu konstruieren. Das ist nur in der Satire legitim und erinnert an das »Wahlgesetz« des von realen Fraktionskollegen erfundenen SPD-Abgeordneten Jakob Maria Mierscheid. Demnach hat der prozentuale Stimmenanteil der SPD bei den Bundestagswahlen stets in etwa der aktuellen jährlichen Millionentonnage der deutschen Stahlproduktion entsprochen. Bis Anfang der 2000er Jahre stimmte das sogar.[6]

Da eine auf Lohnsenkung ausgerichtete Wirtschaftspolitik schwer mit dem Versprechen zu vereinbaren ist, Wohlstand für alle zu bringen, wird die Klage über zu hohe Lohnkosten relativiert. Nicht die Löhne an sich seien zu hoch, sondern die Lohnnebenkosten bzw. Sozialabgaben, stellte der Wirtschafts-Sachverständigenrat schon 1985 fest (SVR-W 1985: Ziffern 362ff.). Im Dezember 2003 verkündeten namhafte Ökonomen auf ganzseitigen Anzeigen in führenden Tageszeitungen, die vom Arbeitgeberverband Gesamtmetall finanzierten *Initiative Neue Soziale Marktwirtschaft* bezahlt wurden, die größte Belastung der Wirtschaft resultiere nicht aus der Entwicklung der Löhne, sondern aus immensen Lohnzusatzkosten, die sich zu einer Strafsteuer für die Schaffung von Arbeitsplätzen entwickelt hätten (Nuernbergk 2006). Sie würden nicht nur zu wachsender Arbeitslosigkeit führen, sondern auch das verfügbare Einkommen der Arbeitnehmer und damit die Binnennachfrage senken. Eine Sozialabgabenbremse, die der frühere Wirtschaftsminister Peter Altmaier sogar im Grundgesetz verankern wollte,[7] würde daher nicht nur den Arbeitgebern, sondern auch den Lohnabhängigen zugutekommen. Diese Behauptung beruht nicht

6 https://de.wikipedia.org/wiki/Mierscheid-Gesetz
7 *Die Zeit* vom 1. Oktober 2019

nur auf einer fragwürdigen Theorie, sondern auch auf einer falschen Darstellung der Arbeitskosten und einem Denkfehler.

Die Sozialbremse soll den Anteil der Sozialabgaben an den versicherungspflichtigen Bruttolöhnen auf 40 Prozent begrenzen (Stand 2020: 38,65 Prozent). Diese Quote ist schon deshalb irreführend, weil die Arbeitskosten nicht nur aus Löhnen und Sozialabgaben bestehen. Das Statistische Bundesamt fasst in seiner Kostenstrukturerhebung darunter auch Lohnfortzahlungen, Sonderzuschläge, Kosten für Aus- und Weiterbildung, betriebliche Sozialleistungen und andere als Lohnnebenkosten bezeichnete Aufwendungen.[8] Die gesetzlichen Sozialabgaben machen im Durchschnitt 26 Prozent der Bruttoarbeitskosten aus. Dieser Wert erregt weniger mediale Aufmerksamkeit, da haben 40 Prozent eine größere Suggestivkraft. Es gibt auch keine empirischen Belege für die Behauptung, die Lohnnebenkosten seien in Deutschland besonders hoch, sie liegen vielmehr in Deutschland unter dem EU-Durchschnitt (27 gegenüber 32 Prozent der Bruttolöhne).[9] Außerdem sind nicht die Sozialabgaben der relevante Kostenfaktor im globalen Wettbewerb, sondern diese zusammen mit den Steuern, also die Abgabenquote. Hier liegt Deutschland im europäischen Vergleich im Mittelfeld, wie Daten der OECD und des Statistischen Bundesamtes zeigen.

8 https://www.destatis.de/DE/Themen/Arbeit/Arbeitskosten-Lohnnebenkosten/inhalt.html

9 https://www.oecd.org/tax/taxing-wages-20725124.htm und https://www.destatis.de/Europa/DE/Thema/Bevoelkerung-Arbeit-Soziales/Arbeitsmarkt/EU_HoeheLohnnebenkosten.html

Die Szenarien eines nicht mehr bezahlbaren Sozialstaats beruhen nicht nur auf konstruierten ökonomischen Zusammenhängen, sondern auch auf spekulativen Annahmen zur demografischen Entwicklung (siehe Abschnitt 5.2). Die rot-grüne Koalition fiel auf das von Medienintellektuellen wie Frank Schirrmacher (2004) verbreitete Menetekel des »Methusalem-Komplotts« einer dauerhaften Herrschaft der Alten über die Jungen herein und führte in der Rentenversicherung einen »Nachhaltigkeitsfaktor« ein. Er orientierte das Rentenniveau am Altenquotienten, das heißt am Verhältnis der Personen im Rentneralter zu denen im erwerbsfähigen Alter. Für die Entwicklung der Rentenversicherungsbeiträge sind aber die Produktivitätsentwicklung der Wirtschaft, der Arbeitsmarkt und die Höhe der beitragspflichtigen Löhne entscheidend und nicht der Altenquotient, also das Verhältnis der arbeitenden Bevölkerung zu den Personen im Ruhestandsalter. Dessen Sinken ist keine Bedrohung, sondern ein positives Phänomen.

Im Jahr 1900 kamen 12,4 Personen im erwerbsfähigen Alter auf eine Person im Rentenalter. 50 Jahre später lag diese Quote bei 6,9 und im Jahr 2019 bei 3,6. Anders ausgedrückt: In den 1950er Jahren mussten etwa sieben Personen einen Rentner finanzieren, heute weniger als vier. Es müsste für Ökonomen, die wegen des wachsenden Rentneranteils an der Bevölkerung den Sozialstaat vor dem Zusammenbruch sehen, ein großes Mirakel sein, dass seit über 100 Jahren »der materielle Reichtum für alle Altersgruppen so enorm wachsen und parallel zur demographischen Alterung der letzten 50 Jahre das

Sozialsystem ausgebaut werden konnte, das nun nicht mehr zu finanzieren sein soll« (Kühn 2004: 745).

Der Anteil des Sozialbudgets am Bruttoinlandsprodukt stieg zwischen 1950 und 1975 von 17,1 Prozent auf 26,2 Prozent und liegt heute (2021) bei 31 Prozent. Dieses Wachstum erfolgte zeitgleich mit einer steigenden Produktivität der Wirtschaft. Deshalb haben die immer wieder verbreiteten Warnungen vor einer Unbezahlbarkeit des Sozialstaats wegen der demografischen Entwicklung keine Substanz. Das gilt nicht nur für die soziale Rentenversicherung, sondern auch für gesundheitliche und soziale Dienste. Sie haben als personenbezogene Leistungen im Verhältnis zu industriell gefertigten Produkten einen wachsenden Anteil an der Wertschöpfung (Näheres in den Kapiteln 6 und 7).

Das ist keine »Kostenkrankheit«, also ein abnormer Zustand, wie der US-Ökonom William Baumol (2013) behauptet, sondern ein ökonomisches Gesetz. Personalintensive Dienstleistungen werden zwar gegenüber Industrieprodukten immer teurer, aber sie werden zugleich auch erschwinglicher, weil die Privathaushalte durch die relativ zu ihrem Einkommen sinkenden Konsumgüterpreise entlastet werden. Überproportional steigende Sozialausgaben sind daher bei einer produktivitätsorientierten Lohnentwicklung kein wirkliches ökonomisches Problem (Aldred 2020: 146ff.).

Kapitel 2
Sozialpolitik und soziale Gerechtigkeit

Die Sozialpolitik steht im Zusammenhang mit der Frage nach sozialer Gerechtigkeit, wobei es eher um eine Stimmung als um einen klar zu definierenden Sachverhalt geht. Seit den philosophischen Klassikern der Antike bezieht sich der Gerechtigkeitsdiskurs auf die politische Machtverteilung und die Legitimation von Herrschaft, aber nicht auf die soziale und ökonomische Ungleichheit (Ebert 2010: 71ff.). Selbst Karl Marx, dessen Theorie der Lohnarbeit oft als Darstellung eines ungerechten Ausbeutungsverhältnisses interpretiert wird, hat in seiner Analyse des Kapitalismus die Frage nach der sozialen Gerechtigkeit nicht gestellt. Sie spielte auch beim Ausbau des Sozialstaats in den 1950er und 1960er Jahren keine größere Rolle und wurde erst zum großen Thema, »seit über eine Krise des Sozialstaats geredet wird und die politische Auseinandersetzung über dessen Rückbau oder Umbau entbrannt ist« (ebenda: 72). Die Versprechungen von Politikern und Ökonomen, mit der Privatisierung der Infrastruktur, vorübergehenden Lohnsenkungen und einem die Eigenverantwortung stärkenden Umbau des Sozialstaates werde man nicht nur in eine ökonomische Erfolgsspur kommen, sondern auch für mehr Leistungsgerechtigkeit sorgen, wurden nicht erfüllt. Das brachte die Frage der sozialen Gerechtigkeit auf die politische Agenda, die in der wissenschaftlichen Gemeinde seit jeher kontrovers behandelt wird.

Für marktradikale Ökonomen und Sozialphilosophen in der Tradition von F. A. Hayek stellt sie sich nicht, weil allein der Markt über die Verteilung der Ressourcen und der Einkommen entscheiden könne und jede politische Beeinflussung eine »Anmaßung von Wissen« (Hayek 1973) sei (siehe Abschnitt 1.2). Die neoklassische Mainstream-Ökonomik orientiert sich am *Pareto-Kriterium* der Wohlfahrtsgewinne, das aber eine rein statistische Größe und politische Leerformel ist. Etliche Ökonomen und Soziologen nähern sich der Frage der sozialen Gerechtigkeit mit Bezug auf das *Differenzprinzip* von John Rawls. Demnach ist das Wohlergehen der schlechter der schlechten gestellten Menschen das entscheidende Kriterium für das Ausmaß und die Legitimität von sozialer Ungleichheit. Dieses sozialethische Paradigma bleibt aber unbefriedigend, weil es schwer in Form von Sozialreformen zu konkretisieren ist.

2.1 Die freie Marktwirtschaft als Imperativ

Die marktradikale Variante des Neoliberalismus kennt in der Gestaltung der Einkommens- und Vermögensverteilung grundsätzlich nur die Wahl zwischen Tausch und Raub (Kirsch 2004: 28). Steuern und Abgaben sind in dieser Gedankenwelt legalisierte Formen von Diebstahl, die nur dann akzeptabel sind, wenn sie der Rechtssicherheit und der Finanzierung von Justiz, Polizei und Militär dienen. Die Gesellschaft ist in diesem Modell eine Vertragsgemeinschaft von Individuen, in der sich die Funktion des Staates auf die Sicherung des Privateigentums und der individuellen Freiheit beschränkt. Prinzipien der sozialen Gerechtigkeit haben dort keinen Platz, weil sie die Leistungsträger der Gesellschaft belasten würden und mit einer Erosion der Eigenverantwortung verbunden seien.

Der Pate dieser Sozialphilosophie F. A. Hayek konnte mit dem Begriff der sozialen Gerechtigkeit nichts anfangen. Er sei »in einer marktwirtschaftlichen Ordnung mit freier Berufswahl völlig sinnlos«, erklärte er 1981 in einem Interview, das die *Wirtschaftswoche* im Heft 3/1996 wieder abdruckte. Er könne gar nicht »sozial« eingestellt sein, weil er gar nicht wisse, was das Wort bedeutet. Bei diesem »Schwamm-« oder »Kautschukwort« handele es sich um eine Parole, von der eine »wirkliche Gefahr« ausgehe, weil sie auf eine Unterwerfung der Individuen unter den Staatsapparat hinauslaufe. Daher müsse man »Schriftsteller, Journalisten und Redner dazu bringen, sich zu schämen, diesen Begriff jemals wieder zu verwenden.«

Der freie Markt als Norm und Methode

Hayek und seine Anhänger postulieren einen radikalen Individualismus, der die Menschen nicht als Teil einer Gemeinschaft betrachtet, sondern nur die Autonomie der Individuen und ihrer Eigeninteressen im Blick hat. Er ist für sie sowohl eine soziale Norm als auch eine analytische Methode (Kirsch 2005: 19ff.).[10] Damit verschwimmen die Grenzen zwischen Strukturanalysen und Wertsetzungen, und Ideologien geben sich den Anschein wissenschaftlicher Aussagen. Besonders deutlich

10 Margaret Thatcher brachte diese Sichtweise in einem Interview mit der Zeitschrift *Woman's Own* (23. 09. 1987) auf den Punkt: »There's no such thing as society. There are individual men and women and there are families.«

wird dies bei Robert Nozick, der sich in seinem Hauptwerk »Anarchie, Staat, Utopia« (Nozick 2006) gezielt gegen die Theorie einer sozialen Gerechtigkeit wendet, die sein Harvard-Kollege John Rawls entwickelte (siehe Abschnitt 2.5). Sein Gerechtigkeitsbegriff geht von dem Dogma aus, dass es eine legitime Eigentumsverteilung nur unter drei Voraussetzungen geben kann (Ebert 2010: 255ff.): als Aneignung herrenloser Güter, durch gerechte Übertragung von gerecht erworbenem Besitz und durch Korrektur ungerechtfertigten Besitzes.

In Hayeks und Nozicks Welt des autarken Individuums ist der Markt das einzig legitime, weil anonyme und neutrale Steuerungsinstrument, in das der Staat nicht eingreifen darf. Auch die soziale Marktwirtschaft ist dort ein suspektes Projekt: »Was wir unter der Devise des Sozialen erlebt haben, war eine Entwicklung vom freiwilligen Dienst an der Gesellschaft zum Verlangen nach Beherrschung der Gesellschaft, von der Forderung einer Unterwerfung des Staates unter die freien Kräfte der Gesellschaft zu einer Forderung der Unterwerfung der Gesellschaft unter den Staat.« (Hayek 1957: 84).

Die Forderung nach sozialer Gerechtigkeit sei ein »ordnungspolitisches Ärgernis«, so der frühere Direktor des Max-Planck-Instituts für Ökonomik Manfred E. Streit mit Bezug auf Hayek. Sie »würde eine Art von Gesellschaft schaffen, die in allen wesentlichen Belangen das Gegenteil einer freien Gesellschaft wäre« (Streit 2009: 95). Das lehre »die Erfahrung mit dem realen Sozialismus, insbesondere in Deutschland«. Gunnar Myrdal, John Rawls und Amartya Sen als Wegbereiter einer Diktatur von Politbüro und Planungskommission – diese bizarre intellektuelle Volte schlägt Streit mühelos.

Hayek entwickelte sich seit den 1940er Jahren vom Ökonomen zum Sozialphilosophen einer unbefleckten Marktwirtschaft. Sein 1960 erschienenes Buch »The Constitution of Liberty«, das 1971 als »Die Verfassung der Freiheit« (Hayek 2005) in deutscher Sprache erschien,[11] ist sein wohl wichtigstes sozialphilosophisches Werk, in dem er sich in mehreren Kapiteln mit der »Freiheit im Wohlfahrtsstaat« beschäftigt (ebenda: 345ff.). Er geht davon aus, dass der traditionelle Sozialismus schon in den 1950er Jahren keine wirkliche politische Bedeutung mehr hatte. Die sozialistischen Diktaturen in Mittel- und Osteuropa hätten eine abschreckende Wirkung erzeugt und seien »in der westlichen Welt tot« (ebenda: 346). Der Sozialismus sei zwar kein offensiv propagiertes Ziel mehr, es sei aber keineswegs sicher, dass »wir ihn nicht doch errichten werden, wenn auch unbeabsichtigt« (ebenda: 349). Diese Gefahr lauere in dem von westlichen Sozialisten und den Gewerkschaften angestrebten Wohlfahrtsstaat mit einer umfassenden sozialen Sicherung für die gesamte Bevölkerung. Er sei »der Ersatz für den altmodischen Sozialismus« (ebenda: 391) und eine gezielte Verschleierung der Tatsache, »dass aus den Taschen der besser Situierten ein Vielfaches von dem genommen wird, was sie erhalten« (ebenda: 397).

Die Notwendigkeit der öffentlichen Fürsorge für Bedürftige sei unbestritten, aber diese Grundsicherung müsse streng begrenzt werden und keine mit Zwang verbundenen Maßnahmen der Regierung enthalten. Hayek hält nur »das alte, an die modernen Verhältnisse ange-

11 Es wird hier nach der 2005 als Teil seiner Gesammelten Schriften in deutscher Sprache (Band B2) erschienenen Fassung zitiert.

passte Armengesetz« für vertretbar, schon weil es im Interesse jener liege, »die Schutz gegen Verzweiflungstaten der Bedürftigen verlangen« (ebenda: 387). Auch könne man eine allgemeine Versicherungspflicht für die Altersvorsorge und Krankheitsrisiken einführen, ohne damit Freiheitsrechte der Menschen unangemessen zu beschneiden. Aber sie ließe sich nur damit rechtfertigen, dass die Menschen sonst »durch Verabsäumung der Vorsorge der Allgemeinheit zur Last fallen würden« (ebenda). Sie dürfe »nie eine absichtliche Einkommensübertragung von einer vorher bezeichneten Gruppe auf eine andere bewerkstelligen« (ebenda: 390).[12]

Nach Hayeks Vorstellung soll die Sozialpolitik vor allem die herausgehobene Stellung des ihm als Leistungselite geltenden Besitzbürgertums sichern. Das wird besonders deutlich bei Hayeks Ansichten zur Gestaltung des Gesundheitswesens. Er wendet sich entschieden gegen eine freie medizinische Versorgung für alle Einwohner, die mit dem *National Health Service* in den 1950er Jahren in Großbritannien eingeführt wurde. Wenn man allen Menschen die gleiche medizinische Versorgung gewähre, habe das zwangsläufig nicht nur eine Senkung der medizinischen Standards, sondern auch die Benachteiligung der Leistungsfähigen und Gesunden zur Folge: »Es mag hart klingen, aber es ist wahrscheinlich im Interesse aller, daß in einem freiheitlichen System die voll Erwerbstätigen oft schnell von einer vorübergehenden und nicht gefährlichen Krankheit geheilt

12 Persönlich pflegte Hayek einen flexiblen Umgang mit dieser Maxime. Er wechselte 1962 von Chicago nach Freiburg, weil ihn dort eine deutlich bessere Altersversorgung erwartete als in Chicago (https://de.wikipedia.org/wiki/Friedrich_August_von_Hayek). In Freiburg bekam er als Ordinarius vom Staat die volle Besoldung auf Lebenszeit.

werden um den Preis einer gewissen Vernachlässigung der Alten und Sterbenskranken.« (Ebenda: 405).

Man kann in diesem Postulat den Gedanken eines elitären Reaktionärs sehen, der es nicht akzeptieren kann, dass eine umfassende medizinische Versorgung kein Privileg der Wohlhabenden ist und diese fast genauso lange auf eine Operation warten müssen wie der gemeine Kassenpatient. Aber es ist konsequentes Resultat von Hayeks Fundamentalismus, der im Markt eine quasi göttliche Kraft sieht (Vogl 2017), zu deren Schutz jedes Mittel recht ist. Wenn man den freien Markt für die einzig legitime gesellschaftliche Entscheidungsinstanz hält, dann muss man diesem »Prozeß, der größer ist als wir selbst« (Hayek 1957: 84) auch Entscheidungen über Leben und Tod zugestehen.

Hayek war kein Bannerträger der Freiheit und der Liberalität, sondern vor allem in seinen späten Jahren ein skrupelloser Marktideologe, der auch Diktaturen wie das Pinochet-Regime in Chile unterstützte, wenn es darum ging, sozialstaatliche Modelle zu verhindern oder zu zerstören (Farrant und McPall 2014). In einem Interview mit der die Militärdiktatur unterstützenden Zeitung *El Mercurio* bekannte er 1981: »I prefer a liberal dictator to democratic government lacking liberalism.«[13] Der Ökonom Hajo Riese (1972) wies schon ein Jahr vor dem Militärputsch in Chile darauf hin, dass man mit der Verabsolutierung der Marktwirtschaft als der natürlichen Ordnung der Freiheit auch ein tyrannisches Regime rechtfertigen könne, das diese Maxime durchsetzt.

13 »Ich ziehe einen liberalen Diktator einer demokratischen Regierung vor, der es an Liberalismus mangelt.« https://awblog.at/boeser-hayek/

Hayeks Dogmatik bekam ab Mitte der 1970er Jahre in den USA und in Großbritannien großen politischen Einfluss. Sie prägte den Beraterstab von Präsident Reagan ebenso wie die britische Premierministerin Margaret Thatcher, deren Hausphilosoph er war.[14] Hayek lehrte zwar von 1960 bis 1968 in Freiburg, aber im öffentlichen Diskurs stand er in Deutschland im Schatten des von Walter Eucken und Ludwig Erhard geprägten Ordoliberalismus (siehe Abschnitt 1.2). Das änderte sich in den 1990er und 2000er Jahren, als finanziell bestens ausgestattete Organisationen Hayeks Marktradikalismus auch in Deutschland verbreiteten. Das von ihm und seinen Anhängern gezeichnete Bild vom Sozialstaat als einer die Leistungsträger unseres Wirtschaftssystems enteignenden Institution stieß dabei auf eine latente Ignoranz der als gebildet geltenden Schichten in Fragen der Wirtschafts- und Sozialpolitik.

Das wurde deutlich, als der Philosoph Peter Sloterdijk im Juni 2009 den Wohlfahrtsstaat in einem Beitrag für die *Frankfurter Allgemeine Zeitung (FAZ)* im Sinne Hayeks als eine die bürgerliche Elite ausbeutende »Kleptokratie« darstellte und damit eine Seriendebatte in den Leitmedien auslöste. Die politische Linke habe seit Karl Marx den Kapitalismus als »Mehrwertdiebstahl« verleumdet, »der vorgeblich in allen Gewinnen der Kapitalseite zutage tritt. In der Lohnzahlung verberge sich ein Nehmen unter dem Verdacht des Gebens; mit ihr geschehe eine Plünderung im Gewand des freiwilligen,

14 Siehe Website der *Margaret Thatcher Foundation* https://www.margaretthatcher.org/archive/Hayek

gerechten Tauschs. Allein aufgrund dieser moralisierenden Stilisierung der ökonomischen Grundverhältnisse konnte ›Kapitalismus‹ zu einem politischen Kampfwort und systemischen Schimpfwort werden.« (Sloterdijk 2009). Wenn man im Kapitalismus die räuberische Aneignung des von der Arbeiterklasse produzierten Mehrwerts sehe, sei der moderne Wohlfahrtsstaat ein konsequenter »Gegendiebstahl«. Dieser habe sich »zu einem geldsaugenden und geldspeienden Ungeheuer von beispiellosen Dimensionen ausgeformt.« Das sei ihm nicht zuletzt durch die progressive Einkommenssteuer als einem »funktionalen Äquivalent zur sozialistischen Enteignung« gelungen, mit dem »bemerkenswerten Vorzug, dass sich die Prozedur Jahr für Jahr wiederholen lässt – zumindest bei jenen, die an der Schröpfung des vergangenen Jahres nicht zugrunde gingen.« Die einzige Macht, die dieser »Plünderung« der Leistungsträger Widerstand leisten könne, sieht Sloterdijk in einer »sozialpsychologischen Neuerfindung der Gesellschaft« mit einer »Revolution der gebenden Hand«. Sie führe »zur Abschaffung der Zwangssteuern und zu deren Umwandlung in Geschenke an die Allgemeinheit – ohne dass der öffentliche Bereich deswegen verarmen müsste.« Diese »thymotische Umwälzung« könne, so Sloterdijk in der ihm eigenen prätentiösen Sprache, »zeigen, dass in dem ewigen Widerstreit zwischen Gier und Stolz auch der Letztere die Oberhand gewinnen kann.«

Sloterdijk steht mit dieser radikalen Ablehnung des Wohlfahrtsstaates unter eher in ästhetischen als in sozialen Kategorien denkenden Intellektuellen nicht allein da, wie das ein Jahr nach seinem FAZ-Beitrag erschienene Sonderheft der Zeitschrift *Merkur* »Die Grenzen der Wirksamkeit des Staates« zeigte. Dessen damalige

Herausgeber Karl Heinz Bohrer und Kurt Scheel beklagten den »demagogischen Schwachsinn einer sozialtherapeutischen Armutsforschung« und bemühten Immanuel Kant als Quelle dieser Sottise (Bohrer und Scheel 2010: 750): »Ich habe nicht nötig zu denken, wenn ich nur bezahlen kann – ja ich habe nicht einmal nötig zu bezahlen, wenn ich andere bezahlen lassen kann. Der erste Teil des Satzes ist von Kant, der zweite Teil die wohlfahrtsstaatliche Aktualisierung dessen, was der Philosoph ›selbstverschuldete Unmündigkeit‹ nannte, deren Ursache er in ›Faulheit und Feigheit‹ sah.«

Diese Verachtung des Sozialstaats als eine die Menschen in die Unmündigkeit und Trägheit führende Institution pflegt in demselben Heft auch der Wirtschaftsjournalist Rainer Hank (2010). Die Teufelsmühlen des Kapitalismus hätten zwar eine öffentliche Armenfürsorge erforderlich gemacht, aber daraus habe sich der Wohlfahrtsstaat als neue Teufelsmühle entwickelt. Sein gefräßiges Wesen lähme die wirtschaftliche Dynamik, von der aber seine eigene Existenz abhänge. Daher sei sein Zusammenbruch unvermeidlich. Hinzu komme die fatale Tendenz des Sozialstaats, sein Wachstum auf Pump zu finanzieren Er zaubere »sich seine Leistungserfüllung durch Schulden zusammen.« Hank meint den wahren Schuldigen für wirtschaftliche Verwerfungen gefunden zu haben: »Der Wohlfahrtsstaat, nicht die Banken- oder die Finanzkrise, hat die Staaten inzwischen an den Rand des Bankrotts geführt.« Die durch ihn bewirkte »Horrorverschuldung« werde zu seiner eigenen »Todesspirale«. Darin ähnele der Sozialstaat Großbetrügern wie Bernard Madoff. Beide könnten ihre versprochenen Leistungen nur auszahlen, »weil sie das Geld dazu im Schneeballverfahren besorgen.« Diese fatale Entwicklung könne man nur mit »Austerität als Dauerzustand« bekämpfen. Aber selbst damit sei der Sozialstaat nicht mehr zu retten: »Womöglich ist nur sein Kollaps um eine Generation nach hinten verschoben.«

Hank sieht im Wohlfahrtsstaat aber nicht nur den Totengräber des Wohlstands, sondern auch die Wurzel einer gesellschaftlichen Dekadenz: »Familiäre oder gesellschaftliche Übernahme von Verantwortung erodiert, weil die Menschen daran gewöhnt werden, dass der Staat es schon richtet. ... Sie merken nicht, dass hohe Entmündigungskosten dafür anfallen, weil der staatliche Paternalismus das Leistungsprinzip außer Kraft setzt.« Demnach haben nicht der Kapitalismus und die industrielle Lohnarbeit zur Auflösung von Großfamilien und Dorfgemeinschaften geführt, wie man bei zahlreichen Historikern nachlesen kann, sondern der Sozialstaat.

Auch Hanks Behauptung, dieser finanziere sich über Kredite, ist aus der Luft gegriffen. Zwischen Staatsverschuldung und Sozialbudget kann schon deshalb kein größerer Zusammenhang bestehen, weil zwei Drittel der Sozialausgaben in Deutschland nicht vom Bund und den Ländern finanziert werden, sondern von den vom Staatshaushalt weitgehend unabhängigen Sozialversicherungen, die ihre Leistungen vornehmlich aus den laufenden Beitragseinnahmen decken müssen und keine Schulden machen dürfen. Die Bundesregierung ist nur in der Renten- und Arbeitslosenversicherung für einen ausgeglichenen Haushalt verantwortlich und kann dort Defizite auch durch Beitragserhöhungen ausgleichen.

Auf solchen Faktenverdrehungen beruht auch Sloterdijks Erzählung vom Sozialstaat als Ausbeutung der Leistungsträger und Rache der politischen Linken am Besitzbürgertum. Seine Polemik gegen den Sozialstaat wäre nicht weiter erwähnenswert, wenn sie nicht in den Leitmedien eine Debatte unter Schwerintellektuellen zur Folge gehabt hätte. Sie begann drei Monate nach der Veröffentlichung von Sloterdijks FAZ-Essay mit einer wütenden Abrechnung des Soziologen Axel Honneth mit Sloterdijk in der Wochenzeitung *Die Zeit* (Honneth 2009).[15] Er beschreibt Sloterdijks Weg vom Zeitgeist-Philosophen und Liebling des Feuilletons zum »gesellschaftspolitischen Geisterfahrer«, ohne auf dessen bizarr anmutendes Postulat einer Abschaffung des Steuerstaats direkt einzugehen. Sein Kollege Ulrich Beck wurde im Magazin *Cicero* konkreter. Er habe nichts gegen Gedankenexperimente, aber das Sloterdijk'sche einer Umstellung des Fiskalsystems von Zwangsabgaben auf Spenden sei »im strengen Sinne reaktionär, weil es auf die hereinstürzenden Wirklichkeiten reagiert, ohne diese auch nur im Ansatz zu begreifen« (Beck 2010: 125). Sich aus der »Gleichheitsdynamik« moderner Gesellschaften auszuklinken, sei keine Option, sondern befördere eine Ungerechtigkeit verleugnendes »institutionalisiertes Wegsehen«.

Sloterdijk hielt es für unter seiner Würde, sich mit diesen Vorwürfen näher auseinanderzusetzen, weil sie überwiegend von »Journalisten und Sozialwissenschaftlern altlinker, gelegentlich sogar altleninistischer und paläomaoistischer Provenienz« stammten, die seine Schriften offenbar nur selektiv gelesen hätten (Sloterdijk 2010). In dieser Debatte offenbarten die meisten Kritiker Sloterdijks eine offene Flanke, indem sie ihn nur als ideologischen Irrläufer darstellten, aber seine eklatanten

15 Jan Rehmann und Thomas Wagner (2010) haben die hier zitierten Beiträge in einem Buch zusammengestellt.

Wissenslücken über die Aufgaben und Finanzierung des Sozialstaats und seine Ignorierung ökonomischer Fakten nicht thematisierten. Nur der Wirtschaftssoziologe Michael Hartmann (2010) wies darauf hin, dass Sloterdijk offenbar keine Ahnung von den Grundlagen und Strukturen des Staatshaushaltes und des Sozialbudgets hat und er mit seinem Bild von der Ausbeutung ökonomischer Leistungsträger durch den Steuerstaat einen Popanz aufbaut. Sloterdijks Behauptung, dass »eine Handvoll Leistungsträger gelassen mehr als die Hälfte des nationalen Einkommensteuerbudgets bestreiten«, sei ignorant. Hartmann stellt klar, dass zwar die oberen zehn Prozent der Einkommensbezieher ungefähr die Hälfte der Einkommensteuer aufbringen, aber diese Gruppe auch fast 50 Prozent der Einkommen erzielt. Vor diesem Hintergrund von einer ausbeutungsähnlichen Belastung der Besserverdienenden zu reden, sei lächerlich.

2.2 Die neoklassische Wohlfahrtsökonomik

Die Ökonomik entstand als Wissenschaft im 18. Jahrhundert als Teil der philosophischen Aufklärung mit der Vorstellung vom Menschen als einer mündigen und eigenverantwortlichen Person. Daraus entwickelte sich die Lehre vom Utilitarismus mit der Verfolgung des Eigennutzes als einem alternativen Leitbild zur christlichen Moral der Nächstenliebe (siehe Abschnitt 1.1). Die Befriedigung eigener Bedürfnisse und das persönliche Glück wurden als legitime Ziele betrachtet, aber es stellte sich die Frage, ob und wie diese Bestrebungen mit dem Gemeinwohl in Einklang zu bringen sind.

Damit setzte sich im 19. Jahrhundert der Ökonom und Philosoph John Stuart Mill auseinander, dessen

Werk »Utilitarismus« (Mill 2006) als Gründungsschrift der Wohlfahrtsökonomik gilt. Er setzte dem am Eigentum als Grundlage gesellschaftlicher Anerkennung orientierten Individualismus von John Locke und Adam Smith seine Vorstellung von sozialer Wohlfahrt entgegen, in der nicht das individuelle, sondern das gesellschaftliche Glück der Maßstab für den sozialen Nutzen ist. Der manifestiere sich in einer größtmöglichen Zahl glücklicher Menschen. So wie eine einzelne Person für sich eine persönliche Nutzenkalkulation aufstelle, könne auch eine Gesellschaft die Vor- und Nachteile für ihre Mitglieder gegeneinander aufrechnen. Damit erhob Mill die Maximierung des Gesamtnutzens einer Gesellschaft zum Prinzip der sozialen Wohlfahrt. John Rawls fasste Mills Idee der sozialen Gerechtigkeit so zusammen: »Die soziale Gerechtigkeit ist der Grundsatz der vernünftigen Umsicht, angewandt auf eine Vorstellung vom Wohl der Gruppe als einer Summe.« (Rawls 1979: 42). Daraus entstand die Frage, wie sich dieses Kriterium bewerten und messen lässt.

Das Pareto-Kriterium

Die in Ökonomie-Lehrbüchern auch heute noch verbreitete Antwort gab Anfang des 20. Jahrhunderts der italienische Ökonom Vilfredo Pareto. Er entwickelte ein nach ihm benanntes Kriterium, wonach eine Steigerung der allgemeinen Wohlfahrt ab dem Punkt vorliegt, wo eine entsprechende Maßnahme oder Reform eine Person besserstellt, ohne eine andere zu benachteiligen. Demnach ist die Verteilung von Gütern, Einkommen oder Lasten dann *pareto-optimal,* wenn die Position einer beteiligten Person nicht zu verbessern ist, ohne die einer anderen zu verschlechtern. Als *pareto-suboptimal* wird eine Situation bezeichnet, wenn noch bestimmte Verbesserungen für Personen möglich sind, ohne dabei andere zu benachteiligen. Demnach ist soziale Gerechtigkeit in der Marktwirtschaft trotz ungleicher Einkommens- und Vermögensverhältnisse möglich, wenn diese im paretooptimalen Zustand Vorteile für alle bringe, ohne jemanden zu benachteiligen. Es gilt als »Erster Hauptsatz der Wohlfahrtsökonomik: In einer Ökonomie mit rein privaten Gütern und einer perfekten Eigentumsordnung ist jedes Marktgleichgewicht bei vollkommener Konkurrenz ein Pareto-Optimum.« (Breyer und Buchholz 2009: 93).

Das Pareto-Kriterium ist zur Messung von sozialer Gerechtigkeit schon deshalb ungeeignet, weil es nur den Unterschied von Zustand B zum Zustand A erfasst und nichts über die soziale Qualität vom Ausgangsstadium aussagt. Es ist eine rein quantitative Veränderungsgröße, aber kein geeignetes Instrument zur Messung von sozialem Fortschritt. Es kann nur ein suboptimales Pareto-Kriterium geben, das sich auf die Akzeptanz in der Mehrheit der Bevölkerung stützt und daher keine objektive Größe ist. Eine gesellschaftliche Wohlfahrtsfunktion lässt sich zudem nicht nur mit ökonomischen Determinanten erstellen, sie muss auch Kriterien wie Bürgersouveränität, Förderung der Eigenständigkeit und demokratische Strukturen berücksichtigen (Widmaier 1976: 143f.).

Meritorische Güter

Neoklassische Ökonomen geben der Marktwirtschaft einen vorrangigen Status, von dem nur unter bestimmten Bedingungen abgewichen werden dürfe. Die Sozialversicherungspflicht bedürfe »in einer freiheitlich verfassten Gesellschaft einer triftigen Begründung« (Breyer und Buchholz 2009: 93), die nur bei explizitem Marktversagen vorliege. Eine ökonomische Fundierung des Sozialstaats müsse zeigen, dass die marktwirtschaftliche Regulierung seiner Aufgaben ineffizient ist und die Allokation der Ressourcen durch staatliche Interventionen verbessert wird. Das sind in der neoklassischen Ökonomie sogenannte *meritorische Güter*, ein von Richard Musgrave in den 1960er Jahren entwickelter Begriff. Darunter fallen Bedürfnisse, die »als so bedeutend angesehen werden, dass für ihre Befriedigung durch das öffentliche Budget über das hinaus Sorge getragen wird, was der Markt zur Verfügung stellt und was von privaten Käufern bezahlt wird« (Musgrave 1974: 15). Für die Bereitstellung dieser Güter soll ein »schwacher Paternalismus« sorgen, der »Personen mit beschränkten Kompetenzen zu einem Handeln veranlasst ..., das ihren Präferenzen unter den Bedingungen vollständiger Informationen entsprechen würde« (Althammer und Lampert 2014: 141). Ein »starker Paternalismus« bedeutet demgegenüber, dass der Staat sich über die Fähigkeiten von Individuen hinwegsetzt, sich selbst zu helfen, und seine Leistungen allen Bürgerinnen und Bürgern aufzwingt.

Die Sozialpolitik wird in diesem Modell auf das Prinzip der Bedürftigkeit beschränkt. Zwar wird zwar analog zur Kfz-Haftpflichtversicherung eine allgemeine Versicherungspflicht vor allem bei der Absicherung von Krankheitsrisiken befürwortet, um Trittbrettfahrereffekte und Abwälzungen von Kosten auf die Allgemeinheit zu vermeiden (Oberender et al. 2006: 32ff.). Aber deren Umfang soll den Individuen nicht aufgezwungen werden, sie sollen Wahlmöglichkeiten haben. Das entspreche nicht nur den Merkmalen einer freiheitlichen Gesellschaft, sondern führe auch über den Wettbewerb der Anbieter zu mehr Effektivität und Effizienz. Daraus entsteht jedoch ein Problem in der Gestaltung der Chancengleichheit, weil die Möglichkeiten der Risikoabsicherung in den sozialen Schichten sehr unterschiedlich sind. Untere Einkommensgruppen können sich einen umfassenden privaten Versicherungsschutz nicht leisten, auch weil sie zumeist größeren sozialen Risiken unterliegen, die sich in höheren Beitragsprämien niederschlagen, die sie sich mit ihren Löhnen nicht leisten können. Dadurch wird ein dauerhaftes Prekariat geschaffen, das die Spaltung der Gesellschaft vertieft.

2.3 Katholische Soziallehre: Solidarität und Subsidiarität

Der deutsche Sozialstaat basiert auf einer ordnungspolitischen Mischung aus sozialdemokratischer Programmatik und katholischer Soziallehre. Daraus erklären sich Besonderheiten unseres Sozialversicherungssystems wie das *Selbstverwaltungsprinzip* als Hybrid von öffentlich-rechtlichem Status und relativer Unabhängigkeit der Sozialversicherungsträger von der Politik. Das *Solidaritätsprinzip* gehört seit jeher zur gemeinsamen Schnittmenge von katholischer und sozialdemokratischer Sozialethik.

Die Strukturen unserer Sozialversicherung wurden schon bei ihrer Gründung stark von der katholischen Zentrumspartei und ihrem Vorsitzenden Ludwig Windhorst beeinflusst (Mommsen 1993: 602ff.). Deren Gliederung in anfangs drei Säulen (Kranken-, Unfall- und Rentenversicherung) wurde dem als dessen Gründer geltenden Reichskanzler Bismarck vom Zentrum und den

Liberalen im Reichstag aufgenötigt, um so die vorhandenen Versorgungswerke von Arbeitern und Handwerkern in das System zu integrieren. Bismarck schwebte eigentlich eine regionale Einheitsversicherung vor. Der Ausbau dieses Systems in den 1920er Jahren durch die Arbeitslosenversicherung war das gemeinsame Werk der SPD und der Zentrumspartei. In der Bundesrepublik wurde die Sozialpolitik maßgeblich durch die Zusammenarbeit der Unionsparteien und der SPD geprägt. Sie führte 1958 zur Einführung der dynamischen Rente, brachte mit dem Lohnfortzahlungsgesetz von 1969 die Gleichstellung von Arbeitern und Angestellten und 1995 die Einführung der Pflegeversicherung als fünfte Säule der Sozialversicherung.

Die Sozialpolitik ist in der katholischen Soziallehre keine staatliche Fürsorge, sondern eine »Politik des Gesellschaftlichen« (Höffner 1971: 27). Man könne sie nicht auf ökonomische Fragen reduzieren, sie betreffe vielmehr »die gesamte Ordnung des menschlichen Zusammenlebens« in den Betrieben, den Familien und Gemeinden. In diesem Sinn geht es ihr auch nicht um die Arbeiterfrage, sondern um die Struktur des sozialen Zusammenlebens nach dem *Subsidiaritätsprinzip*, dem neben dem *Solidaritätsprinzip* zentralen Begriff der katholischen Soziallehre. Beide Grundsätze spielten in den 1950er Jahren beim Aufbau des deutschen Sozialstaats eine prägende Rolle und sind bis heute Bestandteil sozialpolitischer Kontroversen über das Spannungsfeld von Solidarität und Eigenverantwortung. Die katholische Soziallehre sieht in diesen Prinzipien zwei Seiten derselben Medaille. *Solidarität* ist für sie ein politisches Gestaltungsprinzip, das sich aus christlichen Werten ableitet.

Die 1955 im Auftrag von Bundeskanzler Adenauer angefertigte *Rothenfelser Denkschrift* (Achinger et al. 1955) christlich-konservativer Sozialwissenschaftler machte dieses Prinzip zur ethischen Grundlage einer »Neuordnung der sozialen Leistungen«. Der Mensch sei kein sozial eigenständiges, sondern ein in gesellschaftlichen Zusammenhängen lebendes Wesen, egal ob es die Familien, Betriebe, Vereine oder Nachbarschaften seien. Der Grundsatz der Solidarität fordere nicht nur, »daß die Gesellschaft dem notleidenden Einzelmenschen oder der darbenden Einzelfamilie hilft, sondern daß auch die gesellschaftlichen Gruppen und Schichten im Bewußtsein ihrer Zusammengehörigkeit den Ausgleich zugunsten der sozial Schwächeren ... durchführen« (ebenda: 22).

Der Staat als »höchstes irdisches Sozialgebilde« (ebenda: 21) habe die Aufgabe, die Menschen in der Wahrnehmung dieser ethischen Prinzipien zu unterstützen, aber nicht zu gängeln. Er ist in der katholischen Soziallehre kein paternalistischer Wohltäter, sondern das letzte Glied einer sozialen Kette von gegenseitigen Unterstützungen. Dabei gilt das *Subsidiaritätsprinzip*, wonach die größere soziale Einheit erst dann eingreift, wenn die jeweils kleinere überfordert ist: »Wie die Sozialgebilde nicht an sich reißen sollen, was der Einzelmensch aus eigener Kraft und Verantwortung zu leisten vermag, so sollen die umfassenderen Gemeinschaften keine Aufgaben übernehmen, die von den kleineren Lebenskreisen gemeistert werden können.« (Ebenda). Demnach soll der Staat den Individuen und Familien keine Aufgaben abnehmen, die diese nicht selbst wahrnehmen können.

Oswald von Nell-Breuning, der wohl bedeutendste katholische Sozialethiker, machte darauf aufmerksam, dass dieser Grundsatz oft falsch verstanden wird. Zwar sei es richtig, dass man nicht anderen auf der Tasche liegen solle, wenn man sich selbst helfen könne. Auch solle man niemandem Hilfe aufdrängen. Aber man dürfe das Subsidiaritätsprinzip nicht als eine gestufte Abfolge von Unterstützungsmaßnahmen betrachten. Denn »bevor der Mensch anfangen kann, seine eigenen Kräfte zu regen, muß die Gesellschaft bereits eine Menge an Vorkehrungen und Maßnahmen getroffen haben, ohne die er entweder überhaupt nicht dazu käme, seine Kräfte zu regen, oder doch seine Anstrengungen zu keinerlei Erfolg führen könnten« (Nell-Breuning 1958: 221). Es müsse nicht nur geprüft werden, ob die jeweils kleineren sozialen Einheiten in der Lage zur Selbsthilfe sind. Der Staat habe auch dafür zu sorgen, dass die Menschen sich eigenverantwortlich verhalten können. Wenn er diese Aufgabe vernachlässige, schlage das Subsidiaritätsprinzip in bürokratische Kontrolle und inhumane Schuldzuweisungen um.

Damit wendet sich Nell-Breuning gegen die Vereinnahmung des Subsidiaritätsprinzips durch marktliberale Ideologien, die den Sozialstaat nicht als gesellschaftspolitisches Prinzip verstehen, sondern als Auffangbecken für Notfälle und sozial gescheiterte Menschen. Ihm geht es dagegen um den gesellschaftlichen Rahmen von Chancengleichheit, für den der Staat und die Politiker die Verantwortung tragen. Aber dieses Ziel lässt sich nicht ohne politische Eingriffe in die Einkommens- und Vermögensverteilung erreichen. Die katholische Soziallehre verknüpft »Reflexionen zur Eigentumsethik mit einer politischen Ethik« (Spieker 2004) und postuliert die Sozialverpflichtung des Eigentums. Dessen Gebrauch soll laut Artikel 14 Abs. 2 des Grundgesetzes »zugleich dem Wohle der Allgemeinheit dienen.« Dieser als gemeinsamer Nenner von Sozialdemokraten und christlichen Politikern ins Grundgesetz aufgenommene Grundsatz hat eine »große Spannweite« (Hartwich 1970: 199) und wird in der politischen Praxis sehr flexibel gehandhabt.

2.4 Karl Marx und die soziale Gerechtigkeit

Kaum ein anderer Philosoph oder Ökonom ist so umstritten wie Karl Marx. Er wurde nicht nur von seinen Gegnern, sondern auch von vielen seiner Anhänger missverstanden, die ihn zu einem Säulenheiligen machten. Marx war kein Prophet einer sozialistischen Gesellschaft, sondern ein Theoretiker des Kapitalismus. Auch Kritiker seiner Politischen Ökonomie wie Joseph Schumpeter sahen in ihm einen großen Wissenschaftler, der versuchte, die ökonomischen Bedingungen aufzudecken, die »Gesellschaften formen und die ihren Aufstieg und Niedergang erklären. Sämtliche Tatsachen und Argumente von Max Weber passen vollkommen in Marxens System.« (Schumpeter 1972: 27). Karl Marx wendete sich schon zu Lebzeiten gegen die auch heute gängige Behauptung, er habe den Sozialismus mit einer »ausgefeilten Theorie« ausgestattet (Giddens 1999: 13). Ein solches von ihm entworfenes »sozialistisches System« sei eine »Phantasie« seiner Kritiker (Marx 1962a: 357). Seine ökonomischen Schriften enthalten keine Gegenentwürfe zum Kapitalismus, sondern sind Analysen seiner Bewegungsgesetze und deren sozialer Auswirkungen.

Das war ein gigantisches Vorhaben, vor allem angesichts der Tatsache, dass sich der Kapitalismus zu Lebzeiten von Karl Marx noch in seiner Frühphase befand und mit all seinen Möglichkeiten und Widersprüchen noch gar nicht voll entfaltet hatte. Marx' Kritik der politischen Ökonomie des Kapitalismus blieb ein Torso, dessen umfangreiche Vorarbeiten und Skizzen bis heute nicht vollständig aufgearbeitet worden sind. Er verfasste eine systematische Kapitalismuskritik, »die vieles zugleich leisten soll und manches davon auch tatsächlich leistet« (Krätke 2017: 11). Sie beschreibt den Kapitalismus als ein sich selbst vorantreibendes System, das alle Grenzen sprengt und dabei stets neue Widersprüche produziert. Daraus lässt sich aber kein zwangsläufiger finaler Zusammenbruch ableiten, wie ihn etliche marxistische Ökonomen seit Rosa Luxemburg postuliert haben. Vielmehr zeigte Marx den krisenanfälligen Charakter des kapitalistischen Akkumulationsprozesses, der viele Facetten hat und sich nicht auf den tendenziellen Fall der Profitrate und die Überakkumulation reduzieren lässt. Den Sozialstaat und dessen Auswirkungen auf die kapitalistische Entwicklung konnte Marx schon deshalb nicht analysieren, weil er zu seinen Lebzeiten noch nicht einmal in Ansätzen existierte. Er hinterließ dazu nur vage Andeutungen.

Mehrwertproduktion und soziale Gerechtigkeit

Die politische Ökonomie des Kapitalismus von Karl Marx basiert auf der Theorie des Mehrwerts als eine durch die Produktivität der Arbeit erzielte spezifisch kapitalistische Form des Mehrprodukts. Auf die hochkomplexe Marx'sche Wert- und Mehrwerttheorie sowie die damit zusammenhängenden Kontroversen kann hier nicht eingegangen werden, das würde den Rahmen dieses Buches sprengen. Ich beschränke mich auf Hinweise zu zwei zentralen Missverständnissen:

- Zum einen ist die Marx'sche Wertlehre keine Arbeitswerttheorie, wie allgemein behauptet wird. Marx selbst hat diese Bezeichnung mit Erstaunen zur Kenntnis genommen, weil er stets von *zwei* ökonomischen Wertquellen gesprochen hat, nämlich der Arbeit und der Natur, was er in der »Einleitung zur Kritik der politischen Ökonomie« in dem Kernsatz zusammenfasste: »Alle Produktion ist Aneignung der Natur von seiten des Individuums innerhalb und vermittelst einer bestimmten Gesellschaftsform.« (Marx 1971: 619). Die Aufgabe der politischen Ökonomie sah Marx darin, die sich aus dem Doppelcharakter der Arbeit als individueller und zugleich gesellschaftlicher Tätigkeit ergebenden ökonomischen Beziehungen zu analysieren. Der Kapitalismus war für ihn eine historische Form der gesellschaftlichen Anerkennung von Produkten der Aneignung der Natur durch die Menschen, die er, ausgehend von der einfachen Warenwirtschaft, in einer Abfolge von sich der Oberfläche der kapitalistischen Gesellschaft nähernden Abstraktionsstufen darstellte.
- Zum zweiten ist die Aneignung des mit der Lohnarbeit produzierten *Mehrwerts* durch die Kapitalisten für Marx kein Diebstahl an den Arbeitern, sondern Teil des gesellschaftlichen Verhältnisses von Lohnarbeit und Kapital. Die Kapitalisten kaufen die Arbeitskraft der Arbeiter mitsamt ihren Produktivkräften. Der Mehrwert ist die kapitalistische Form des Mehrprodukts, das sich aus der allgemeinen Produktivitätsentwicklung ergibt. Die verbreitete Be-

hauptung, Karl Marx betrachte den Kapitalismus als ungerecht, weil die Kapitalisten sich den Mehrwert aneigneten, der eigentlich den Arbeitern gehöre, geht am Marx'schen Begriff der Lohnarbeit als einem spezifischen gesellschaftlichen Zusammenhang vorbei.

Es ist deshalb nicht haltbar, wenn Thomas Ebert in seinem Buch über »Soziale Gerechtigkeit« dem Abschnitt über Karl Marx die Überschrift gibt »Die Marx'sche Arbeitswerttheorie als Gerechtigkeitstheorie« (Ebert 2010: 170). Weder hat Marx eine *Arbeits*werttheorie (siehe oben) vertreten, noch hat er die Lohnarbeit als Gerechtigkeitsproblem im Sinne eines Mehrwertdiebstahls dargestellt. Das stellte Marx in der 1875 verfassten »Kritik des Gothaer Programms der SPD« klar, in der er sich gegen die dort aufgestellte Forderung nach einem »unverkürzten Arbeitsertrag« wendet (Marx 1962: 18f.). Sie sei unsinnig, weil in einer »neuen Gesellschaft« aus dem Gesamtarbeitsertrag nicht nur der allgemeine Lebensunterhalt der Produzenten bestritten werden müsse, sondern auch ein »Reserve- oder Assekuranzfonds gegen Mißfälle, Störungen und Naturereignisse«. Das sei ebenso eine gesamtwirtschaftliche Notwendigkeit wie die Unterhaltung von Schulen und ein »Fonds für Arbeitsunfähigkeit«. Der dafür verwendete Anteil des gesellschaftlichen Arbeitsprodukts wachse »bedeutend im Vergleich zur jetzigen Gesellschaft und nimmt im selben Maß zu, wie die neue Gesellschaft sich entwickelt.« In wenigen Sätzen fasste Marx damit implizit Aufgaben und Dynamik des modernen Wohlfahrtsstaates zusammen, ohne diesen als Phänomen des späten 20. Jahrhunderts auch nur ansatzweise zu kennen.

Es ist müßig, darüber zu streiten, ob er in ihm eine neue Gesellschaft oder nur eine besondere Spielart des entwickelten Kapitalismus gesehen hätte. Er konnte sich vermutlich nicht vorstellen, dass es eine kapitalistisch basierte Volkswirtschaft geben kann, die ein Drittel ihrer Wertschöpfung für das Sozialbudget verwendet. Wer konnte das schon im 19. Jahrhundert? Dass sich das Gesundheits- und Sozialwesen zu einem großen Wirtschaftszweig entwickeln würde, war damals jenseits des Vorstellungsvermögens. Spitäler und Armenasyle waren von den Kirchen oder Kommunen betriebene Fürsorgeeinrichtungen. Ärzte reihte Marx unter die »höheren Arbeiter« der Bourgeoisie ein, wie »Militärs, Virtuosen, Pfaffen, Richter, Advokaten« (Marx 1965: 145). Weder das medizinische Wissen noch die Entwicklung des Kapitalismus ließen damals erkennen, dass aus der Behandlung von kranken Menschen einmal eine große Industrie entstehen würde.

Aber das spricht nicht gegen Marx' Ansatz einer Kapitalismusanalyse, die dessen prinzipielle Krisenanfälligkeit zeigt, die nur *politisch* gesteuert werden kann. Die Erkenntnis, dass der Kapitalismus sich sein eigenes Grab schaufelt, wenn seine alle Grenzen sprengenden Akkumulationsmechanismen nicht gebändigt werden, teilten im 20. Jahrhundert auch andere Ökonomen wie Keynes, Kalecki oder Schumpeter.

Rosa Luxemburg und die Sozialstaatsillusion

Die Möglichkeiten und Grenzen des Staates und der politischen Steuerung des Kapitalismus wurden unter Marxisten seit jeher kontrovers geführt. Diese Debatte begann mit dem um 1900 geführten *Revisionismus-*

streit zwischen Eduard Bernstein und Rosa Luxemburg. Bernstein, ein Freund von Friedrich Engels und dessen Nachlassverwalter, vertrat in seinem Buch »Die Voraussetzungen des Sozialismus und die Aufgaben der Sozialdemokratie« (Bernstein 1969) die These, dass der Kapitalismus nicht automatisch zusammenbrechen werde, sondern in der Kreditwirtschaft Instrumente zur Krisenbewältigung entwickeln und mit von den Gewerkschaften erkämpften Sozialreformen die Lebenslage der Arbeiter verbessern könne. Für die Sozialdemokratie ergebe sich daraus eine Abkehr von der revolutionären Rhetorik des radikalen Systemwandels hin zu einer Reformpolitik der schrittweisen Veränderungen.

Damit stieß er auf den entschiedenen Widerstand von Rosa Luxemburg, die in ihrer Schrift »Sozialreform oder Revolution« Bernstein als einen Leugner der Lehre von Karl Marx darstellte, der das Ziel einer sozialistischen Gesellschaft preisgegeben habe:

> »Wer sich ... für den gesetzlichen Weg *anstatt* und *im Gegensatz* zur Eroberung der politischen Macht und zur Umwälzung der Gesellschaft ausspricht, wählt tatsächlich nicht einen ruhigeren, sicheren, langsameren Weg zum *gleichen* Ziel, sondern auch ein *anderes* Ziel, nämlich statt der Herbeiführung einer neuen Gesellschaftsordnung bloß quantitative Veränderungen in der alten.« (Luxemburg 1970: 428f., Hervorhebungen im Original).

Diese These war in den 1970er Jahren Ausgangspunkt einer in der außerparlamentarischen Linken geführten Debatte über die »Sozialstaatsillusion«. Diese habe ihre Wurzeln in einer falschen Vorstellung von der Trennung der Produktions- von der Verteilungssphäre im Kapitalismus (Müller und Neusüß 1970). Zum einen würde das Modell eines kapitalistischen Wohlfahrtsstaates unterstellen, dass die Verteilungspolitik von den Gesetzmäßigkeiten des kapitalistischen Verwertungsprozesses unabhängig sei. Zugleich werde behauptet, dass dieser selbst durch die Verteilungspolitik im Sinne einer Krisenvermeidungspolitik beeinflusst werden könne. Die Annahme von der gegenseitigen Ergänzung der krisenbewältigenden und der sozialpolitischen Funktion des Staates lasse sich nicht halten. Allerdings sei die kapitalistische Wirtschaft an ein Minimum an sozialer Stabilität gebunden: »Diesem Zweck dient die *Sozialpolitik als Befriedungspolitik*; sie bleibt auch dabei Moment der Sicherung der stetigen Reproduktion des Kapitalverhältnisses, stellt also das gerade Gegenteil von politischer Autonomie des Staates dar.« (Ebenda: 19, Hervorhebung im Original). Die Sozialpolitik sei im Kapitalismus nur darauf ausgerichtet, die Arbeitsfähigkeit der Lohnabhängigen so schnell wie möglich wiederherzustellen. Sie habe bis in den Alltag hinein »den Charakter einer die Produzenten entmündigenden Überwachung, Kontrolle bzw. ›Fürsorge‹« (ebenda: 57).

Sozialpolitik wird auf ein Herrschaftsinstrument des Kapitals und die Absicherung der Verfügbarkeit von Arbeitskraft reduziert. Dieses Verständnis von Sozialpolitik wurde in den 1970er Jahren von Vertretern der Frankfurter Schule zur »Theorie der Sozialpolitik« als sozialer Kontrolle ausgebaut (Guldimann et al. 1978, siehe Abschnitt 3.2). Müller und Neusüß verkannten den Kapitalismus als *Entwicklungsprozess* mit der widersprüchlichen Tendenz, seinen ökonomischen Reproduktionsprozess nicht mit den eigenen Instrumenten sichern zu können, sondern nur mit einer öffentlichen Infrastruktur, zu der auch der Sozialstaat gehört (siehe Abschnitt 3.5).

2.5 John Rawls: Gerechtigkeit in einer »wohlgeordneten Gesellschaft«

John Rawls hat mit seinem Buch »Eine Theorie der Gerechtigkeit« (Rawls 1979) als erster Philosoph seit der Aufklärung die Gerechtigkeit wieder als Grundlage der politischen Ordnung thematisiert. Er entwickelte eine Theorie des Egalitarismus im Rahmen einer liberalen und rechtsstaatlichen Demokratie, die über die Moralphilosophie der Aufklärung hinausgeht und sich explizit als politischer Liberalismus versteht.[16] Rawls fragt nach den politischen und sozialen Ordnungen von Gerechtigkeit. Dabei spricht er zwei zentrale Fragen an (Ebert 2010: 222ff.). Zum einen betreffe die soziale Gerechtigkeit nicht nur die Einkommensverteilung, sondern auch die Chancengleichheit, Bildung und die Teilhabe am sozialen Fortschritt. Zweitens geht es um den Nutzen öffentlicher Einrichtungen für die Mitglieder einer Gesellschaft. Rawls Gedanken basieren auf einem egalitären Menschenbild, das aber Ungleichheiten nicht leugnet, sondern explizit postuliert. Die Bürgerinnen und Bürger sind politisch gleichberechtigt, aber individuell in ihren Bedürfnissen und Fähigkeiten unterschiedlich. Rawls betrachtet es als Aufgabe der Politik, diesen Widerspruch möglichst konsensual zu behandeln.

16 Der politische Begriff des Liberalismus hat in den USA eine andere Bedeutung als in Europa. *Liberals* sind dort Personen, die man in Deutschland als *Linksliberale* bezeichnet, die eine Mischung aus liberalen und sozialdemokratischen Positionen vertreten.

John Rawls formulierte den Grundgedanken seiner Theorie der Gerechtigkeit wie folgt (Rawls 1979: 133): »Wenn sich mehrere Menschen nach Regeln zu gegenseitig nutzbringender Zusammenarbeit vereinigen und damit ihre Freiheit zum Vorteil aller beschränken müssen, dann haben diejenigen, die sich diesen Beschränkungen unterwerfen, ein Recht darauf, daß das auch die anderen tun, die Vorteil davon haben.« Rawls knüpft damit an die Philosophie des Gesellschaftsvertrages von Immanuel Kant an und entwickelt aus dessen kategorischem Imperativ eine Theorie der Gerechtigkeit in modernen Demokratien.

Diese Theorie ist eine Kombination aus individuellen Freiheitsrechten des Liberalismus und allgemeinen Grundsätzen der Verteilungsgerechtigkeit. Man kann sie auch als die moderne Fassung der Parole der Französischen Revolution »Freiheit, Gleichheit, Brüderlichkeit« betrachten, in der Brüderlichkeit durch Fairness ersetzt wird, dem neben dem Differenzprinzip zentralen Begriff in Rawls' Philosophie. Gleiche Freiheiten für alle Menschen bedeuten für ihn »gleiche Gewissensfreiheit, politische Gerechtigkeit und politische Gleichberechtigung« (Rawls 1979: 223). Daraus leitet er zwei Grundsätze der Gerechtigkeit ab, die sich auf die Grundstruktur der Gesellschaft beziehen (Rawls 2003: 79):

»a) Jede Person hat den gleichen unabdingbaren Anspruch auf ein völlig adäquates System gleicher Grundfreiheiten, das mit demselben System von Freiheiten für alle vereinbar ist.

b) Soziale und ökonomische Ungleichheiten müssen zwei Bedingungen erfüllen: erstens müssen sie mit Ämtern und Positionen verbunden sein, die unter Bedingungen der Chancengleichheit allen offenstehen; und zweitens müssen sie den am wenigsten begünstigten Angehörigen der Gesellschaft den größten Vorteil bringen (Differenzprinzip).«

Diese Begriffsbestimmung ist eine Überarbeitung der 1971 vorgenommenen Definition, in der Rawls noch keinen expliziten Bezug zu den unterprivilegierten Schichten formuliert hatte. Der war zwar implizit schon Teil seiner *Theorie der Gerechtigkeit*, aber Rawls hielt es für erforderlich, damit seine »politische Konzeption von Gerechtigkeit« als *Fairness* zu verdeutlichen (Rawls 2003: 16).

Differenzprinzip und Fairness

Das *Differenzprinzip* und die *Fairness* sind die zentralen Begriffe von Rawls' Theorie der sozialen Gerechtigkeit, die man nicht voneinander trennen kann. Das Differenzprinzip geht davon aus, dass das für Zivilgesellschaften elementare Prinzip der Chancengleichheit sich nicht von selbst ergibt. Es reiche nicht aus, rechtliche Diskriminierungen und ständische Privilegien abzuschaffen. Die Menschen kämen zwar als gleichberechtigte Personen zur Welt, hätten aber aufgrund ihrer familiären und sozialen Umgebung, in die sie hineingeboren werden, unterschiedliche Chancen der Teilhabe und individuellen Entwicklung. Diese Chancenungleichheit könne man zwar nicht abschaffen, das sei realitätsfremd. Aber man müsse Instrumente zu ihrer Kompensation entwickeln, etwa in der Bildung oder im Gesundheitswesen.

Die Politik hat sich in einer »wohlgeordneten Gesellschaft« (Rawls) am Differenzprinzip zu orientieren, wonach eine Verbesserung der Lebenslage der »am wenigsten begünstigten Angehörigen einer Gesellschaft« das Maß der Dinge ist. Es unterscheidet sich vom Paretoprinzip (siehe Abschnitt 2.2), das Wohlfahrtsgewinne bereits dann feststellt, wenn eine Maßnahme nur eine Person besserstellt, ohne dass eine andere benachteiligt wird. Rawls vertritt keinen absoluten Egalitarismus wie der Marktliberalismus, sondern ein »doppeltes Gleichheitspostulat« (Ebert 2010: 234). Es besteht sowohl aus Chancengleichheit als auch aus verteilungspolitischen Aspekten. Letztere orientieren sich an dem Gedanken der *Grundgüter.* »Dabei handelt es sich um diverse soziale Bedingungen und Allzweckmittel, die generell nötig sind, um den Bürgern die Möglichkeit zu geben, ihre moralischen Vermögen angemessen zu entfalten und voll zum Einsatz zu bringen sowie ihre jeweiligen Vorstellungen vom Guten durchzusetzen.« (Rawls 2003: 99).

Rawls' Verständnis von Gerechtigkeit orientiert sich an den Schwächeren in der Gesellschaft. Die Produktion des ökonomischen Reichtums ist für ihn kein summarisches Resultat individueller Leistungen, sondern ein gesamtgesellschaftliches, in Kooperation erzieltes Ergebnis. Das Volksvermögen ist eine Art Pauschalsumme zu Händen der politischen Gemeinschaft, die das Recht und die Pflicht hat, Regeln über dessen Verteilung aufzustellen. Das unterscheidet Rawls fundamental von Libertären wie Hayek und Nozick, die die Verteilung des wirtschaftlichen Reichtums allein als Sache des Marktes ansehen, der dem Leistungsprinzip folge und daher per se gerecht sei (siehe Abschnitt 2.1).

Die Verteilungsregeln haben für Rawls nicht der ökonomischen Opportunität zu folgen, sondern dem Grundsatz der *Fairness*, dem zweiten Merkmal von

Rawls' »wohlgeordneter Gesellschaft«. Fairness wird als politischer Imperativ verstanden, der Demokratie nicht als eine Herrschaft von Mehrheiten betrachtet, sondern als Kooperation zwischen Bürgern, »die als freie und gleiche Personen gesehen werden« (Rawls 2003: 218). Rawls ist klar, dass sich der Grundsatz der Fairness in der politischen Realität nur unvollkommen umsetzen lässt, aber es könnten bestimmte »Ideen des Guten« in Erscheinung treten, die auf folgenden Grundsätzen beruhen (ebenda: 219ff.):

- Sie müssen in den von ihr als politischer Konzeption gesetzten Rahmen passen.
- Es gibt bestimmte Grundgüter, die allen Bürgerinnen und Bürgern zustehen. Sie sollen kein gesellschaftliches Durchschnittsniveau abbilden, sondern auf einem demokratischen Konsens beruhen.
- Sie müssen mit den Gerechtigkeitsprinzipien vereinbar sein und vom »Ideal des guten Bürgers in einem demokratischen Staatswesen« bestimmt sein.
- Sie basieren auf der Idee der Gesellschaft als einer sozialen Gemeinschaft.

Politische Perspektiven sozialer Gerechtigkeit

Diese Grundsätze legen die Anmerkung von Thomas Ebert (2010: 236) nahe, Rawls' Gerechtigkeitstheorie habe eine Verwandtschaft mit dem von der europäischen Sozialdemokratie und der katholischen Soziallehre entwickelten Sozialstaatsgedanken. Auf jeden Fall hat John Rawls' Sozialphilosophie großen Einfluss auf Sozialwissenschaftler und Ökonomen. Hervorzuheben ist der Ökonomie-Nobelpreisträger Amartya Sen, der

Rawls' philosophische Ideen zu Fragen der *Verteilungsgerechtigkeit* ausbaute. Das Differenzprinzip gehe zwar über den liberalen Utilitarismus hinaus, lasse aber die großen und vielfältigen Unterschiede der Menschen, »in ihren Fähigkeiten, Grundgüter in ein gutes Leben zu *konvertieren*, außer Acht« (Sen 2010: 94, Hervorhebung im Original). Sen legt den Schwerpunkt seiner Untersuchungen auf die Verwirklichungschancen von Menschen, was aber keine Abkehr von Rawls' Postulat sei, »sondern nur eine Adjustierung der Strategie der praktischen Vernunft« (ebenda: 95).

Der Aspekt der Verwirklichungschancen ist ein zentraler Aspekt, der darauf hinweist, dass die politischen Auseinandersetzungen die Verteilung gesellschaftlicher Grundgüter auf mehreren Ebenen betreffen (Jäger 2017: 129ff.):

- Die *Chancengleichheit* ist ein wichtiger Indikator für die Umsetzung demokratischer Prinzipien. Gleiche Grundrechte allein können von sich aus nicht garantieren, dass alle Bürgerinnen und Bürger die gleichen Lebenschancen haben.
- Das Prinzip der *Bedarfsgerechtigkeit* betrifft die schichtspezifisch unterschiedlichen Möglichkeiten, Grundbedürfnisse wie Bildung, Gesundheit oder Erwerbsfähigkeit zu befriedigen.
- Die in letzter Zeit in den Vordergrund gerückte Frage der *Generationengerechtigkeit* betrifft vor allem die Frage der Finanzierung des Sozialstaats mit der Kontroverse Umlageverfahren gegen Kapitaldeckung. Diese Debatte ist von etlichen Missverständnissen, ökonomischen Sonderinteressen und fragwürdigen Zahlenspielen geprägt (siehe Abschnitt 5.3).

- Mindestens ebenso umstritten ist der Aspekt der *Leistungsgerechtigkeit*. Für deren Messung gibt es keine objektiven Kriterien.
- In der Debatte über *Gendergerechtigkeit* treffen diese Fragen aufeinander, von denen Frauen in weit stärkerem Maß betroffen sind als Männer.

Diese Auflistung von Parametern der Diskussion über soziale Gerechtigkeit macht deutlich, dass es dabei um keine in Stein gemeißelten Werte gehen kann, sondern um differenzierte Interessenlagen. Herfried Münkler trifft die offene Flanke von Rawls' Konzept der Gerechtigkeit. Sie »kann zwar einiges zur gerechtigkeitstheoretischen Justierung des Sozialstaates beitragen, aber die für seinen Ausbau und seine Aufrechterhaltung erforderliche Unterstützungsbereitschaft vermag es nicht zu mobilisieren« (Münkler 2001: 43).

Begriffe wie Solidarität werden heute immer weniger als gesellschaftliche Frage diskutiert, sondern aus der Sicht individueller Betroffenheit (siehe Abschnitt 3.3). Der Soziologe Axel Honneth beklagt, dass die gegenwärtige politische Philosophie an ihrer Abkoppelung von der Gesellschaftsanalyse leidet und sich auf normative Prinzipien und Werte einer individuellen Moral fixiert. Es würden allgemeine Prinzipien »in Isolation von der Sittlichkeit gegebener Praktiken und Institutionen entworfen, um dann erst sekundär auf die gesellschaftliche Realität ›angewendet‹ zu werden (Honneth 2011: 14).

Dieses Politikverständnis leitet die sozialpolitische Programmatik nicht aus realen und sich verändernden gesellschaftlichen Strukturen ab, sondern aus ordnungspolitischen Grundsätzen mit dem Anspruch auf quasi ewige Allgemeingültigkeit. Honneth hält diesem Trend das Postulat entgegen, »als moralischen Bezugspunkt einer Theorie der Gerechtigkeit nur diejenigen Werte oder Ideale heranzuziehen, die als normative Ansprüche zugleich Reproduktionsbedingungen der jeweils gegebenen Gesellschaft bilden« (ebenda: 20). Es geht in Anlehnung an eine berühmte Marx-Sentenz darum, die Frage der sozialen Gerechtigkeit vom Kopf auf die Füße zu stellen. Für die Individuen spielen das Gerechtigkeitsempfinden und der Vergleich der eigenen Situation mit anderen Personen sicher eine wichtige Rolle, wie Frank Nullmeier (2000) ausführlich dargelegt hat. Zwar wird der sozialpolitische Alltag von Fragen des »Sozialneids« beeinflusst, unabhängig davon, ob dieses Gefühl eine Faktenbasis hat. Aber die Organisation des modernen Sozialstaats legitimiert sich weniger aus moralischen Prinzipien, sondern mehr aus ökonomisch rationalen Problemlösungen.

Kapitel 3
Die Revision des Sozialstaats

Der Sozialstaat entwickelte sich in den 1960er und 1970er Jahren in der BRD zu einer fast die gesamte Bevölkerung erfassenden Institution. Aber seine Strukturen hielten mit diesem Prozess nicht schritt, sondern verharrten in der seit Bismarcks Zeiten fast unveränderten berufsständischen Gliederung der Sozialversicherung, ergänzt durch eine subsidiäre staatliche Fürsorge. Die Sozialversicherungsträger und Sozialämter verstanden sich nach wie vor als paternalistische Zuteilungsinstanzen, die ihre Leistungen nicht *anboten,* sondern *gewährten*. Dass mit dem Wachstum der Wirtschaft und des Wohlstands in den »goldenen Jahren des Kapitalismus« zwischen 1955 und 1975 (Eric Hobsbawm 1995) die Bürgerinnen und Bürger keine Bittsteller mehr sein wollten, sondern effektive Dienstleistungen und individuelle Betreuung erwarteten, war an der Sozialbürokratie vorbeigegangen. Dieser institutionelle Anachronismus traf auf den Trend des Wohlfahrtsstaats, seine Anziehungskraft durch seine eigenen Erfolge zu untergraben (Judt 2010). Seine Institutionen entwickelten sich mit ihrem Ausbau zu einer scheinbaren Selbstverständlichkeit, deren Bedeutung für den Zusammenhalt von Wirtschaft und Gesellschaft nicht mehr offen zutage liegt.

Es wurde klar, dass der Sozialstaat sich den veränderten Bedürfnissen anpassen musste. Ausgangspunkt war der enge Zusammenhang von Sozialpolitik und Demokratie, wie ihn der Nestor der britischen Sozialpolitik Thomas H. Marshall bereits 1949 formuliert hatte. Demnach haben soziale Rechte eine ähnliche Anziehungskraft und Expansionsdynamik wie Menschen- und Bürgerrechte. Der Sozialstaat wird als eine »Implikation der Demokratie« (Ganßmann 2009: 53) und die Sozialpolitik als Förderung der Lebensqualität verstanden (Achinger 1973). In diesem Sinn trat die sozialliberale Koalition 1969 mit der von Bundeskanzler Willy Brandt in seiner Regierungserklärung verkündeten Parole an, man wolle »mehr Demokratie wagen«. Darin lag das Versprechen, die staatlichen Institutionen transparent zu gestalten und die Mitwirkungsrechte der Bürgerinnen und Bürger zu stärken. Sie wollten nicht mehr von Schalterbeamten abgefertigt werden, sondern erwarteten von den Sozialbehörden effektive Dienstleistungen und individuellen Service.

Dieser Anspruch hing auch damit zusammen, dass der Anteil der sozialen und gesundheitlichen Dienste am Sozialbudget seit Ende der 1960er Jahre sprunghaft angestiegen war. Die Gesundheitsquote des BIP stieg zwischen 1970 und 1975 von 6,0 auf 8,4 Prozent, der durchschnittliche Beitragssatz der Krankenkassen von 8,24 auf 10,04 Prozent (Reiners 2019: 21). Außerdem brachte das schon von der Großen Koalition Ende der 1960er Jahre eingeleitete Projekt einer »aktiven Arbeitsmarktpolitik« (Kühl 1982) neue Aufgaben in der beruflichen Aus- und Weiterbildung. Die Krankenkassen und Arbeitsämter standen unter einem zuvor nicht gekannten Druck, sich von Verwaltungsbehörden zu Dienstleistungseinrichtungen zu entwickeln. Dieses Thema beschäftigte in den 1970er Jahren vor allem Sozialwissenschaftler, auch als Kontrapunkt zur ab Mitte der 1970er Jahre einsetzenden Kostendämpfungspolitik mit der Orientierung an konstanten Sozialabgaben und Lohnnebenkosten.

Der Diskurs über die demokratische Legitimation des Sozialstaats wurde ab Mitte der 1970er Jahre nach und nach durch eine marktwirtschaftlich orientierte Ökonomisierung verdrängt, die den Sozialstaat nicht reformieren, sondern dekonstruieren und durch private Formen der Absicherung sozialer Risiken ersetzen wollte. Die veralteten Strukturen der Sozialbehörden waren dabei ein nützlicher Anknüpfungspunkt.

Ein Problem der Kritiker dieses Abbaus von Sozialleistungen war und ist, dass sie sich darauf beschränken, einen Trend zur Ökonomisierung des Sozialen zu beklagen, anstatt eine eigene Politische Ökonomie des Sozialstaats zu entwickeln, die den Unterschied zwischen Ökonomisierung und Kommerzialisierung verdeutlicht. Sie sitzen damit der herrschenden Gleichsetzung von Ökonomie mit Marktwirtschaft auf, wie sie bei *Wikipedia* zu lesen ist. Ökonomisierung gilt dort als »die Ausbreitung des Marktes samt seinen Prinzipien und Prioritäten auf Bereiche, in denen ökonomische Überlegungen in der Vergangenheit eine eher untergeordnete Rolle spielten bzw. die solidarisch oder privat organisiert waren«. Damit werden ökonomische mit marktwirtschaftlichen Kategorien gleichgesetzt. Aber auch öffentliche und gemeinnützige Organisationen müssen wirtschaftlich denken, Kosten kalkulieren und Budgets steuern, wenn sie ihre Aufgaben angemessen erfüllen wollen. Die »produktionspolitische Notwendigkeit« (Heimann 1982) und die ökonomischen Vorteile des Sozialstaats gegenüber einer privaten Risikoabsicherung müssen in den Vordergrund der politischen Debatte gerückt werden, wenn er Bestand haben und nicht auf einen »Almosen- und Suppenküchensozialstaat« (Christoph Butterwegge) zurückgeworfen werden soll.

3.1 Sozialstaat und Demokratie

Die Institutionen des Sozialstaats haben mit dem Ausbau zu Dienstleistern neue Aufgaben erhalten, deren Wahrnehmung nicht mehr mit vorgestanztem Verwaltungshandeln zu bewältigen sind, sondern eine bürgernahe Ausgestaltung erfordern. Bei den sozialen und gesundheitlichen Diensten hat das *Bedarfsprinzip* gegenüber dem *Äquivalenzprinzip* an Bedeutung gewonnen. Die Leistungen des Sozialstaates orientieren sich in diesem Sektor nicht an der Dauer und Höhe der eingezahlten Beiträge, sondern am Bedarf der anspruchsberechtigten Personen. Damit hat sich zugleich der Gestaltungsspielraum der Akteure des Sozialstaats grundlegend verändert. Die Höhe der Rentenansprüche, des Arbeitslosen- und des Krankengeldes werden mit vorgegebenen Formeln errechnet. Die von den Krankenkassen getragenen Leistungen zur Behandlung von Krankheiten und die von den Arbeitsämtern angebotenen Förderungen und Qualifizierungsmaßnahmen werden hingegen im Gesetz nur schlagwortartig benannt und in ihrer Ausführung den Sozialversicherungen anvertraut. Auf diese Handlungs- und Entscheidungsmöglichkeiten waren ihre Organisationen nicht ausreichend vorbereitet (Kaufmann 1970).

Sozialpolitik als Güterproduktion

Der Ausbau des Sozialstaats hat ökonomische und soziale Effekte, die neue Steuerungsformen und eine größere Versichertennähe erfordern. Im Gesundheits- und Sozialwesen ist eine bedeutende Dienstleistungswirtschaft entstanden, die aus der Sozialpolitik eine »Güterproduktion« (von Ferber) gemacht hat. Das Sozialbudget umfasst heute Institutionen und Leistungen, »die sich den bereitliegenden kategorialen Schemata: Herrschaftsverband, Unternehmen, Organisation, System in wesentlichen Aspekten entziehen« (von Ferber 1977: 14). Die gängigen Charakterisierungen der Sozialpolitik als Einkommensverteilung oder »staatliche Bearbeitung des Problems der dauerhaften Transformation von Nicht-Lohnarbeitern in Lohnarbeiter« (Lehnhardt und Offe 1977: 101) greifen daher zu kurz.

Daraus hat sich eine andere Sicht auf die ökonomischen Zusammenhänge der Sozialpolitik ergeben, in der »das *Problem der politischen Gestaltbarkeit der gesellschaftlichen Lebensverhältnisse* ins Zentrum des sozialpolitischen Interesses getreten« ist (Kaufmann 1977: 37, Hervorhebung im Original). Deshalb muss die Beschäftigung mit der Sozialpolitik zum einen auf einer Theorie des sozialen Wandels beruhen, der mit veränderten Bedürfnissen infolge der wirtschaftlichen und sozialen Entwicklung einhergeht. Zum zweiten bewegt sich die Sozialpolitik mit dem Ausbau der gesundheitlichen und sozialen Dienste auf einer neuen *ökonomischen* Ebene. Sie betrifft nicht nur Einkommenstransfers, sondern läuft auch auf »eine erhebliche Ausdehnung nicht marktmäßig gesteuerter Produktionssektoren« hinaus (ebenda: 40). Die volkswirtschaftlichen Effekte der Sozialpolitik müssen in den theoretischen Erwartungshorizont ihrer Maßnahmen einbezogen werden, denn: »Eine soziologische Theorie der Sozialpolitik, die dieses aus der (gegenüber den Staatshaushalten) verselbständigten Finanzmasse der Parafiski abgeleitete Element der volkswirtschaftlichen Macht verkennt, verschließt sich einer wichtigen Eigenschaft des Gesellschaftsprozesses, den wir Sozialpolitik nennen.« (von Ferber 1977: 20).

Anders ausgedrückt: Die moderne Sozialpolitik ist kein bloßes Derivat der Wirtschaftspolitik und Einkommensverteilung, sondern hat eine eigene ökonomische Dynamik bekommen. Daraus ergeben sich drei Bereiche der wissenschaftlichen Bearbeitung (ebenda, Hervorhebungen im Original):

1. »Bestimmbarkeit der *Bedarfsrelationen* im Spektrum möglicher Güterproduktion.
2. Bestimmbarkeit der Relationen von *Ressourcenallokationen* zu bedarfsdeckenden Güterproduktionen.
3. Koordination der *produktiven Tätigkeit* der Wirtschaftssubjekte ohne zentrale Kontrolle.«

Mit dem Begriff der Güterproduktion wird klargestellt, dass es sich bei der politischen Steuerung des Sozialstaats um eine ökonomische Aufgabe handelt. Es geht nicht nur um Transferleistungen, sondern auch um die Gestaltung öffentlicher Dienstleistungen als Teil der volkswirtschaftlichen Reproduktion. Kaufmann zählt zu den »sozialpolitischen Gütern« einen breit gefächerten Aufgaben- und Leistungskatalog (Kaufmann 1977: 64):

- *Eingeräumte Rechte* (z. B. als Arbeitnehmer, Mieter, Sozialversicherter, Planungsbetroffener usw.);
- *Geldleistungen* (z. B. Renten, Wohngeld, Hilfe zum Lebensunterhalt);
- *Verfügbarkeit von Einrichtungen* (z. B. infrastruktureller Art);
- *Verfügbarkeit von Dienstleistungen* (z. B. im Bildungs-, Gesundheits- und Beratungswesen).

Von Ferber und Kaufmann umrissen, ohne es explizit so zu benennen, das Programm einer neuen Politischen Ökonomie des Sozialstaates. Ohne ihn können sich kapitalistisch fundierte Wirtschaftssysteme nicht effektiv reproduzieren, Sozialpolitik wird zu einem Teil der Infrastrukturpolitik. Es stand für von Ferber und Kaufmann außer Frage, dass es sich dabei um ein marktmäßig und privatwirtschaftlich nicht hinreichend zu erfüllendes Projekt handelt. Aber auf eine explizit *ökonomische* Begründung des Sozialstaats als einer unverzichtbaren Rahmenbedingung des kapitalistischen Akkumulationsprozesses verzichteten sie.

Selbsthilfe und Laienpotenzial

Mit dem Ausbau des Gesundheitswesens zu einer großen Industrie geriet das Medizinsystem in den 1970er und 1980er Jahren in eine widersprüchliche Debatte über seine gesellschaftliche Bedeutung. Der durch die soziale Krankenversicherung ermöglichte Zugang fast aller Erwerbstätigen und ihrer Angehörigen zu einer umfassenden medizinischen Versorgung war ein großer Fortschritt. Zugleich wurde die moderne Medizin Gegenstand einer teilweise fundamentalen Kritik.

Ivan Illich erregte mit seiner These große Aufmerksamkeit, der »sogenannte medizinische Fortschritt« gehe am Wandel der Krankheitsbilder vorbei. Die in den letzten Jahrzehnten in den Vordergrund getretenen Krankheiten seien sogar »in zunehmendem Maß Folgen ärztlicher Interventionen an Kranken oder gesunden Menschen« (Illich 1981: 18f.). Illich formulierte in zugespitzter Form das wachsende Unbehagen an einem im Medizinsystem gepflegten Mythos seiner eigenen

Erfolge. Wie der Medizinhistoriker Roy Porter feststellt, hat die Medizin »zu übersteigerten Erwartungen geführt, welche die Öffentlichkeit gerne übernahm. Da aber ihre Erwartungen ins Unermessliche wachsen, werden sie unerfüllbar« (Porter 2000: 717). Epidemiologische Langzeitstudien zeigten zudem, dass für die steigende Lebenserwartung der Menschen in den Industrieländern weniger die medizinische Versorgung als die Verbesserung der allgemeinen Lebensverhältnisse gesorgt hatte (McKeown 1979).[17]

Die Morbiditätsstruktur der Bevölkerung und damit die Anforderungen an die Medizin haben sich mit dem sozialen Fortschritt und der demografischen Entwicklung geändert. In modernen Gesellschaften stehen nicht mehr Infektionskrankheiten und episodische Erkrankungen oder Verletzungen im Vordergrund der gesundheitlichen Versorgung, sondern die Vermeidung und Behandlung chronisch-degenerativer Leiden, mit denen die Betroffenen dauerhaft leben müssen. Dem steht ein auf die Heilung von Krankheiten orientierter Medizinbetrieb gegenüber, der sich selbst durch die Vergeblichkeit dieses Zieles beständig selbst reproduziert und soziale Probleme medikalisiert. Dieser Entwicklung stellte sich in den 1970er und 1980er Jahren eine Gesundheitsbewegung mit einem breiten Spektrum von romantisch-reaktionären Gegnern der modernen Medizin bis hin zu nicht der Medizin an sich, aber dem herrschenden Medizinbetrieb kritisch gegenüberstehenden Berufen im Gesundheitswesen entgegen.

17 Das gilt für die Lebenserwartung bei der Geburt. Bei älteren Menschen hat die Qualität der medizinischen Versorgung einen erheblichen Einfluss auf die weitere Lebenserwartung.

Es entstanden Initiativen einer kritischen Medizin, die das Gesundheitswesen und die Medizin in einen gesellschaftlichen Zusammenhang stellte und für eine patientenorientierte und evidenzbasierte Medizin eintrat (Deppe et al. 1973). Die Dominanz chronisch-degenerativer Erkrankungen erfordert ein Gesundheitswesen, das die medizinische Behandlung mit der Ertüchtigung der Patientinnen und Patienten im Umgang mit ihren Beeinträchtigungen und der Schaffung gesundheitsgerechter Lebensverhältnisse verbindet. Allgemeine Gesundheit sollte zum Ziel der Gesundheitspolitik werden, die bis dahin eher eine Krankheitspolitik war, weil sie sich auf die Behandlungen von bereits eingetretenen Gesundheitsschäden beschränkte. Die *Enquete-Kommission zur Strukturreform der GKV* stellte in diesem Sinn das Paradigma der Gesunderhaltung an den Anfang ihres Berichtes (1990: 19ff.).

In diesem Zusammenhang entwickelte sich den 1980er Jahren der Begriff der Selbsthilfe zum »Universal-Lösungsmittel für soziale Probleme«, das man in allen relevanten parteipolitischen Programmen finden konnte (Trojan 1986: 284). Dahinter verbargen sich vier verschiedene politische Strategien, die auch heute noch die gesundheits- und sozialpolitischen Debatten bestimmen (ebenda: 288ff.):

1. Weniger Sozialstaat, mehr Marktwirtschaft: Die Absicherung sozialer Risiken soll privatisiert werden, die Selbsthilfe wird ein ordnungspolitischer Grundsatz.
2. Weniger Sozialstaat, mehr Subsidiarität: Gemäß der katholischen Soziallehre sollen kleine soziale Einheiten darin gestärkt werden, sich selbst zu helfen

(siehe Abschnitt 5.3). Erst wenn sie dazu nicht mehr in der Lage sind, sollen staatliche Organe eingreifen.
3. Verteidigung des solidarischen Sozialstaats: Selbsthilfegruppen sollen ergänzend zu den öffentlichen Sozialleistungen agieren, etwa im Umgang mit chronischen Krankheiten.
4. Umbau des Sozialstaats in eine Selbstverwaltungswirtschaft: Förderung alternativer Gesundheitsprojekte, Aufbau regionaler Versorgungsnetze.

Der Selbsthilfegedanke hat vor allem dort eine Bedeutung, wo es um Krankheitsbewältigung und pflegerische Betreuung geht. Das Laienpotenzial kann aber nur dann ausgeschöpft werden, wenn es in die Gesundheits- und Sozialpolitik integriert und von ihr materiell und personell unterstützt wird. Hier liegt ein neuer Schwerpunkt der Sozialpolitik.

3.2 Neue soziale Fragen?

Im Lauf der 1980er Jahre schlief der Diskurs über eine am Bedarf orientierte Modernisierung des Sozialstaats ein, der zudem einen Mangel hatte: Er beschränkte sich weitgehend auf Fragen der Partizipation und der Demokratisierung. Sozialpolitik wurde als Gesellschaftspolitik diskutiert, ohne deren ökonomische Ressourcen und die damit verbundenen Allokationsprobleme zu problematisieren. Zwar wurde erkannt, dass die Sozialpolitik sich nicht mehr auf Einkommensverteilung reduzieren lässt, sondern vor allem im Gesundheits- und Sozialwesen mit der Steuerung einer Dienstleistungsbranche mit ökonomischen Besonderheiten verbunden ist. Aber daraus entstand keine neue Politische Ökonomie des Sozialstaats, sondern eine Soziologie seiner Institutionen als Handlungsfeld von politischen Subsystemen. Es ging mehr um die Strukturen und Abläufe der Sozialbürokratie als um die Einbettung der Sozialversicherung in die gesamtwirtschaftliche Ressourcenverteilung.

Die neue soziale Frage

Der Ausbau des Sozialstaats war für konservative Politiker eine Herausforderung, der sie mit einem neuen Paradigma begegneten. Die 1976 vom CDU-Politiker Heiner Geißler formulierte »neue soziale Frage« ging von einem wachsenden Gegensatz von organisierten und nicht-organisierten sozialen Interessen aus. Von den Segnungen des Wohlfahrtsstaats würden vor allem tarifvertraglich abgesicherte Arbeitnehmer profitieren, während kleine Selbstständige, nicht oder nur zeitweilig berufstätige Frauen sowie arbeitslose Jugendliche durch das Netz der sozialen Sicherung fielen. Diese Kritik betraf immer noch bestehende Versorgungslücken im deutschen Sozialstaat. Die Vollbeschäftigung und der wachsende Wohlstand hatten in der Öffentlichkeit den Blick für immer noch zahlreiche an oder unter der Armutsschwelle lebende Menschen getrübt. Dazu gehörten insbesondere folgende Personengruppen (Kortmann 1973): Alleinstehende ältere Frauen, Landwirte im Alter, Ehepaare mit Kindern bei Arbeitslosigkeit und Krankheit, Restfamilien bei Scheidung oder frühem Tod des Familienvaters sowie arbeitslose Jugendliche ohne Berufsausbildung. Hinzu kamen kriegsbedingte Lücken in der Rentenbiografie.

Es handelte sich bei der vermeintlich *neuen* um eine *alte* soziale Frage, weil sie auf Versäumnissen in der Vergangenheit beruhten, wie der damalige Arbeitsminister Herbert Ehrenberg anmerkte. Geißler verschweige, dass die meisten Armutsfälle entstanden sind, »weil die betroffenen Gruppen *nicht* in das Netz der sozialen Sicherung aufgenommen waren oder bis heute nicht aufgenommen worden sind« (Ehrenberg und Fuchs 1980: 55). Hinzu kam die Abhängigkeit der Rentenhöhe von der Dauer und Höhe der im aktiven Berufsleben eingezahlten Versicherungsbeiträge nach dem Äquivalenzprinzip. Altersarmut war eine Folge niedriger Primäreinkommen, gebrochener Erwerbsbiografien und fehlender Einbindung in die soziale Rentenversicherung (Kortmann 1973, Schmähl 1978). Die sozialen Disparitäten wurden von Geißler und anderen Unionspolitikern nicht als Merkmal eines unvollendeten und langfristig angelegten Sozialstaatsprojekts bewertet, sondern als dessen grundsätzlicher Mangel. Die »neue soziale Frage« war eine parteipolitische Kampagne, die sich sozialwissenschaftlichen Debatten über eine Modernisierung des Sozialstaats anzuschließen schien, ohne dazu einen wirklichen Beitrag zu leisten.

Disparitätenthese

In eine scheinbar ähnliche Richtung wie Geißler argumentierten Claus Offe und andere Vertreter der Frankfurter Schule mit der Disparitätenthese. Sie konstatierten große Chancenungleichheiten zwischen den in den offiziellen Arbeitsmarkt und damit das Sozialversicherungssystem integrierten Lohnabhängigen und verarmenden Randgruppen, die kein Teil dieses System sind. Diese »Gruppen und gesellschaftlichen Bedürfnisse, die eine wenigstens indirekte Beziehung zum Arbeitsmarkt nicht aufweisen können, (haben) nicht mehr als die dürftigste Sicherung ihres Überlebens vom Wohlfahrtsstaat zu erwarten (und bisweilen nicht einmal das).« (Offe 1972: 158). Insoweit scheint eine Übereinstimmung mit der von Geißler kreierten »neuen sozialen Frage« zu bestehen.

Aber man kann die Disparitätenthese nicht, wie der damalige Arbeitsminister Herbert Ehrenberg, mit Geißlers Paradigma in einen Topf werfen (Ehrenberg und Fuchs 1980: 49ff.). Ihre Vertreter sahen die Sozialpolitik als notwendiges Instrument einer auf die Verallgemeinerung der Lohnarbeit ausgerichteten Politik: »Sozialpolitik ist die staatliche Bearbeitung des Problems der dauerhaften Transformation von *Nicht-Lohnarbeitern* in *Lohnarbeiter*« und Teil einer »aktiven Proletarisierung« (Lenhardt und Offe 1977: 101, Hervorhebung im Original). Sozialpolitik sei keine bloße Reaktion des Staates auf die sozialen Probleme der Lohnarbeit, »sondern sie wirkt unverzichtbar an der *Konstitution* der Arbeiterklasse mit« (ebenda: 106, Hervorhebung im Original). Das sei nicht nur ein ökonomischer, sondern auch ein zivilisatorischer Prozess, denn die Besitzer von Arbeitskraft würden durch die Sozialpolitik von Staatsbürgern zu Lohnarbeitern gemacht.

Das klingt wie eine Variante der Theorie des staatsmonopolistischen Kapitalismus (Stamokap), die dem Staat die Aufgabe zuweist, das Lohnarbeitsverhältnis im Interesse des Kapitals zu verallgemeinern (Jung 1981). Zwar postulieren die Vertreter der Frankfurter Schule die Integrationsfunktion der Sozialpolitik im Lohnarbeitssystem, reduzieren sie aber nicht auf diese Aufgabe. Der Sozialstaat habe drei zentrale Funktionen (Guldiman et al. 1978: 15ff.):

- Die *Kompensationsfunktion* betrifft das Problem, dass sich Lohnabhängige nicht aus eigenen Kräften gegen soziale Risiken absichern können. In dieser Funktion sorgt Sozialpolitik zugleich für eine Entschärfung und Bewältigung sozialer Konflikte.
- Die *Konstitutionsfunktion* der Aufrechterhaltung des gesamtkapitalistischen Akkumulationsprozesses und des dafür erforderlichen Arbeitskraftpotenzials. Die Sozialpolitik muss sicherstellen, dass dafür geeignete Arbeitskräfte in ausreichender Zahl auf dem Arbeitsmarkt zur Verfügung stehen. Es ist eine Art infrastrukturelle Aufgabe der Sozialpolitik.
- In ihrer *Kontrollfunktion* wirkt Sozialpolitik darauf hin, dass Lohnarbeiter das bürgerliche Rechts-und Gesellschaftssystem als normal akzeptieren.

Jürgen Habermas sieht das Sozialstaatsmodell in der Krise, weil es auf einer »arbeitsgesellschaftlichen Utopie« beruhe, die ihren Bezugspunkt in der sozioökonomischen Realität verloren habe: die »strukturbildende und gesellschaftsnormierende Kraft der abstrakten Arbeit« (Habermas 1985: 146). Man könne Sozialpolitik nicht nur als Instrument zum Schutz des Systems von Lohnarbeit und Kapital interpretieren, weil staatliche Maßnahmen auch anderen als ökonomischen Interessen folgten. Es gebe deutliche Anhaltspunkte für die abnehmende Bedeutung von Kategorien wie Arbeit, Produktion und Erwerb für die allgemeine gesellschaftliche Entwicklung und damit auch als »soziologische Schlüsselkategorien« (Offe 1984: 20). Die individuellen Lebenschancen seien nicht mehr nur von der Stellung im Beruf abhängig, vielmehr habe der kapitalistische Wohlfahrtsstaat dafür gesorgt, dass Bildung, gesundheitliche Versorgung und ausreichende Wohnverhältnisse im Prinzip allen Bürgern zur Verfügung stehen. Soziale Ungleichheit und das Ausmaß von Privilegien und Benachteiligungen hätten auch soziokulturelle Wurzeln. Dadurch sei im modernen Kapitalismus eine »neue Unübersichtlichkeit« (Habermas 1985) entstanden, durch die man soziale Disparitäten nicht mehr eindimensional auf die Arbeitswelt zurückführen könne.

Diese These ist insofern nachvollziehbar, als die Ableitungen des sozialen Status der Menschen allein aus dem Lohnarbeitsverhältnis die Unterschiede in den konkreten Lebenslagen nicht erfassen können. Die soziale Diversifizierung und der erlebte Alltag der Menschen gehen über die Arbeitswelt hinaus und führen zu widersprüchlichen Bewusstseinsformen, die von kulturellen Normen mindestens ebenso geprägt sind wie von der jeweiligen Stellung im Beruf.[18]

Aber deshalb ist der Sozialstaat kein Teil einer »arbeitsgesellschaftlichen Utopie« (Habermas), sondern eine für den Zusammenhalt von Ökonomie und Gesellschaft notwendige Institution. Die Argumentation von Habermas und Offe betrifft die gesellschaftliche *Akzeptanz* des Sozialstaats, aber nicht dessen *sozioökonomischen Grundlagen*. Ihre Vertreter geraten in die Nähe von Vorstellungen vom *Ende der Arbeit*, die sich aus der wachsenden Rationalisierung der Industrie ergeben. Habermas bezieht sich ausdrücklich auf André Gorz (1984) und das Postulat eines bedingungslosen Grundeinkommens

18 Den Einfluss gewachsener kultureller Normen auf das allgemeine Bewusstsein hat der marxistische Philosoph Antonio Gramsci schon in den 1930er Jahren herausgearbeitet. Auf seiner *Philosophie der Praxis* beruhte der Eurokommunismus der 1970er und 1980er Jahre (vgl. zusammenfassend Deppe 2003: 207ff.).

als vermeintlichem »Weg ins Paradies«, der den Sozialstaat mehr oder weniger überflüssig mache (Habermas 1985: 46). Darin liegt eine ebenso illusionäre wie die Gesellschaft spaltende Vorstellung, in der die Verbindungen der Individuen zur menschlichen Arbeit als gesellschaftlicher Kategorie verschwinden (siehe Abschnitt 4.5).

3.3 Neue Risiken und die Individualisierung der Gesellschaft

Das Sozialstaatsprojekt geriet in den 1980er Jahren immer weiter in die politische Defensive. Aus dem gestiegenen Lebensstandard und der damit einhergehenden Individualisierung der Gesellschaft wurde auf eine tendenzielle Überflüssigkeit kollektiver Sicherungssysteme geschlossen. Etliche Aufgaben des Sozialstaats könne man privatisieren, so die verbreitete Meinung. Im Vordergrund standen neue und in ihrer Dimension bislang nicht gekannte ökologische Risiken, die scheinbar alle Menschen gleichermaßen betreffen und als klassenneutrale Bedrohung erscheinen. Ulrich Beck formulierte in den 1980er Jahren seine Soziologie der Risikogesellschaft als eine »andere« Moderne, in der es angesichts wachsender Umweltrisiken eine kollektive Unsicherheit gebe, hinter der die alten Fragen einer Klassengesellschaft zu verschwinden scheinen. Von den neuen Gefahren seien nicht mehr Klassen betroffen, sondern die gesamte Gesellschaft als Assoziation von freien Individuen.

Risikogesellschaft und Individualisierung

Ulrich Becks 1986 veröffentlichtes Buch »Risikogesellschaft« gehört zu den einflussreichsten soziologischen

Texten des ausgehenden 20. Jahrhunderts. Sein Titel dient bis heute als »Schlagwort des Feuilletons« (Metzler 2010: 323). Es erschien im Jahr der Katastrophe von Tschernobyl und traf auf eine gesellschaftspolitische Debatte, die sich vom Fortschrittsoptimismus der Nachkriegsjahre zu verabschieden begann. Beck sah darin einen grundlegenden Umbruch der Moderne zu einer die sozialen Unterschiede aufhebenden Risikogesellschaft.

Der Wohlfahrtsstaat sei Teil der kapitalistischen Industriegesellschaft und von dieser selbst geschaffen worden als Flankierung ihrer Existenz. Bei den neuen ökologischen Gefahren verhalte es sich komplett anders. Sie könnten nicht durch Änderungen in ökonomischen Systemen wie der kapitalistischen Marktwirtschaft bewältigt werden, sondern seien unkalkulierbare Bedrohungen. Moderne Gesellschaften seien geprägt durch »die Gewalt der Gefahr, die alle Schutzzonen und Differenzierungen der Moderne aufhebt« (Beck 1986: 7). Sie ließe sich nicht auf *eine* Region begrenzen, sondern entwickele sich zu einer »Weltrisikogesellschaft«, so der Titel eines 20 Jahre später erschienenen Buches. Dort fasste Beck den für ihn wesentlichen Unterschied zwischen der alten Industriegesellschaft und der neuen Risikogesellschaft so zusammen (Beck 2007: 201, Hervorhebungen im Original): »Die Risikogesellschaft ist *keine Option*, die im Zuge politischer Auseinandersetzungen gewählt oder verworfen werden könnte. Sie entsteht im Selbstlaut folgenbildender, gefahrentauber Modernisierung. Diese erzeugt in der Summe und Latenz Selbstgefährdung, die die Grundlagen der Industriegesellschaft aufheben.«

Beck betrachtet die ökologischen Risiken als ein aus der sozialwissenschaftlichen Perspektive völlig neues Problem. Sie unterschieden sich von den alten, durch den Sozialstaat und das wirtschaftliche Wachstum geglätteten Risiken des Kapitalismus, weil sie *alle* Bürgerinnen und Bürger und nicht nur bestimmte Schichten träfen. An die Stelle der »reichtumsverteilenden« trete die »risikoverteilende Gesellschaft«, die keine Klassenschranken mehr kenne. Der Klasse einer von den Risiken Betroffenen stehe keine Klasse der Nichtbetroffenen gegenüber: »Auf eine Formel gebracht: *Not ist hierarchisch, Smog ist demokratisch.*« (Beck 1986: 48, Hervorhebung im Original). Vor diesem Hintergrund werde das »Denken und Forschen in traditionellen Großgruppen-Kategorien – in Ständen, Klassen oder Schichten – fragwürdig« (ebenda: 134). Zwar gebe es zwischen der Klassen- und der Risikogesellschaft bestimmte »Überlappungszonen«, weil es partiell sozial unterschiedliche »Fluchtwege« und ein »privates Hakenschlagen« geben könne, etwa mit einer bewusst ökologischen Ernährung und sonstigen Umstellungen in der persönlichen Lebensweise. Aber »schon bei der Wasserversorgung hängen alle sozialen Schichten an derselben Leitung.... Wirklich effektiv dürfte unter diesen Umständen nur noch *nicht*essen, *nicht*trinken, *nicht*atmen schützen.« (Ebenda: 47). Alles in allem seien wir »Augenzeugen eines Gesellschaftswandels innerhalb der Moderne, in dessen Verlauf die Menschen aus den Sozialformen der industriellen Gesellschaft – Klasse, Schicht Familie, Geschlechtslagen von Männern und Frauen – *freigesetzt* werden« (ebenda: 115). Die Gesellschaft wandele sich von einem Klassensystem zu einer Assoziation von Individuen. Deshalb bekomme auch die Risikobewältigung eine individuelle Dimension: *»Der oder die einzelne selbst wird zur lebensweltlichen Reproduktionseinheit des Sozialen.«* (Ebenda: 119, Hervorhebungen im Original).

Dieses Individualisierungstheorem hatte Beck schon in früheren Publikationen entwickelt (Beck 1983). Es ist eine Fortführung von bereits Jahre zuvor von Soziologen wie Helmut Schelsky, Hans-Martin Bolte und Ralf Dahrendorf publizierten Arbeiten über eine nivellierte Mittelstandsgesellschaft, in der soziale Disparitäten geglättet worden seien und einer durchlässigen Gesellschaftsformation Platz gemacht hätten. Auch Becks Bild vom »Fahrstuhl-Effekt« (Beck 1986: 124f.), mit dem sich für alle Schichten eine verbesserte materielle Lage, geringere Arbeitszeiten und eine höhere Lebenserwartung ergeben hätten, ist, wie Hans-Ulrich Wehler (2008: 119) anmerkt, nicht neu, sondern eine Variante des schon in den 1920er Jahren von Werner Sombart beschriebenen »Pater-Noster-Effekts«. Dieses Phänomen kann auch nicht als Begründung für das Entstehen von weitgehend homogenen Sozialstrukturen herhalten. Aus der Verbesserung der Lebenslage aller Schichten kann man nicht auf ein generelles Verschwinden von sozialen Disparitäten schließen. Die sind in den vergangenen Jahrzehnten sogar gewachsen, wie Langzeitstudien zu diesem Thema zeigen (Atkinson 2016, Piketty 2014). Deshalb kann man aus dem gesellschaftlichen Prozess der Individualisierung nicht ableiten, dass der Wohlfahrtsstaat seine Aufgaben weitgehend erfüllt habe und jeder für sich in Eigenverantwortung für die Absicherung von Lebensrisiken sorgen könne.

Invalidität, Alterung, Arbeitslosigkeit und Krankheit verschwinden nicht mit dem Wachstum individueller Freiheiten. Diese Risiken haben eine neue Gestalt, weil alte soziale Netze wie familiäre Strukturen und Nachbarschaften sich tendenziell auflösen und die Möglichkeiten der individuellen Risikovorsorge nach wie vor sozial sehr unterschiedlich sind und vom Primäreinkommen und dem Privatvermögen abhängen. Die konkreten Anforderungen an den Sozialstaat haben sich über die Jahre geändert, aber nicht seine prinzipielle Notwendigkeit.

Singularisierung als radikalisierte Individualisierung

Ulrich Becks Individualisierungstheorem ist trotz zum Teil heftiger Kritik (Butterwegge 2020: 103f., Metzler 2010, Wehler 2008: 118f.) nach wie vor ein Leitparadigma der Sozialwissenschaften. Der Soziologe Andreas Reckwitz steht mit seinem 2017 erschienenen Buch »Die Gesellschaft der Singularitäten« in dieser Tradition und hat Ulrich Beck als wichtigsten Stichwortgeber für den medialen Zeitgeist abgelöst.[19] Beck habe gezeigt, dass die Subjekte in der modernen Zivilgesellschaft sozusagen in die Selbstverantwortung entlassen worden seien. Über diese *Individualisierung* gehe der neue Trend zur *Singularisierung* aber hinaus. Er sei ein Streben nach Einzigartigkeit, das zugleich paradoxerweise eine gesellschaftliche Erwartung geworden sei. Es handele sich um einen radikalisierten Individualismus, der die konsequente Selbstverwirklichung zum strukturierenden Prinzip der Spätmoderne mache.

Reckwitz wagt sich auch an eine ökonomische Unterfütterung seiner These. Seit den 1970er Jahren habe sich die westliche Wirtschaft von einer Ökonomie der stan-

19 Meredith Haaf versteigt sich in der *Süddeutschen Zeitung* (10.12.2018) zu der Behauptung, Reckwitz zeige »erstmals ein erkennbares und überzeugendes Bild dessen, was unserem Zusammenleben zugrunde liegt.«

dardisierten Massengüter immer mehr zu einer Ökonomie der Singularitätsgüter entwickelt. Das Primat der »*Ökonomie des industriell Allgemeinen*« werde zunehmend von einem Primat der »*Ökonomie des Besonderen* abgelöst«. Dieser Prozess bewege sich auf mehreren Ebenen (Reckwitz 2017: 113ff.):

- Die postindustrielle Ökonomie produziere Güter mit Anspruch auf Einzigartigkeit. Sie seien »Affektgüter«, die von ihren emotionalen Effekten und Identifikationsmöglichkeiten lebten.
- Kulturelle und kreative Arbeit bekomme eine Schlüsselfunktion und fördere individuelle Netzwerke. Die »Creative Economy« werde zwar von Großkonzernen wie Apple, Google, Facebook und Disney angeführt, aber es gäbe unzählige kleine Teams, die eine eigene individualistische Unternehmenskultur entwickelt hätten.
- Auch der Konsum werde singularisiert. Die Märkte böten ständig neue kulturelle Güter mit Überraschungswert an und sorgten für eine »Hyperkompetitivität« in Form einer zugespitzten Konkurrenz um Beachtung und Wertschätzung.

Dass Massenwaren Einzigartigkeit versprechen, ist eigentlich ein Widerspruch in sich. Die von Reckwitz gemeinten Produkte sind auch keine an sich originellen Güter, sondern erwecken den Eindruck von Einzigartigkeit. Es handelt sich um Veränderungen in den Produkt- und Marketingstrategien der Hersteller, aber um keinen wirtschaftlichen Strukturwandel, wie er etwa durch die Digitalisierung erzeugt wird. Wenn die Tourismus- und die Kulturindustrie ihren Kunden einmalige Erlebnisse verschaffen, heißt das nicht, dass es sich dabei nicht mehr um Massenprodukte handelt. Die Event-Wirtschaft verkauft zwar für ihre Klientel scheinbar singuläre Erlebnisse, aber diese sind bis ins Detail standardisiert. Das betrifft nicht nur Kulturgüter wie Konzerte, Streamingdienste oder Pauschalreisen, sondern auch industrielle Massengüter. So hat die Automobilindustrie ein Geschäftsmodell mit umfangreichen Zusatzprodukten zu den Basismodellen entwickelt, mit denen man sein Fahrzeug nach eigenen Wünschen aufrüsten kann. Die Digitalisierung macht es möglich, dass Fließbandprodukte sich den *Anschein* eines exklusiven, auf individuelle Bedürfnisse zugeschnittenen Angebots geben, aber dennoch Massengüter bleiben.

Reckwitz liefert mit seiner Theorie der Singularitäten keine empirisch fundierte Gesellschaftstheorie, sondern verallgemeinert Alltagserfahrungen von Milieus in Metropolen und Universitätsstädten. Aus den Lebensstilen bestimmter urbaner Szenen leitet er einen generellen sozialen Paradigmenwechsel ab, entwickelt damit aber nur eine Kultursoziologie von Wellenreitern, oder wie es ein Kritiker in der *Frankfurter Allgemeinen Zeitung* ausdrückte, die Beschreibung der »Hipster als politische Lebensform« (FAZ, 23. 06. 2021). Das narzistische Phänomen der Singularisierung ist nicht neu, sondern hat durch die Informationstechnologie und die sich daraus entwickelnden sozialen Medien eine erheblich größere öffentliche Plattform bekommen. Was heute die Hipster sind, waren in den 1980er Jahren die Popper und in den 1960er Jahren die von Pete Townshend in der Rock-Oper »Quadrophenia« verewigten Mods, auf die sich Reckwitz illustrativ für die Mentalität der Singularisierung bezieht (2017: 51).

3.4 Abstiegsgesellschaft und Verteilungskampf

Reckwitz sieht in der von ihm diagnostizierten Gesellschaft der Singularitäten keineswegs einen positiven Trend. Es zeichne sich vielmehr ein *Ende der Illusionen* ab, so der Titel eines 2019 erschienenen Buches. Mit der Beschleunigung des marktwirtschaftlichen Liberalismus habe man keineswegs ein postmodernes Reich der Freiheit betreten, welches das industrielle Reich der Notwendigkeit hinter sich gelassen hat: »Was zunächst als willkommene emanzipatorische Ermächtigung der mündigen Bürgerin begonnen hat, droht sich in einer Kultur der Spätmoderne schlussendlich in einen Egoismus der Einzelnen gegen die Institutionen zu verkehren.« (Reckwitz 2019: 274). Der Marktliberalismus sei über das Ziel einer Modernisierung von Wirtschaft und Gesellschaft hinausgeschossen. Das Versprechen von mehr individueller Handlungsfreiheit habe sich »in einen Egoismus der Einzelnen gegen die Institutionen« verkehrt (ebenda). Die Privatisierung sozialer Einrichtungen habe zu keiner effizienteren Versorgung geführt, sondern zur mangelhaften Pflege öffentlicher Güter.

Im Kern handele es sich »um einen ökonomischen, kulturellen und sozialstrukturellen Prozess von hoher Eigendynamik und eigener Komplexität, der nicht geplant war« (ebenda: 273). Er gehe mit dem Niedergang des vor allem in Kleinstädten und ländlichen Regionen lebenden »alten« Mittelstandes einher, der sich in der »kulturellen Defensive« befinde. »Der alte Mittelstand ist nicht mehr Mitte und Maß, sondern scheint häufig nur noch Mittelmaß.« (Interview *Die Zeit* Nr. 41/2017).

Die durch Deregulierungsprojekte beschleunigte Spaltung der Gesellschaft ist für Reckwitz eher ein durch Übereifer verursachter politischer Unfall als das konsequente Ergebnis einer Privatisierung des Sozialstaats und der öffentlichen Infrastruktur. Er beschreibt keinen sozialen und ökonomischen Strukturwandel, sondern einen Stimmungswechsel in den Medien, der mit der Finanzkrise von 2008 einsetzte. Die hatte zu einer massiven Vernichtung von Geldkapital geführt und im Jahr 2008 das Vermögen der Pensionsfonds weltweit um fast 30 Prozent reduziert (OECD 2009: 25ff.). Sich selbst bis dahin als wirtschaftlich abgesichert einschätzende soziale Milieus sahen sich einer existenziellen Bedrohung ausgesetzt. Die von Ulrich Beck vertretene These, an die Stelle der sozialen und ökonomischen Risiken des Kapitalismus seien ökologische Bedrohungen getreten, war eine Fehleinschätzung. Auch der von Anthony Giddens (1999) vorgegebene Dritte Weg zwischen Kapitalismus und Sozialismus, der die soziale Demokratie durch die Deregulierung des Wohlfahrtsstaates modernisieren sollte, hatte sich als Holzweg erwiesen.

Was sich als Reform des Sozialstaats anpries, lief auf eine »Rückkehr der Unsicherheit« hinaus (Castel 2005: 54ff.), die auch Schichten erfasst hat, die sich aufgrund ihrer Stellung im Beruf und ihrer Ausbildung bislang eher auf der sicheren Seite der Gesellschaft gesehen haben. Das Abitur und ein akademischer Abschluss bieten keine Gewissheit mehr für einen sicheren Job und beruflichen Aufstieg. Der in den letzten 40 Jahren auch dank BAföG ausgeweitete allgemeine Bildungsstandard hat zu einem verschärften Wettbewerb auf dem Arbeitsmarkt geführt, der mit einem hohen Profilierungsdruck verbunden ist.

Das Paradigma der Risikogesellschaft ist als soziologisches Leitthema durch das einer »Abstiegsgesellschaft« ersetzt worden, so der Titel eines Buches von Oliver Nachtwey (2016). Andere Soziologen sprechen von einer »Gesellschaft der Angst« (Bude 2014). Das von Beck verwendete Bild des Fahrstuhl-Effekts wird gleichsam von Aufwärts auf Abwärts umgestellt und durch den Rolltreppen-Effekt ersetzt: »In der Abstiegsgesellschaft sehen sich viele Menschen *dauerhaft* auf einer nach unten fahrenden Rolltreppe. Sie müssen nach oben laufen, um ihre Position überhaupt halten zu können.« (Nachtwey 2016: 165. Hervorhebung im Original). Dieser Effekt sei mit einem starken Wachstum prekärer Arbeitsverhältnisse verbunden, sowohl bei Lohnabhängigen als auch unter Selbstständigen. Seit der Jahrtausendwende habe sich die Armut als soziale Bedrohung ausgeweitet und strukturell im unteren Drittel der Gesellschaft verfestigt. Das sei weniger durch sozialen Abstieg verursacht worden als durch fehlende Aufstiegschancen. Die Abstiegsgesellschaft tauche »in inverser Form auf: als Mangel an Aufstieg. Wer einmal unten ist, kommt nur schlecht wieder auf die Füße.« (Ebenda: 135). Menschen aus niedrigen Einkommensschichten würden es selten schaffen, dem Armutsghetto zu entkommen.

Ungleichheit als ökonomisches Problem

Dieser Sachverhalt ist nicht neu, sondern hat nach dem offenkundigen Scheitern der in allen westlichen Volkswirtschaften seit den 1980er Jahren betriebenen Deregulierung der Märkte und der Privatisierung der sozialen

Infrastruktur mehr Aufmerksamkeit bekommen. Diese hat ihre Wurzeln in einer wirtschaftlichen Unsicherheit, die auch gut qualifizierte Schichten trifft. Die soziale Ungleichheit ist zu einem *ökonomischen* Problem geworden, stellen auch Ökonomen fest, die eher im neoklassischen Mainstream zu verorten sind (Collier 2018, Corneo 2014, Fratzscher 2016). Sie sehen in der wachsenden Ungleichheit eine große Gefahr für die wirtschaftliche Entwicklung, die Marcel Fratzscher so zusammenfasst (2016: 80ff.):

- Reduziertes Wachstum durch ein sinkendes Bildungsniveau und damit schrumpfende Produktivität.
- Sinkende Nachfrage durch niedriges Einkommensniveau und zugleich steigende Sparquote bei den oberen Einkommensgruppen.
- Private Überschuldung als eine der Ursachen der globalen Finanzkrise.
- Steigendes Armutsrisiko vor allem bei alten Menschen, Alleinerziehenden und kinderreichen Familien.
- Gesundheitliche Beeinträchtigungen durch ungesunde Lebensweise und schlechteren Zugang zur gesundheitlichen Versorgung.
- Einschränkungen der individuellen Freiheit durch Abhängigkeit von staatlichen Transferleistungen.

Fratzscher sieht die wachsende Ungleichheit nicht als Ergebnis ökonomischer Disparitäten, sondern eher als deren Wurzel. Er hält eine neue Umverteilungspolitik für keine Lösung, weil die Steuern und Abgaben in Deutschland »außergewöhnlich hoch im internationalen Vergleich« seien (ebenda: 15). Er gibt für diese Behauptung keine Quelle an, bezieht sich aber womöglich auf die jährliche Dokumentation der OECD (»Taxing Wages«), die jedoch nur bei deutschen Singles eine überdurchschnittliche Abgabenlast zeigt. Bei Familien mit Kindern liegt sie deutlich unter dem EU-Durchschnitt. Außerdem ist für internationale Vergleiche der Abgabenbelastung nur der Anteil der *gesamten* Steuern und Abgaben am BIP einschließlich der Umsatz- und Verbrauchssteuern aussagefähig. Bei dem nimmt Deutschland im OECD-Ranking einen mittleren Platz hinter vergleichbaren Volkswirtschaften wie Frankreich, Österreich, Japan oder den skandinavischen Ländern ein.

Der dänische Soziologe Gøsta Esping-Andersen argumentierte schon vor 20 Jahren in eine ähnliche Richtung wie Fratzscher und forderte eine komplette Umstellung der Sozialpolitik von der Umverteilung auf Bildung und Chancengleichheit. Der alte Wohlfahrtsstaat basiere auf dem Modell des männlichen Familienernährers, wodurch die soziale Ungleichheit gleichsam vererbt werde. Ihre Grundlage werde in den ersten sechs Lebensjahren gelegt, »also in jener Phase, in der die Kinder de facto privatisiert sind«, so Esping-Andersen in einem Interview mit der *tageszeitung* (24. 11. 2006). Die Interventionen des Wohlfahrtsstaates müssten hier den Schwerpunkt setzen und in das Humankapital von Frauen und Kindern investieren (Esping-Andersen 2002 und 2002a). In diesem Sinn müsse man die Vereinbarkeit von Familie und Beruf fördern und so für eine ökonomische Gleichstellung der Frauen mit den Männern sorgen. Außerdem müsse die Betreuung von Kindern im Vorschulalter ausgebaut werden, um Benachteiligungen zu »entfamilialisieren«.

Die Politik, die soziale Ungleichheit mit Investitionen in den Bildungssektor und die Förderung der Professionalisierung von Haushaltstätigkeiten zu bekämpfen, ist nicht falsch, sondern zu kurz gesprungen. Die angesprochenen Rolltreppen- und Fahrstuhl-Effekte zeigen, dass mit höherem Bildungsstandard die Klassengesellschaft nicht verschwindet, sondern sich auf einer neuen Ebene reproduziert. Sicher besteht für die Individuen ein enger Zusammenhang zwischen der beruflichen Qualifizierung und den Arbeitsmarktchancen. Aber trotz der seit den 1970er Jahren dank BAföG und anderen bildungspolitischen Maßnahmen allgemein gestiegenen Zahl der Absolventinnen und Absolventen von Gymnasien und Hochschulen sind die Einkommens- und Vermögensdisparitäten im selben Zeitraum ebenfalls stetig gestiegen. Diese Entwicklung zeigt, dass eine gute Bildungspolitik allein die großen sozialen Ungleichheiten nicht beseitigen kann. Das geht nur mit einem ganzen Bündel von Maßnahmen auf verschiedenen Ebenen der Wirtschafts-, Arbeitsmarkt-, Bildungs- und Sozialpolitik, wie sie zum Beispiel Anthony Atkinson mit seinen »Vorschlägen zum Handeln« (2016: 151ff.) skizziert.

3.5 Der Sozialstaat als sozioökonomischer Prozess

Heute kritisieren auch Ökonomen und Soziologen, die in der Agenda 2010 und der Deregulierung der Sozialversicherung unvermeidliche Schritte zur Erneuerung des Sozialstaats gesehen haben, die damit gewachsenen sozialen Disparitäten. Das Versprechen von mehr individueller Handlungsfreiheit habe sich »in einen Egoismus der Einzelnen gegen die Institutionen« verkehrt (Reckwitz 2019: 274). Die Privatisierung sozialer Einrichtungen und der öffentlichen Infrastruktur habe zu keiner effizienteren Versorgung geführt, sondern zur mangelhaften Pflege öffentlicher Güter. Auch könne man in den Metropolen beobachten, wie die »Vermarktlichung des Wohnens zu einer Verschärfung der sozialräumlichen Ungleichheit geführt hat« (ebenda: 270). Deshalb fordert Andreas Reckwitz einen Wechsel vom »apertistischen« zum »einbettenden« Liberalismus, der die Absicherung sozialer Risiken fördert, aber nicht identisch mit dem Sozialkorporatismus ist (ebenda: 285ff.). Er soll das »sozial und kulturelle Allgemeine revitalisieren« und an den Grundwerten der liberalen Demokratie und ihres Pluralismus festhalten. In diesem Sinn müssten Billiglöhne verhindert, das Stadt-Land-Gefälle und der Rutschbahneffekt der Metropolen beseitigt werden.

Aber wie soll das gehen ohne die Rekonstruktion des Flächentarifsystems, eine Neuordnung der Einkommens- und Lastenverteilung, einen Ausbau der Infrastruktur, die Förderung gemeinnütziger Immobiliengesellschaften und die Stärkung des solidarischen Sozialversicherungssystems? Soziale Sicherheit ist mit öffentlichen Institutionen verbunden, die für die Wahrnehmung entsprechender Aufgaben zuständig sind. Einen behördenfreien Sozialstaat kann es nicht geben. Es kommt darauf an, ihn flexibel und transparent zu gestalten.

Karl Polanyi und die Große Transformation

Während die Bezeichnung der neoliberalen Deregulierungspolitik als »apertistisch« seine eigene Wortschöpfung ist, bezieht sich Reckwitz mit dem Begriff des »einbettenden Liberalismus« auf den Wirtschaftshistoriker

Karl Polanyi. Dessen 1944 erschienenes Buch »The Great Transformation« ist 40 Jahre nach seiner Veröffentlichung in deutscher Sprache (Polanyi 1978) auch von anderen Sozialwissenschaftlern und Ökonomen neu entdeckt worden und hat sich zur Referenzliteratur für die Konzipierung verschiedener Alternativen zur marktradikalen Wirtschafts- und Gesellschaftspolitik entwickelt.[20]

Polanyi teilt die Sichtweise von Karl Marx, dass das selbstregulierende Marktsystem ein System der Unfreiheit ist, weil es sich der Kontrolle der einzelnen Marktteilnehmer entzieht und diese beherrscht. Die Menschen seien nur scheinbar freie Konsumenten und Produzenten, weil sie ökonomischen Gesetzen ausgesetzt seien, die sich aus anonymen Prozessen ergeben und für sie nicht durchschaubar sind. Polanyis ökonomisches Denken war zwar von Marx beeinflusst, aber er war kein Marxist in dem Sinn, nur in der grundlegenden Umwälzung der kapitalistischen Produktionsverhältnisse eine historische Perspektive für eine demokratische Gesellschaft zu sehen. Für ihn liegen die Wurzeln einer großen Transformation des Kapitalismus in den von seinen eigenen Mechanismen ausgelösten gesellschaftlichen Veränderungsprozessen. Bereits im 19. Jahrhundert hätte sich die Gesellschaft »gegen die einem Marktsystem innewohnenden Gefahren« mit der Arbeitsgesetzgebung geschützt (ebenda: 112). Diese Reaktion auf immanente Krisen habe nicht nur eine Reparaturfunktion, sondern münde in einer allgemeinen sozialen Transformation. Polanyi sah in der kapitalistischen Marktwirtschaft das

20 Vgl. Brie 2015, Fraser 2019, Göpel und Remig 2014, Münkler und Münkler 2019: 284ff., Reckwitz 2019: 285ff.

Potenzial einer sich im historischen Verlauf in ein demokratisches Steuerungssystem verwandelnden Ordnung.

Der zentrale Begriff in Polanyis Erzählung ist die »gesellschaftliche Doppelbewegung« als ein Zusammenspiel von Krisen und deren Abwehr (Cangiani und Thomasberger 2001: 24ff.). Der demokratische Sozialismus ist demnach das Ergebnis einer evolutionären Eigenschaft der industriellen Zivilisation und der ihr innewohnenden Tendenz, »über den selbstregulierten Markt hinauszugehen, indem man ihn bewusst einer demokratischen Gesellschaft unterordnet« (Polanyi 1978: 311). Die Notwendigkeit einer politischen Steuerung der Marktwirtschaft ergibt sich für ihn aus einem Selbsterhaltungstrieb der Gesellschaft. Er sei in den Kapitalismus eingebettet und ein sich aus dessen Widersprüchen ergebender Transformationsprozess. Damit hat das englische Wort *embedded* eine andere Bedeutung als bei Reckwitz, der von einem den Sozialstaat »einbettenden« Liberalismus spricht.

Polanyi taugt nicht als Kronzeuge für ein zu weckendes soziales Potenzial der Markwirtschaft, als den ihn auch Herfried und Marina Münkler interpretieren (2019: 184f.). Reckwitz, Münkler und andere Autoren sehen die politische Perspektive in einer Marktwirtschaft mit sozialer Abfederung und sind damit Anhänger einer kompensatorischen Sozialpolitik. Polanyi postuliert hingegen eine politische Steuerung der gesamten Volkswirtschaft, in der die soziale Sicherung ein Bereich der gesamtwirtschaftlichen Reproduktion ist. Für den Charakter des Sozialstaats ist diese Unterscheidung von erheblicher Bedeutung. Demnach ist er eine in die kapitalistische Marktwirtschaft eingebettete und sie zugleich in seinem Aufgabenbereich überwindende ökonomische Notwendigkeit.

Ähnliche Gedanken wie Polanyi formulierte Ende der 1920er Jahre der Sozialökonom Eduard Heimann. Er konzentrierte sich auf die Sozialpolitik, die sich in den 1920er Jahren zu einem expandierenden Politikfeld entwickelte (Preller 1978). Sein 1929 erschienenes Buch »Soziale Theorie des Kapitalismus« wurde im Zuge der Debatte über die Erneuerung des Sozialstaats vor 40 Jahren neu herausgegeben (Heimann 1982). Heimanns Darstellung der Sozialpolitik als »konservativ-revolutionäres Doppelwesen« entspricht der Polanyi-These von der Doppelbewegung der kapitalistischen Marktwirtschaft. Seine Theorie der Sozialpolitik stellt, wie Bernhard Badura im Vorwort zur Neuedition anmerkt, »alle einseitigen Deutungen infrage, die in der Sozialpolitik entweder nur systemgefährdende oder systemerhaltende Funktionen erkennen« (Badura 1982: IX). Er fasst seinen Grundgedanken zur Sozialpolitik wie folgt zusammen (Heimann 1982: 172):

> »Sozialpolitik sichert die kapitalistische Produktion vor den von der sozialen Bewegung drohenden Gefahren, indem sie der sozialen Forderung nachgibt; sie baut den Kapitalismus stückweise ab und rettet dadurch seinen jeweils verbleibenden Rest; sie erreicht dann und nur dann einen Erfolg, wenn die Erfüllung einer sozialen Teilforderung zur produktionspolitischen Notwendigkeit wird.«

Diese »produktionspolitische Notwendigkeit« ist in den einzelnen Bereichen der Sozialpolitik mal mehr, mal weniger sichtbar, so Heimann:

- Besonders deutlich werde die produktionspolitische Notwendigkeit im Arbeitsschutz, der die physische Existenz der Arbeiter und damit die Produktion absichere, aber von den unter Konkurrenzdruck stehenden Unternehmern aus Kostengründen vermieden werde. Sie müssten durch eine gesetzliche Verpflichtung zu ihrem eigenen Vorteil gezwungen werden. Heimann bezeichnet diesen Zweig der Sozialpolitik als »innerkapitalistische Notwendigkeit« (ebenda: 192).
- Die Arbeitsvermittlung durch die Arbeitsämter sei »nichts weiter als der Arbeitsmarkt überhaupt, und zwar in einer durchgearbeiteten technischen Organisation« (ebenda: 227).
- Die Kosten der Sozialversicherung seien Lohnbestandteile, egal wie hoch sie seien. Es stelle sich nur die Frage, ob sie »mit ihrem kolossalen Apparat auf die Dauer mehr leistet als ein anderes, auf Freiwilligkeit beruhendes System leisten könnte, insbesondere ob höhere Löhne ein gesünderes Leben ermöglichen und die Versicherungsfälle, für die im privaten Wege vorgesorgt werden müsste, zu größerer Seltenheit herabdrücken würden« (ebenda: 247).

Heimann sah die Sozialpolitik zwar als trojanisches Pferd, das die Grenzen zwischen Kapitalismus und Sozialismus durchdringen kann, wie Gøsta Esping-Andersen anmerkt.[21] Aber er war kein Geschichtsmechaniker eines in der Sozialpolitik angelegten Übergangs zum Sozialismus. Er sah in der Frage der ökonomischen Le-

21 »It is a Trojan horse that can penetrate the frontier between capitalism and socialism.« (Esping-Andersen 1991: 11)

gitimation der Sozialversicherung einen Streitpunkt der Sozialpolitik, der schwer abschließend zu entscheiden sei. Heimann war ein Sozialdemokrat mit christlichen Wurzeln, der vor einer zu großen Macht der Sozialbürokratie warnte. Das System der Sozialversicherung werde vor allem von seinen Selbstverwaltungsorganen verteidigt, die »Aufstiegsmöglichkeiten für zehntausende von Menschen aus der Arbeiterschaft« böten (ebenda: 248). Diese Institution sei aber kein Selbstzweck für Funktionäre, sondern müsse den Interessen ihrer Mitglieder folgen.

Dieser Legitimationsdruck gilt heute mehr denn je, wo für ökonomische Krisen aller Art immer wieder der angeblich unersättliche Sozialstaat als einer der Hauptschuldigen herhalten muss. Dieser ideologische Dampf lässt sich lichten, indem gezeigt wird, dass unser Sozialversicherungssystem trotz aller Reformbedürftigkeit sehr viel effektiver ist als die Angebote der privaten Assekuranz. Sein Ausbau ist keine Überforderung unserer Volkswirtschaft, sondern dient der gesellschaftlichen und ökonomischen Stabilität.

Kapitel 4
Risiko Arbeitslosigkeit

Arbeitslosigkeit ist das zentrale Problem an der Schnittstelle von Wirtschafts- und Sozialpolitik. Ihre Bekämpfung und die Bewältigung ihrer sozialen Folgen sind Gegenstand ordnungspolitischer Grundsatzdebatten, wie sich bei der Einführung eines »Bürgergeldes« als soziale Grundsicherung mal wieder gezeigt hat. Die oft gedroschene Phrase, dass sozial sei, was Arbeit schafft, ist ebenso banal wie irreführend, wenn sie die Arbeitsbeschaffung zum Selbstzweck macht. Die Arbeitsmarktpolitik sollte vor allem qualifizierte Arbeit schaffen, die den Beschäftigten Zufriedenheit gibt.

Der Arbeitsmarkt ist ein Gelände mit besonderen ökonomischen Mechanismen. Er ist unelastisch, die Voraussetzungen für ein sich selbst herstellendes Marktgleichgewicht von Angebot und Nachfrage sind nicht gegeben. Fast alle Erwachsenen müssen zur Sicherung ihres Lebensunterhalts ihre Arbeitskraft anbieten. Aus dieser Konstellation ist ein Problem mit der Frage entstanden: »Lässt sich auch ohne Arbeitslosigkeit und ohne die ›Hungerpeitsche‹ die Verfügbarkeit von Arbeitskräften sichern, die passend qualifiziert und bereit sind, hinreichend diszipliniert zu arbeiten?« (Ganßmann 2009: 80).

Die soziale Sicherung nach dem Verlust des Arbeitsplatzes war stets eine Kernaufgabe des Sozialstaats. Die Arbeitsmarktpolitik hat noch weitere Facetten, die in diesem Buch nicht angesprochen werden können.[22] In diesem Kapitel stehen folgende Fragen im Mittelpunkt:

22 Den Zusammenhängen der Arbeitsmarktpolitik mit den Arbeitsbezie-

- Ist Arbeitslosigkeit ein privat versicherbares Risiko?
- Welche Leistungen bietet die Arbeitslosenversicherung?
- Wie sieht die soziale Grundsicherung aus?
- Welche Rolle spielt die Arbeitsförderung?

4.1 Brauchen wir die soziale Arbeitslosenversicherung?

Obwohl der freie Arbeitsmarkt mit seinen von den Lohnabhängigen nicht steuerbaren Risiken das Sozialversicherungssystem hervorbrachte, wurde eine Arbeitslosenversicherung (ALV) in Deutschland erst 1927 eingeführt, also über 40 Jahre nach der gesetzlichen Kranken-, Unfall- und Rentenversicherung. Bis dahin waren auch sozialversicherungspflichtige Arbeitskräfte bei Arbeitslosigkeit auf familiäre Unterstützung oder die lokale Armenfürsorge angewiesen. Diese Sicherungsnetze lösten sich aber mit der Industrialisierung und der Expansion der Lohnarbeit auf. Daher mussten neue Formen einer sozialen Flankierung des Arbeitsmarktes entwickelt werden. Dieser Sachverhalt wird von keinem ernst zu nehmenden *Ökonomen* bestritten, aber die Art und der Umfang der öffentlichen Unterstützung werden unterschiedlich eingegrenzt. Die Frage ist, wie bei Arbeitslosigkeit eine soziale Sicherung aussehen kann, die mehr als das physische Existenzminimum bietet und dazu beiträgt, dass der Verlust des Arbeitsplatzes ein vo-

hungen, den Arbeitsmarktstrukturen und der beruflichen Qualifizierung widmen sich Gerhard Bäcker et al. ausführlich in jeweils eigenen Abschnitten ihres Handbuches zur Sozialpolitik (2020: 315ff., 383ff. und 513ff.).

rübergehendes Ereignis ist und nicht in Langzeitarbeitslosigkeit oder im Vorruhestand endet.

Arbeitslosigkeit und die Phantasiewelt von Ökonomen

In der Literatur wird überwiegend die Position vertreten, dass eine private Versicherung des Arbeitsplatzverlustes an der Unkalkulierbarkeit der Arbeitsmarktrisiken scheitert und deshalb die Absicherung der Folgen von Arbeitslosigkeit eine öffentliche Aufgabe ist.[23] Das sehen einige Ökonomieprofessoren anders. Das Risiko Arbeitslosigkeit könne man auch privat versichern, wenn es keine Gewerkschaften und gesetzlichen Mindestlohn gäbe, behaupten Friedrich Breyer und Wolfgang Buchholz in ihrem Lehrbuch zur Sozialpolitik (2009: 258): »Ein privates Versicherungsunternehmen würde eine Vollabsicherung gegen das Risiko der Arbeitslosigkeit nicht anbieten, da es befürchten müsste, dass der Staat oder die Gewerkschaften ... den Mindestlohn über das kalkulierte Niveau hinaus anheben würden. Die dadurch zusätzlich verursachte Arbeitslosigkeit würde dem Unternehmen Verluste bescheren.« *Gäbe es* diese externen Einflüsse nicht, *könne die* Versicherungswirtschaft die Schwankungen der Arbeitslosigkeit in ihren Leistungsangeboten abfedern. Arbeitslosigkeit sei »zum großen Teil ein konjunkturelles Phänomen« (ebenda: 250), dessen Risiken man dann in flexibel zu gestaltenden Versicherungspolicen berücksichtigen könne: »Solche Klauseln sind in der Gebäude- und der Kraftfahrzeugversicherung üblich.« (Ebenda: 259). Das ist eine welt-

23 Siehe Althammer und Lampert 2014: 306, Bäcker et al. 2020: 238, Mackenroth 1952: 45f., Neumann und Schaper 2008: 157f.

fremde Behauptung, weil Arbeitslosigkeit nicht nur konjunkturelle, sondern auch strukturelle Wurzeln hat. Den Zusammenbruch ganzer Branchen infolge von technologischen Entwicklungen und Veränderungen auf den globalen Märkten können private Versicherungen auch nicht ansatzweise versicherungsökonomisch kalkulieren und absichern.

Friedrich Breyer hat sich gemeinsam mit anderen Ökonomen für eine Abschaffung der gesetzlichen Arbeitslosenversicherung eingesetzt, die man durch eine soziale Grundsicherung ersetzen solle, ergänzt durch eine freiwillige private Arbeitslosenversicherung (Breyer, Franz et al. 2004: 45ff.). Die Aufgaben der Arbeitsvermittlung und der beruflichen Qualifizierung solle man privaten Agenturen überlassen, die effektiver funktionierten als der schwerfällige Apparat der Arbeitsämter. Ähnliche Vorstellungen präsentiert der Ökonom Ronnie Schöb (2020), der anstelle der lohnbezogenen ALV eine Grundsicherung für Arbeitslose mit drei Elementen vorschlägt: Absicherung des alltäglichen Grundbedarfs an Lebensmitteln und Kleidung, eine eigene Kindergrundsicherung sowie Zuschüsse zum Wohnbedarf und Hausrat. Das entspricht in etwa den geltenden Regelungen zur Grundsicherung, ist also keine neue Idee. Alle anderen staatlichen Eingriffe in den Arbeitsmarkt und öffentliche Arbeitsbeschaffungsmaßnahmen lehnen diese Ökonomen ab.

In der Welt dieser Ökonomen ist eine private Arbeitslosenversicherung als Ergänzung zur sozialen Grundsicherung möglich, weil es dort nicht nur keinen gesetzlichen Mindestlohn, keine Tarifverträge und daher auch keine Gewerkschaften gibt, sondern auch Konjunkturschwankungen dank elastischer Märkte nur vorübergehend und in moderatem Maß auftauchen. Strukturveränderungen in der Wirtschaft, die ganze Branchen entweder vernichten oder schrumpfen lassen und prosperierende zu strukturschwachen Regionen machen, können die Akteure auf dem Arbeitsmarkt aus eigener Kraft bewältigen. Es drohen keine Wirtschaftskrisen, die durch das Platzen von Spekulationsblasen auf dem Finanzmarkt entstehen. Auch der Klimawandel und Energiekrisen werden ausgeklammert, ebenso Rohstoffverknappungen durch Kriege oder regionale politische Spannungen. Derartige Ereignisse müsste eine private Arbeitslosenversicherung jedoch bei der Kalkulation ihrer Prämien berücksichtigen. Die Ausklammerung dieser zentralen Risiken hat nichts mit im wissenschaftlichen Denken üblichen Abstraktionen zu tun. Sie ist realitätsfremd, wenn nicht bizarr.

Die Versicherungswirtschaft verschwendet auf die von Breyer und Kollegen empfohlenen Geschäftsmodelle wegen ihrer unkalkulierbaren Risiken keinen Gedanken. Sie bieten nur Berufsunfähigkeitsversicherungen, in denen die Anerkennung von Schadensfällen an enge Voraussetzungen gebunden ist, die denen einer Invaliditätsversicherung ähneln. Sie sind deshalb wenig attraktiv und werden auch nur von wenigen Versicherungsfirmen als Standardprodukt angeboten.

Mit dem Verweis auf die Kfz-Haftpflichtversicherung, in der selbstverschuldete Unfälle zur Einstufung in eine höhere Risikoklasse führen, als Vorbild für eine private Arbeitslosenversicherung bekommt die Argumentation von Breyer et al. auch eine zynische Note. Demnach wären Lohnabhängige selbst schuld, wenn sie einen Arbeitgeber gewählt haben, dessen Produkte oder Dienste aus welchen Gründen auch immer nicht mehr gefragt sind und der deshalb Arbeitsplätze abbauen oder gar den Betrieb schließen muss. Wer in wirtschaftlich schwachen Regionen lebt, kann sich ja um einen Job in anderen Gegenden kümmern, wo Arbeitskräfte gesucht werden. Wenn die erlernte berufliche Qualifikation nicht mehr gefragt ist, muss man eben eine Umschulung aus eigener Tasche bezahlen oder, wenn das Geld dafür nicht reicht, auch einen weniger qualifizierten Job mit schlechterer Bezahlung annehmen. So werden aus Opfern wirtschaftlicher Entwicklungen leichtsinnige Menschen gemacht, die es versäumt haben, rechtzeitig vorzusorgen.

Funktionen der Arbeitslosenversicherung

In der Welt der neoklassischen Ökonomen werden die Arbeitsmarktrisiken auf Einkommensverluste reduziert. Unsere Arbeitslosenversicherung hat aber auch Aufgaben, die darüber hinausgehen und den Arbeitsmarkt funktionstüchtig halten sollen. Davon profitieren nicht nur die von Arbeitslosigkeit betroffenen Personen, sondern die gesamte Volkswirtschaft (Bäcker et al. 2020: 457ff.):

- Ihre Lohnersatzleistungen haben eine soziale Sicherungsfunktion und sollen Einbrüche im Lebensstandard zumindest kurzfristig vermeiden.
- Sie hat eine arbeitsmarktpolitische Funktion, indem sie Arbeitslose nicht dazu zwingt, das erstbeste Angebot anzunehmen, sondern ihnen Zeit lässt, einen ihren Fähigkeiten angemessenen Arbeitsplatz zu finden.
- Sie sorgt für den Erhalt und eine bedarfsorientierte

Entwicklung der beruflichen Qualifikation und trägt so zum allgemeinen Wohlfahrtsgewinn bei.

- Sie hat eine konjunkturpolitische Funktion, indem sie eine Abwärtsspirale von steigender Arbeitslosigkeit, sinkender Nachfrage und Deflation verhindert.
- Ihre strukturpolitische Funktion liegt darin, die berufliche Qualifikation zu fördern, perspektivlose Abwehrkämpfe gegen Veränderungen in der Arbeitswelt zu verhindern und so den wirtschaftlichen Strukturwandel sozial zu flankieren.
- Durch die bundeseinheitlichen Leistungen hat sie eine regionalpolitische Funktion, in dem sie die von Strukturkrisen besonders betroffenen Kommunen und Regionen unterstützt.
- Sie hat eine gesellschaftspolitische Funktion, indem Personen mit aktuell geringeren Arbeitsplatzrisiken ihre Kolleginnen und Kollegen mit höheren Gefährdungen stützen. Diese Solidarität sichert allen abhängig Beschäftigten zu, dass sie im Falle einer ökonomischen Krise auf allgemeine Unterstützung zählen können.

4.2 Gesetzliche Arbeitslosenversicherung

Die soziale Absicherung bei Arbeitslosigkeit hat in Deutschland seit fast hundert Jahren zwei Ebenen. Es gibt zum einen die Gesetzliche Arbeitslosenversicherung (ALV) für alle abhängig Beschäftigten, die ein zeitlich befristetes und am beitragspflichtigen Lohn orientiertes Arbeitslosengeld bietet. Beamtinnen und Beamte sind als von Staat auf Lebenszeit alimentierte Personen von der Sozialversicherungspflicht befreit. Für alle anderen arbeitsuchenden Personen gilt eine aus Steuern finanzierte Grundsicherung, die ab 2023 in ein »Bürgergeld« umgewandelt worden ist, das für alle Personen gilt, deren Einkommen und Vermögen nicht für ein menschenwürdiges Leben reicht. Damit werden auch Selbstständige in den Sozialstaat einbezogen. Diese Formen der sozialen Sicherung werden von obligatorischen arbeitsmarktpolitischen Maßnahmen flankiert, mit denen die Arbeitslosen wieder in den Arbeitsmarkt integriert werden sollen.

Die ALV wurde 1927 mit dem Gesetz über Arbeitsvermittlung und Arbeitslosenversicherung (AVAVG) als vierte Säule der Sozialversicherung eingeführt und 1997 als Sozialgesetzbuch III (SGB III) in einen rechtssystematischen Zusammenhang mit der allgemeinen sozialen Sicherung gebracht. Sie finanziert sich aus einem lohnbezogenen Beitragssatz, der gegenwärtig bei 2,4 Prozent des sozialversicherungspflichtigen Einkommens liegt. Ihre Kernleistungen sind das befristete Arbeitslosengeld sowie Kurzarbeitergeld und andere Leistungen zur Überbrückung kurzfristiger Beschäftigungseinbrüche.

Der Titel des Gesetzes von 1927 macht deutlich, dass es schon damals um mehr als die soziale Absicherung von Arbeitslosen durch Einkommensersatzleistungen ging. Die Notwendigkeit der ALV hatte sich nicht nur aus der Überforderung der Gebietskörperschaften ergeben, für eine soziale Grundsicherung von Arbeitern zu sorgen. Auch der infolge der Industrialisierung rapide wachsende Arbeitsmarkt benötigte ein öffentliches Register, das man damals als *Arbeitsnachweise* bezeichnete. Die ALV bekam damit eine Doppelfunktion. Sie ist nicht nur für die Gewährung und Auszahlung von Arbeitslosen- und Kurzarbeitergeld zuständig, sondern auch für die Arbeitsvermittlung und die Erhaltung der Funktionsfähigkeit des Arbeitsmarktes.

Struktur und Aufgaben der ALV

Die Aufgaben der Arbeitsverwaltung wurden durch das Arbeitsförderungsgesetz (AFG) von 1969 ausgebaut. Es zielte nicht nur auf Vollbeschäftigung, sondern auch auf die Qualifizierung von Arbeitskräften zur Förderung des Wirtschaftswachstums und wurde in diesem Sinn durch ein Berufsbildungsgesetz ergänzt (Kühl 1982). Die ALV wurde 2002 durch vier Gesetze zu Modernen Dienstleistungen am Arbeitsplatz neu ausgerichtet, die sich an den Empfehlungen der von Peter Hartz geleiteten »Kommission Moderne Dienstleistungen am Arbeitsplatz« orientierten und als Hartz I-IV bekannt wurden (Hartz-Kommission 2002). Aus den regionalen Arbeitsämtern wurden *Arbeitsagenturen* und kommunale *Jobcenter,* die sich der Konkurrenz durch private Arbeitsvermittlungen stellen sollten. Das System von aus Sozialabgaben finanziertem Arbeitslosengeld und der vom Bundeshaushalt getragenen Arbeitslosenhilfe wurde in ein auf zwölf Monate befristetes Arbeitslosengeld und eine Grundsicherung für Arbeitsuchende umgebaut. Das auch Harz IV genannte Grundsicherungssystem war seither Gegenstand von weiteren Reformen, die im »Bürgergeld« mündeten, das ab 2023 die Grundsicherung für Arbeitsuchende, Sozialhilfeempfänger und Menschen im Rentneralter vereinheitlicht.

Der versicherte Personenkreis, die Finanzierung und die Leistungen der ALV werden im SGB III festgelegt. Versicherungspflichtig sind grundsätzlich alle abhängig Beschäftigten einschließlich der Auszubildenden sowie weitere in § 26 SGB III aufgezählte Personenkreise. Beamtinnen und Beamte sind von der Versicherungspflicht befreit, ebenso andere im § 27 SGB III genannte Gruppen. Träger der ALV ist die Bundesagentur für Arbeit in Nürnberg, der zehn Regionaldirektionen mit 178 Agenturen für Arbeit (früher Arbeitsämter) unterstehen, die insgesamt gegenwärtig 660 Geschäftsstellen betreiben. Sie finanziert sich zu fast 90 Prozent aus den Beitragseinnahmen der ALV. Weitere Einnahmen stammen aus der Winterbeschäftigungsumlage der Bauwirtschaft, aus der das Winter- und Schlechtwettergeld finanziert werden. Der vom Bundesarbeitsministerium festgelegte Beitragssatz lag 2021 bei 2,4 Prozent des sozialversicherungspflichtigen Einkommens. In den frühen 2000er Jahre betrug er wegen der hohen Arbeitslosigkeit 6,5 Prozent.[24] Das führte zu Kürzungen der Bezugsdauer von Arbeitslosengeld I und einer Verlagerung der Lohnersatzleistungen bei Arbeitslosigkeit auf die Grundsicherung, die heute (2021) 61,8 Prozent aller als arbeitsuchend gemeldeten Personen betrifft.

Nicht alle Menschen ohne Beschäftigung gelten offiziell als arbeitslos. In der Arbeitslosenstatistik werden nur arbeitsuchende Personen im Alter zwischen 15 Jahren und der Altersgrenze in der Rentenversicherung erfasst, die

- sich bei einer der zuständigen Stellen (Agentur für Arbeit, Jobcenter, Sozialämter) als arbeitsuchend gemeldet haben und bereit sind, eine zumutbare versicherungspflichtige Arbeit aufzunehmen;

24 Soweit nicht anders ausgewiesen, stammen alle in diesem Kapitel genannten Daten von www.sozialpolitik-aktuell.de.

- nicht oder nur geringfügig (unter 15 Wochenstunden) beschäftigt sind;
- sich nicht in einer Qualifizierungsmaßnahme befinden oder noch zur Schule gehen oder studieren;
- keine Altersrente empfangen oder krankheitsbedingt arbeitsunfähig sind.

Neben diesen dem Arbeitsmarkt direkt zur Verfügung stehenden Kreisen gibt es noch eine stille Reserve von Personen, die sich in einer Qualifizierungsmaßnahme befinden oder die Suche nach einem Job aufgegeben haben. Deren Zahl betrug 2020 nach Schätzungen des zur Bundesagentur für Arbeit gehörenden Instituts für Arbeitsmarkt- und Berufsforschung 0,89 Millionen bei 2,7 Millionen offiziellen Arbeitslosen, d. h. die Arbeitsplatzlücke lag insgesamt bei 3,59 Millionen.

Diese Zahlen geben den Jahresdurchschnitt wieder und sagen nichts darüber aus, wie viele Personen im jeweiligen Jahr von Arbeitslosigkeit betroffen waren. Im Jahr 2021 meldeten sich bei der Bundesagentur für Arbeit insgesamt 5,824 Millionen Personen als arbeitslos. Die Zahl ist aber nicht gleichbedeutend mit der Zahl der Personen, die aktuell ihren Job verloren haben. Zu dieser Gruppe gehörten nur 39,6 Prozent der Arbeitsuchenden. 20,9 Prozent hatten eine Qualifizierungsmaßnahme hinter sich, 18,0 Prozent waren zuvor arbeitsunfähig, 9,6 Prozent standen dem Arbeitsmarkt zuvor nicht zur Verfügung. 5,7 Prozent kamen aus einer betrieblichen Ausbildung, einer Schule, dem Studium oder dem Wehr- und Zivildienst. Für die restlichen Personen gibt es keine genaueren Angaben.

Demnach kamen etwa 60 Prozent der Personen, die sich 2021 arbeitslos gemeldet hatten, nicht aus einem festen Arbeitsverhältnis. Außerdem gehören nicht nur Arbeitsuchende zu den Leistungsempfängern, sondern auch die in Kurzarbeit befindlichen Personen und die Bezieher von Schlechtwettergeld. Diese Daten zur Struktur der Arbeitsuchenden zeigen die vielfältigen Aufgaben der Bundesagentur für Arbeit, die private Versicherungsunternehmen gar nicht leisten können.

Arbeitslosengeld

Anspruch auf das von der Bundesagentur für Arbeit gezahlte Arbeitslosengeld (ALG) haben nach den oben genannten Kriterien die als arbeitslos gemeldeten Personen nach einer Anwartschaftszeit von zwölf Monaten innerhalb von 30 Monaten vor Eintritt der Arbeitslosigkeit. Die Höhe des ALG hängt von der Höhe des Nettoeinkommens vor Eintritt der Arbeitslosigkeit ab. Die individuelle Bedürftigkeit und das Privatvermögen der arbeitslos gemeldeten Personen spielen keine Rolle. Für die Berechnung der Ansprüche werden jeweils das versicherungspflichtige Einkommen, die Steuerklasse und die Zahl der unterhaltspflichtigen Kinder herangezogen. Dieses Bemessungsentgelt ergibt sich aus dem Bruttoarbeitslohn, abzüglich Lohnsteuer und Solidaritätszuschlag sowie eines pauschalierten Sozialversicherungsbeitrags von 21 Prozent, wodurch ALG-Bezieher Mitglieder in der gesetzlichen Renten-, Kranken- und Pflegeversicherung bleiben. Das ALG wird nur für eine begrenzte Zeit gewährt, die sich nach der Dauer der versicherungspflichtigen Beschäftigung und dem Alter der betroffenen Personen richtet. Gemäß § 147 SGB III bewegt sie sich bei Personen bis zum 50. Lebensjahr zwischen 6 und 12 Monaten, bei über 50-Jährigen zwischen

15 und 24 Monaten. Nach dieser Bezugsdauer erfolgt der Übergang in das Arbeitslosengeld II oder, bei Erfüllung der gesetzlichen Voraussetzungen, in den Ruhestand.

Das ALG betrug 2020 im Durchschnitt monatlich 1137 Euro bei Männern und 874 Euro bei Frauen. Diese bei etwa der Hälfte der durchschnittlichen Nettolöhne liegenden Beträge verweisen darauf, dass die ALG-Empfänger vor allem aus den unteren und mittleren Einkommensgruppen stammen. Das zeigt sich auch daran, dass das durchschnittliche ALG für Männer seit 2005 um 29,2 Prozent gewachsen ist, bei einem zeitgleichen Zuwachs des durchschnittlichen Nettolohns um 36,7 Prozent. Frauen bekommen ein geringeres ALG, trotz eines zwischen 2005 und 2020 stärkeren Wachstums als bei Männern (plus 40,2 Prozent). Sie werden nach wie vor oft für die gleiche Qualifikation schlechter bezahlt und haben einen höheren Anteil von Teilzeitbeschäftigten. Auf jeden Fall zeigen diese Zahlen, dass die von Sozialstaatsgegnern gerne verwendete Bezeichnung der ALV als »soziale Hängematte« mit der Realität nichts zu tun hat.

Der Bezug von ALG ist zwar an die Bereitschaft gebunden, einen neuen Arbeitsplatz anzunehmen, aber nicht jeder von den Arbeitsagenturen vorgeschlagene Job muss akzeptiert werden. Das SGB III (§ 140) definiert Kriterien für die Zumutbarkeit von Stellen, die sich vor allem an der Bezahlung und der Entfernung zum Wohnort ausrichten. In den ersten drei Monaten der Arbeitslosigkeit gilt ein um bis zu 20 Prozent gemindertes Bruttogehalt als zumutbar, in den folgenden drei Monaten wird diese Schwelle auf 30 Prozent angehoben. Ab dem siebenten Monat gelten alle Arbeitsplätze als zumutbar, die eine das ALG übersteigende Bezahlung bieten. Auch müssen Fahrzeiten von insgesamt bis zu 150 Minuten pro Arbeitstag hingenommen werden. Werden Arbeitsplätze trotz der Erfüllung dieser Kriterien nicht angenommen, kann die Arbeitsagentur Sperrzeiten für die Auszahlung des ALG verfügen. Diese Sanktionen können auch ausgesprochen werden, wenn es ALG-Empfänger an der Bereitschaft missen lassen, sich selbst um einen neuen Job zu kümmern. Die Sperrzeiten belaufen sich je nach Fall auf bis zu zwölf Wochen. Für diese Zeit werden auch keine Sozialversicherungsbeiträge gezahlt mit der Folge, dass die Betroffenen nur auf eigene Kosten krankenversichert bleiben können. Das können sich die meisten der von Sperrzeiten betroffenen Arbeitslosen nicht leisten. Für diesen Fall können sie Grundsicherung beantragen, was den sozialen Abstieg weiter fortsetzt.

Die Verfügung von Sperrzeiten ist keine Seltenheit, sondern eine zunehmende Praxis. Ihre Quote bei den Zugängen von ALG-Empfängern stieg von 11,4 Prozent bei der Einführung des neuen ALG im Jahr 2006 auf 24,0 Prozent im Jahr 2019. Während der Corona-Pandemie wurden weniger Sperrzeiten verfügt (2020: 16,2 Prozent). Diese Daten der Bundesagentur für Arbeit zeigen, dass der Bezug von Arbeitslosengeld keine Komfortzone, sondern mit hohem sozialem Druck und wirtschaftlichen Einbußen verbunden ist, die kaum jemand freiwillig auf sich nimmt.

Kurzarbeiter- und Schlechtwettergeld

Die Corona-Pandemie hat die große wirtschaftliche Bedeutung des Kurzarbeitergeldes gezeigt, das zum Überleben vieler Unternehmen beigetragen hat, vor allem in der Gastronomie und Tourismusbranche. Es hat sich als effektives Instrument zur Sicherung von Unternehmen erwiesen, die durch Konjunktureinbrüche, Strukturkrisen oder Umsatzausfälle vorübergehend in Schwierigkeiten geraten sind, obwohl sie eine gute wirtschaftliche Perspektive haben.

Kurzarbeitergeld wird gewährt, wenn der Arbeitsausfall bei mindestens einem Drittel der Belegschaft eines Betriebes oder bestimmten Teilen eines Unternehmens zu mindestens zehn Prozent Verdienstausfall führt. Es wird maximal zwölf Monate gezahlt, kann aber auch in außergewöhnlichen Situationen auf bis zu 24 Monate ausgedehnt werden. Seine Höhe beträgt 60 Prozent des ausgefallenen Nettoeinkommens, bei Betroffenen mit Kindern sind es 67 Prozent. Es kann auch, wie in der Corona-Pandemie in etlichen Hotels und Gaststätten sowie in der Kulturwirtschaft, den gesamten Lohn befristet ersetzen (Kurzarbeit Null). Hinzu kommen Varianten des Kurzarbeitergeldes wie das *Schlechtwetter-* oder *Wintergeld* in der Bauwirtschaft oder das *Insolvenzgeld* für Beschäftigte von in Insolvenz gegangenen Betrieben, die aus Umlagen der Arbeitgeber finanziert werden.

4.3 Grundsicherung für Arbeitsuchende

Die vom Bezug des Arbeitslosengeldes ausgeschlossenen Arbeitsuchenden erhielten bis 2004 die vom Bund getragene *Arbeitslosenhilfe* oder unter bestimmten Voraussetzungen die von Ländern und Kommunen gewährte *Sozialhilfe*. Diese beiden Systeme wurden mit den Hartz-Gesetzen ab 2005 zum *Arbeitslosengeld II* zusammengelegt, auch *Hartz IV* genannt. Ihre Bezieher konnten auch einer geringfügigen Beschäftigung von bis zu 450 Euro pro Monat nachgehen. Der Anteil der ALG-II-Empfänger an den Arbeitslosen schwankte seit seiner Einführung zwischen 57,0 (2005) und 70,0 Prozent (2011) und lag 2021 bei 61,8 Prozent, wobei es starke regionale Unterschiede gibt. In Gelsenkirchen lag 2021 diese Quote bei 80,9 Prozent, in Landsberg (Lech) bei 24,0 Prozent. Die gesamte Grundsicherung für Arbeitsuchende setzte sich aus dem Regelbedarf für jede einzelne Person und den Wohnkosten zusammen, die je nach Lebenslage unterschiedlich ausfallen.

Leistungen der Grundsicherung für Arbeitsuchende

Das bislang geltende ALG II und auch das neue »Bürgergeld« werden im Unterschied zum ALG I als fester Regelsatz ausgezahlt, dessen Höhe unabhängig vom in der Erwerbstätigkeit bezogenen Lohn ist. Es bezieht sich auf die arbeitsuchende Person, nicht auf deren Haushalt oder Familie. Diese werden als »Bedarfsgemeinschaften« bezeichnet, deren Grundsicherung aus dem Regelbedarf und weiteren Zuschüssen besteht. Je nach Einzelfall besteht Anspruch auf Zuschüsse zu den Miet- und Heizkosten (Wohngeld) und Kindergeld, das im Jahr 2022 bei 219 Euro für die beiden ersten Kinder, 225 Euro für das dritte und 250 Euro ab dem vierten Kind liegt.

Wie Tabelle 4.1 zeigt, hat je nach Haushaltstyp die Grundsicherung für Arbeitsuchende eine unterschiedliche Höhe, wobei die dort angegebenen Zahlen dem Bundesdurchschnitt entsprechen. Das Wohngeld orientiert sich am Mietspiegel und ist dementsprechend regional unterschiedlich. Der Regelbedarf wurde von 2006 bis 2021 um 29,2 Prozent erhöht, was in etwa der allgemeinen Preisentwicklung entspricht (+ 26,6). Er ist aber deutlich hinter der Entwicklung der Nettolöhne zurückgeblieben, die im selben Zeitraum um 42,4 Prozent stiegen. Die soziale Grundsicherung bei Arbeitslosigkeit hat einen Trend zum wachsenden Abstand zum allgemeinen Lohnniveau und damit zum Ausbau sozialer Diskrepanzen. Daran hat auch das Bürgergeld nichts geändert, das nur eine Anhebung der Leistungen gebracht hat, die es auch ohne das Bürgergeldgesetz gegeben hätte.

Tabelle 4.1: Leistungen der Grundsicherung in Deutschland nach Bedarfsgemeinschaften 2021

Haushalt	**Monatliche Grundsicherung**	**Regelbedarf**	**Wohngeld**
Single	811 €	449 € = 55,4 %	362 € = 44,6 %
Paare ohne Kinder	1.219 €	756 € = 62,0 %	464 € = 38,0 %
Alleinerziehende, 1 Kind	1.350 €	838 € = 62,1 %	511 € = 37,9 %
Alleinerziehende, 2 Kinder	1.700 €	1.118 € = 65,8 %	582 € = 34,2 %
Alleinerziehende, 3 und mehr Kinder	2.065 €	1.408 € = 68,2 %	657 € = 31,6 %
Paare, 1 Kind	1.784 €	1.154 € = 64,7 %	630 € = 65,3 %
Paare, 2 Kinder	2.169 €	1.441 € = 66,4 %	718 € = 33,6 %
Paare, 3 und mehr Kinder	2.834 €	1.943 € = 68,6 %	890 € = 31,4 %

Quelle: Sozialpolitik aktuell, eigene Zusammenstellung

Der Bezug von ALG II war an die Bereitschaft gebunden, eine angebotene Arbeit anzunehmen. Allerdings galten verschärfte Bedingungen bei der Zumutbarkeit von Jobs. Sie nötigten zur Aufnahme jeder angebotenen

Arbeit, solange diese nicht gegen geltendes Arbeitsrecht verstieß. Ausnahmen gab es nur, wenn die angebotene Arbeit aus gesundheitlichen Gründen, wegen der Erziehung kleiner Kinder, der Pflege bedürftiger Angehöriger oder anderen triftigen persönlichen Gründen nicht angenommen werden konnte. Lagen solche Gründe nicht vor, konnte die Ablehnung einer Arbeitsstelle mit Leistungskürzungen sanktioniert werden. Sie lagen bislang in einer ersten Stufe bei 30 Prozent der Regelleistungen und konnten bei weiteren Verstößen gegen die gesetzlichen Vorschriften um weitere 30 Prozent erhöht werden, wobei dann auch das Wohngeld betroffen war. Nur die Leistungen für Kinder blieben von den Sanktionen ausgeschlossen. Das Bundesverfassungsgericht hat 2019 diese Regelung für verfassungswidrig erklärt und die Sanktionen auf eine Kürzung der Regelleistungen von maximal 30 Prozent begrenzt.

Bürgergeld

Dieses Urteil war ein Anlass für die Vereinbarung der Ampelkoalition, ein »Bürgergeld« als eine einheitliche Form sozialer Grundsicherung einzuführen, die zuvor vier anlassbezogene Sektoren hatte: Arbeitslosigkeit, Sozialhilfe, Alter und Erwerbsminderung sowie Migration. Je nach Eingruppierung gab es unterschiedliche Leistungen und gesetzliche Grundlagen, wie Tabelle 4.2 zeigt.

Tabelle 4.2: Soziale Grundsicherung in Deutschland bis 2022

Grundlage	**Arbeitslosigkeit**	**Sozialhilfe**	**Alter, Erwerbsminderung**	**Migration**
Personenkreis	Erwerbstätige im Alter zwischen 15 und Altersgrenze	Personen im Alter unterhalb der Altersgrenze	Personen im Alter oberhalb der Altersgrenze, Erwerbsgeminderte	Asylbewerber und Flüchtlinge
Leistungsvoraussetzung	Erwerbsfähigkeit von mehr als 3 Stunden am Tag	Zeitweise voll erwerbsgemindert	Erreichen der Altersgrenze oder dauerhafte volle Erwerbsminderung	Asylbewerber sowie geduldete und vollziehbar zur Ausreise verpflichtete Ausländer
Leistungen	ALG II, Sozialgeld, Mietkosten	Hilfe zum Lebensunterhalt, Mietkosten	Grundsicherung, Mietkosten	Grundsicherung, Barbedarf, Unterkunft
Empfängerzahl 2020	5,31 Mio.	0,12 Mio.	1,1 Mio.	0,38 Mio.
Gesetzliche Grundlage	SGB II	SGB XII	SGB XII	Asylbewerberleistungsgesetz

Quelle: Bäcker et al. 2020, Sozialpolitik aktuell (eigene Zusammenstellung)

Die Leistungsansprüche dieser Personenkreise wurden mit dem 2023 in Kraft getretenen Bürgergeldgesetz vereinheitlicht, aber nicht ausgeweitet. Das ist aus der ordnungspolitischen Perspektive insofern ein Fortschritt, als damit endgültig klargestellt wird, dass unser Sozialstaat Leistungen für die gesamte Bevölkerung bietet und sich nicht auf Lohnabhängige beschränkt. Aber die Leistungen an sich haben sich kaum verändert, sondern nur der allgemeinen Preisentwicklung angepasst. Der Regelsatz wird von 449 auf 502 im Monat angehoben, für jedes bis zu 3-jährige Kind beträgt er 318 Euro, für 6- bis 13-Jährige sind es 348 und für 14- bis 17-Jährige 420 Euro. Diese Leistungsanhebungen sind keine Verbesserungen gegenüber Hartz IV, sondern entsprechen den gesetzlichen Vorgaben zur Orientierung der Grundsicherung an den Lebenshaltungskosten (Staiger 2022: 114).

Auch an den seit den Hartz-Gesetzen auf Antrag gewährten Darlehen für die Anschaffung von Möbeln oder Haushaltsgeräten ändert sich mit dem Bürgergeldgesetz nichts. Sie sind von den Sozialverbänden immer wieder kritisiert worden, weil sie faktisch zur Kürzung des Regelbedarfs führen. Auch wird das Problem nicht angepackt, dass ehemalige Empfängerinnen und Empfänger von Grundsicherung bei einer Jobaufnahme erst einmal in der Luft hängen, weil sie keine Leistungen mehr beziehen, ihren Lohn aber erst am Ende des Monats erhalten.

Vermögensschutz und sanktionsfreie Fristen

Der im September 2015 vorgelegte Gesetzentwurf sah in den beiden ersten Jahren des Bezugs von Bürgergeld ein Schonvermögen von 60.000 Euro pro Mitglied in einer Bedarfsgemeinschaft sowie von 15.000 Euro für die beiden ersten Kinder vor. Danach sollte es auf maximal 15.000 Euro pro Haushalt gesenkt und damit nur unwesentlich über die in der bestehenden Grundsicherung geltende Grenze von 5.000 Euro pro Person plus 500 Euro für jedes minderjährige Kind hinausgehen. Außerdem sollte das Wohneigentum im gleichen Zeitraum bis zu einer Wohnfläche von 140 (Häuser) bzw. 130 (Wohnungen) Quadratmeter geschätzt werden.

Diese Regelung wurde von den Unionsparteien und ihren Vertretern im Bundesrat blockiert. Sie pflegten die an den Stammtischen ihrer politischen Klientel gängigen Vorurteile über den Missbrauch des Sozialstaats als sozialer *Hängematte* (Butterwegge 2022). Der frühere Gesundheitsminister Hermann Gröhe empörte sich am 10. November 2022 im Bundestag darüber, dass eine vierköpfige Familie 150.000 Euro besitzen und dennoch Bürgergeld beziehen könne. Die Unionsparteien merkten gar nicht, dass sie sich mit ihrer Kampagne gegen das Schonvermögen gegen ihre eigene sozialpolitische Tradition stellten. Ludwig Erhard und sein Mastermind Alfred Müller-Armack sahen darin ebenso wie der Pate des Ordoliberalismus Walter Eucken ein zentrales Instrument eines auf Vermögensbildung setzenden Gegenmodells zur solidarischen Sozialversicherung (siehe Abschnitt 1.2).

Die Anhebung des Schonvermögens zielt vor allem auf Selbstständige ohne Sozialversicherungsschutz, denen etwa bei einem Konkurs ihrer Firma ein plötzlicher sozialer Absturz erspart bleiben soll. Deshalb hat die FDP dieser Regelung zugestimmt. Für die meisten Bezieher von sozialer Grundsicherung ist sie bedeutungslos, weil sie großenteils aus den unteren Einkommensgruppen stammen und gar nicht der Lage gewesen sind, ein nennenswertes Vermögen anzusparen. Im Vermittlungsausschuss einigten sich die Bundesregierung und die Länder auf eine Absenkung des Schonvermögens von 60.000 auf 40.000 Euro und eine Verkürzung der Schonung von Wohnvermögen von zwei Jahren auf ein Jahr.

Der erste Entwurf des Bürgergeldgesetzes enthielt eine Ausweitung der Frist für einen sanktionsfreien Bezug des Bürgergeldes für Arbeitsuchende. In den ersten sechs Monaten sollten die Behörden auf Leistungskürzungen verzichten, wenn eine angebotene Stelle nicht angetreten wird. Diese als »Vertrauenszeit« bezeichnete Frist wurde auf Druck der Unionsparteien gestrichen. Es bleibt dabei, dass die Empfänger der Grundsicherung für Arbeitsuchende vom ersten Tag an mit einer Kürzung der Regelleistung rechnen müssen, wenn sie gegen Auflagen der Jobcenter verstoßen. Sie darf aber nach den Vorgaben des Bundesverfassungsgerichts 30 Prozent der Regelleistung nicht überschreiten.

4.4 Bedingungsloses Grundeinkommen – sinnvolle Alternative?

Seit den 1980er Jahren wird das Konzept eines *bedingungslosen Grundeinkommens (BGE)* für alle erwachsenen Bürgerinnen und Bürger von zahlreichen Autoren propagiert, die sonst politisch nicht unbedingt auf der gleichen Welle schwimmen. Es wurde von André Gorz als »Weg ins Paradies« (1984) idealisiert und im grün-alternativen Milieu als Gegenmodell zum sozialdemokratischen Wohlfahrtsstaat diskutiert (Opielka 1985 und 1987). Heute sieht darin der Publizist Richard David Precht (2022) die Grundlage einer »Freiheit für alle«, der Sozialphilosoph Michael Hirsch (2016) erhofft sich die »Überwindung der Arbeitsgesellschaft« und der marktliberale Ökonom Thomas Straubhaar (2017) findet das BGE »radikal gerecht«. Michael Opielka, ein Veteran dieses Postulats, betrachtet es sogar als die Basis eines neuen »garantistischen« Sozialstaatstypus (Opielka 2015: 749ff.). Auch konservative Politiker und Unternehmer können sich dafür erwärmen, den Sozialstaat durch eine »Art Grundeinkommen« (Joe Kaeser, Süddeutsche Zeitung vom 16. 11. 2016) oder ein »solidarisches *Bürgergeld*« (Dieter Althaus 2007) weitgehend zu ersetzen. Deren Ideen laufen aber nicht auf ein BGE hinaus, sondern sind Varianten eines Bürgergeldes als soziale Grundsicherung (siehe oben).

Das BGE sieht vor, allen Bürgerinnen und Bürgern ohne Bedarfsprüfung und die Bereitschaft zur Erwerbstätigkeit regelmäßig einen festen Betrag auszuzahlen, der sich je nach Modell in der Höhe des ausgezahlten Betrages und den damit abgegoltenen Sozialleistungen unterscheidet.[25] Davon verspricht man sich folgende Effekte:

- Die Aufgaben der sozialen Sicherung werden vom Wirrwarr der gegliederten Sozialbürokratie auf eine einzige Institution übertragen, die nur die Aufgabe hat, allen Bürgerinnen und Bürgern ein die Existenz sicherndes Grundeinkommen zu überweisen.
- Es gibt keine aufwendigen und die Privatsphäre verletzende Bedürftigkeitsprüfung.

25 Eine Übersicht über die vorhandene Literatur zum BGE findet man bei https://www.sozialpolitik-aktuell.de/bedingungslos_Grundeinkommen.html

- Die Entkoppelung von Arbeit und Einkommen beseitigt den Zwang zur Annahme prekärer Beschäftigungen.
- Die versteckte Armut von Menschen, die aus Scham oder Unwissenheit trotz Anspruchsberechtigung keine Sozialleistungen beantragen, verschwindet.

Das Märchen vom Ende der Arbeit

Den Verfechtern eines BGE geht es »um die Stärkung von temporären, partiellen oder dauerhaften Exit-Optionen aus der Erwerbsarbeit« (Hirsch 2016: 100). Michael Hirsch glaubt, sich damit auch auf Karl Marx beziehen zu können, was auf einem verbreiteten Missverständnis beruht. Die Anmerkung von Marx und Engels in ihrer philosophischen Frühschrift »Die deutsche Ideologie«, erst in einer kommunistischen Gesellschaft sei es möglich, »heute dies, morgen jenes zu tun. Morgens zu jagen, nachmittags zu fischen, abends Viehzucht zu betreiben, nach dem Essen zu kritisieren, wie ich gerade Lust habe, ohne je Jäger, Fischer, Hirt oder Kritiker zu sein« (Marx und Engels 1969: 33), wird oft in diese Richtung interpretiert. Aber Marx hätte die Debatte über das Ende der Arbeitsgesellschaft mit grimmiger Verachtung kommentiert. Schon das Wort *Arbeitsgesellschaft* hätte er als Pleonasmus gegeißelt, weil er in der Arbeit als Aneignung der Natur die Existenzgrundlage menschlichen Lebens und damit jeder Gesellschaft sah. Es wisse doch jedes Kind, schrieb er 1868 in einem Brief an seinen Freund Ludwig Kugelmann, »dass jede Nation verrecken würde, die, ich will nicht sagen, für ein Jahr, sondern für ein paar Wochen die Arbeit einstellt« (Marx-Engels-Werke, Band 32: 552). Diese Fristsetzung könnte man heute verlängern, aber das ändert nichts am eigentlich banalen Kern dieser Feststellung. Eine nicht auf Arbeit gründende Gesellschaft gibt es nur im Märchen vom Schlaraffenland.

Jeremy Rifkin hat mit seiner These vom »Ende der Arbeit« auch keine Befreiung von der Erwerbsarbeit im Blick, sondern deren Zukunft, so der Untertitel seines Buches (Rifkin 1990). Rifkin geht es um den säkularen Prozess des Abbaus von Arbeitsplätzen durch Automatisierung und Digitalisierung und die damit verbundenen Strukturveränderungen moderner Volkswirtschaften hin zu Dienstleistungen und mehr Freizeitoptionen. Sie beschleunigen die Produktivitätsentwicklung und bringen große zeitliche und physische Arbeitsentlastungen. Nichts spricht dagegen, diese Entwicklung für erweiterte Möglichkeiten der Reduzierung von Erwerbsarbeit nutzen zu können. Aber daraus den Schluss zu ziehen, es gebe generell keinen zwingenden Zusammenhang von Wohlstand und Erwerbsarbeit mehr, ist eine Illusion.

Das BGE – weder gerecht noch sozial

Das BGE ist nur auf den ersten Blick eine attraktive Idee. Es gaukelt eine größere soziale Gerechtigkeit vor und erweist sich bei näherem Hinsehen als ein die sozialen Disparitäten verschärfendes Projekt. Das BGE untergräbt die Grundlagen des Sozialstaats, was auch die latente Sympathie für dieses Konzept bei marktliberalen Ökonomen und Arbeitgebervertretern erklärt. Die Sozialversicherung basiert auf einer solidarischen Finanzierung von Lebensrisiken. Die Einzahler haben die Gewissheit, dass ihnen im Bedarfsfall geholfen wird. Es ist ein soziales System von Geben und Nehmen, das durch das BGE ausgehebelt würde.

Der mit ihm verbundene Grundsatz der generellen Befreiung von Erwerbsarbeit hat aus nachvollziehbaren Gründen wenig Akzeptanz bei denen, die es aus ihrem Arbeitseinkommen finanzieren müssten. Damit werden die bestehenden Disparitäten der Einkommensverhältnisse und Spaltung der Gesellschaft nur weiter vertieft, anstatt sie, wie behauptet, zu glätten. Es wäre nichts weiter als ein an alle Bürgerinnen und Bürger ausgezahltes »Helikoptergeld«, das den unteren Einkommensgruppen nicht hilft, die mittleren Einkommen nicht entlastet und die Besserverdienenden nicht benötigen.

Die Folge wäre eine wachsende Nachfrage nach Minijobs, die nicht an Tarifverträge gebunden sind und auch keine Sozialabgaben beinhalten. Das wiederum hätte fatale Wirkungen auf die Lohnstruktur, die Qualität der Arbeitsplätze und das Sozialbudget. Die wirklichen Profiteure wären die oberen Einkommensgruppen, die für wenig Geld persönliche Dienste kaufen können, die das Einkommen von BGE-Empfängern aufstocken. Prekäre Arbeitsverhältnisse würden ausgebaut und nicht beseitigt. Kurzum, das BGE ist »weder gerecht noch sozial« (Butterwegge 2018).

Die gängige Kritik am BGE als einem unfinanzierbaren Modell geht allerdings am Problem vorbei. Wird es auf einen einheitlichen Geldbetrag begrenzt, der in etwa das Existenzminimum abdeckt, kann es problemlos allein aus dem dann entfallenden Hartz-IV-Budget finanziert werden. Die vorliegenden Konzepte des BGE gehen von einem dem durchschnittlichen gezahlten ALG entsprechenden Auszahlungsbetrag aus. Das wären aktuell etwa 1.150 Euro für Männer und 900 Euro für

Frauen pro Monat. Geht man von einem genderneutralen Betrag von 1100 Euro aus, würde nach vorliegenden Berechnungen das BGE in etwa den Umfang des heutigen Sozialbudgets beanspruchen (Bäcker 2017).

Zur Gegenfinanzierung bieten sich nur die Arbeitslosen- und Rentenversicherung an. Die Kranken- und Pflegeversicherung sowie das Wohngeld müssten zusätzlich finanziert werden, was nur auf zwei Wegen geschehen kann. Ihre Leistungen müssten komplett vom Staatshaushalt getragen werden, was zu deutlichen Steuererhöhungen und damit Lebenshaltungskosten führen würde. Oder die Empfänger des BGE müssten eine Kopfpauschale für die Kranken- und Pflegeversicherung von zum Beispiel 200 oder 300 Euro zahlen, wie von einigen BGE-Befürwortern vorgeschlagen wird. Dann müsste der heute über den lohnabhängigen Beitragssatz gesicherte Sozialausgleich vom Staat getragen werden, was nur dann sozial gerecht wäre, wenn dafür nur die Einkommens- und Vermögenssteuern herangezogen würden.

Der zum Beispiel vom Unternehmer Götz Werner (2007) gemachte Vorschlag, das BGE über die Umsatz- und Verbrauchssteuern zu finanzieren, würde diese um 50 Prozent anheben und damit zu einer Verteuerung der Lebenshaltungskosten führen, die wiederum mit einem BGE von 1100 Euro nicht mehr zu tragen wären. Ähnliche Probleme stellen sich durch die großen regionalen Unterschiede bei den Lebenshaltungskosten, insbesondere bei den Mieten. Ein bundeseinheitliches BGE würde zu schweren Benachteiligungen für Bewohner von Großstädten mit hohen Lebenshaltungskosten führen.

Einige BGE-Verfechter glauben, dem mit einer »negativen« Einkommenssteuer begegnen zu können.

Dann käme das BGE nur Personen aus dem unteren Einkommensbereich zugute. Mit steigendem Lohn sinkt das BGE, und ab einem bestimmten Schwellenwert müssen Steuern abgeführt werden. Überdurchschnittlich hohe Lebenshaltungskosten können in einem entsprechend flexiblen Grenzwert berücksichtigt werden. Das ist aber kein BGE, sondern die verkappte Form eines Steuerfreibetrages und die Subventionierung niedriger Löhne. Das erklärt auch die Sympathie der FDP für dieses Modell der Grundsicherung, das sie 2005 zum Kern ihres sozialpolitischen Programms machte. Damit sinkt der Anreiz zur Aufnahme einer bezahlten Arbeit unabhängig von deren Attraktivität, und die Schwarzarbeit wird gefördert. Außerdem müssten immer noch Sozialabgaben für die Kranken- und Rentenversicherung gezahlt werden. Werden diese erst ab der Obergrenze des BGE fällig, stellt sich die Frage, ob sie die entsprechenden Kosten überhaupt decken können oder aus weiteren Zuschüssen aus dem Staatshaushalt bestritten werden müssten.

4.5 Arbeitsförderung als Perspektive

Die ALV hat im Rahmen einer aktiven Arbeitsmarktpolitik wichtige Funktionen in der Arbeitsförderung, die darauf abzielen, Arbeitslosigkeit zu vermeiden und für eine laufende Anpassung der vorhandenen beruflichen Qualifikationen an die sich verändernden Arbeitsmarktbedingungen zu sorgen. Diese Aufgaben wurden mit dem Arbeitsförderungsgesetz (AfG) von 1969 ausgebaut. Es war das Ergebnis der Zusammenarbeit von christlichen und sozialdemokratischen Politikern, die in der Nachkriegszeit unseren Sozialstaat nachhaltig prägte.

Die Arbeitsmarktpolitik erhielt damit eine präventive Grundlage mit Instrumenten einer aktiven Arbeitsmarktpolitik, die Arbeitslosigkeit mit vorausschauenden Interventionen vermeiden sollte (Kühl 1982). Die Zumutbarkeitsregeln für die Annahme eines neuen Arbeitsplatzes waren zudem darauf ausgerichtet, das vorhandene Qualifikationsniveau zu erhalten und die vorhandenen Fähigkeiten zu fördern.

Der Niedergang der Arbeitsförderung

Der Schwerpunkt der Arbeitsmarktpolitik verlagerte sich nach der Wirtschaftskrise von 1973/74 auf den Erhalt von Arbeitsplätzen durch Arbeitsbeschaffungs- und Strukturanpassungsmaßnahmen (ABM, SAM). Dazu gehörten vor allem die Förderung der beruflichen Mobilität durch Ausbildung, Umschulung und Fortbildung. Auch Vorruhestandsregelungen wurden als Ersatzbeschäftigung ohne arbeitsmarktpolitische Perspektiven genutzt. Es ging vor allem um die kurzfristige Verhinderung von Arbeitslosigkeit und nicht mehr um die gezielte Qualifizierung des Arbeitskräftepotenzials. Von den keynesianischen Elementen einer Nachfragesteuerung, die das Stabilitätsgesetz von 1967 enthielt, wurde Abschied genommen.

Dieser zunächst schleichende Paradigmenwechsel in der Arbeitsförderung wurde von der Kohl-Regierung im März 1997 mit dem Übergang des AFG in das neue SGB III offiziell vollzogen. Der mit der Abwicklung zahlreicher Betriebe verbundene Umbau der DDR-Wirtschaft in eine Marktwirtschaft konnte nur punktuell mit ABM-Projekten abgefedert werden. Auch Westdeutschland geriet in den 1990er Jahren in eine Wirtschaftskrise. Die Zahl der

Arbeitslosen stieg in den neuen Ländern zwischen 1991 und 1997 von 1,0 auf 1,5 Millionen und in Westdeutschland von 1,6 auf 2,9 Millionen.

Diese Entwicklung wurde in der öffentlichen Debatte auf ein Standortproblem Deutschlands reduziert, das durch die hohen Arbeitskosten in Form von Sozialabgaben im globalen Wettbewerb zu schweren Nachteilen geführt hätte. Dafür gab es zwar keine empirisch belastbaren Belege, war aber die von der Wirtschaftspublizistik und den meisten Ökonomen mit großer Gewissheit vertretene Position. Das hatte für die Arbeitsförderung fatale Auswirkungen (Bäcker et al.: 479f.). Der zweite Arbeitsmarkt mit ABM und SAM wurde faktisch ausgetrocknet. Stattdessen wurden Eingliederungszuschüsse für Jobs auf dem *ersten* Arbeitsmarkt eingeführt. Ermessensleistungen der aktiven Arbeitsförderung wie die berufliche Weiterbildung und Arbeitsbeschaffungsmaßnahmen wurden in einen Haushaltstitel zusammengeführt und den lokalen Arbeitsagenturen mit einem begrenzten Budget zugeordnet.

Die 2002 und 2003 von der rot-grünen Koalition verfassten Hartz-Gesetze waren die konsequente Fortsetzung dieser Politik, die ein neues SGB II mit Leistungen zur Grundsicherung brachten. Mit dem Grundsatz »Fördern und Fordern« wurde nicht mehr die Qualifizierung als zentrale Aufgabe der Arbeitsbehörden verstanden, sondern der Druck auf die Arbeitslosen in den Fokus gerückt, sich selbst einen neuen Job zu suchen. Die nunmehr Arbeitsagenturen und Jobcenter genannten Arbeitsämter hatten weniger die Aufgabe der Arbeitsbeschaffung als die der Kontrolle der Arbeitslosen und der ihnen auferlegten Pflicht, sich selbst um einen neuen Arbeitsplatz zu kümmern.

In der Praxis der Jobcenter hat die Arbeitsvermittlung mit den Hartz-Gesetzen einen deutlichen Vorrang vor der Arbeitsförderung bekommen. Es dominieren kurzfristige Maßnahmen, was insbesondere die Bekämpfung der Langzeitarbeitslosigkeit erschwert und zu Drehtüreffekten von prekären Arbeitsverhältnissen und Arbeitslosigkeit führt. Die wachsende Dominanz von Leistungen der Grundsicherung gegenüber den gesetzlich geregelten Ansprüchen des SGB III stärkt das Prinzip der Ermessensleistungen, was problematische Abhängigkeiten der Empfänger von Grundsicherungsleistungen von der Qualifikation und Motivation von Mitarbeitern in Jobcentern zur Folge hat.

Hinzu kommt ein problematischer Trend zur Privatisierung der Arbeitsvermittlung mit einem Verlust an öffentlicher Kontrolle. Die Arbeitsagenturen und Jobcenter können Arbeitsuchenden Voucher ausstellen, die diese bei privaten Agenturen einlösen können. Diese Privatisierung der Arbeitsvermittlung führt zu einer Vernachlässigung der Langzeitarbeitslosen, die für das private Geschäftsmodell der Jobvermittlung unattraktiv sind. Sie sind schon lange keine Minderheit mehr unter den Arbeitslosen, sondern haben mittlerweile, noch beschleunigt durch die Corona-Pandemie, einen Anteil von 42,0 Prozent erreicht (Stand: November 2021).[26] Die Langzeitarbeitslosigkeit hat sich im Verbund mit pre-

26 Zur Entwicklung und Struktur der Langzeitarbeitslosigkeit siehe Sozialpolitik-aktuell: https://www.sozialpolitik-aktuell.de/kontrovers-langzeitarbeitslosigkeit.html#Lanzeitarbeitslosigkeit_Ursache,Strukturen,Trends

kären Beschäftigungsverhältnissen zum zentralen Problem der Arbeitsmarktpolitik entwickelt, das mit der Privatisierung der Arbeitsvermittlung verschärft wird.

Das Bürgergeld hat in der Bekämpfung der Langzeitarbeitslosigkeit Fortschritte gebracht, die vor allem die Beziehung der Jobcenter zu den Empfängern von Grundsicherung betreffen. Beide Seiten sollen gemeinsam einen »Kooperationsplan« erstellen. Er soll die bisherigen Eingliederungsvereinbarungen ersetzen, die aus vorformulierten Texten mit langen Rechtsfolgebelehrungen bestehen, die kaum ein Hartz-IV-Empfänger verstand. Dabei kann ein Schlichtungsverfahren mit einer neutralen Person eingeleitet werden. Wie das genau aussehen soll, muss noch in einer dem Gesetz folgenden Rechtsverordnung festlegt werden. Die Kooperationspläne und das Schlichtungsverfahren mit einer neutralen Person können dazu beitragen, die Macht der Jobcenter gegenüber den Arbeitslosengeldempfängern einzugrenzen. Sie verlangen nicht nur von Bürgergeldempfängern kooperatives Verhalten, sondern auch von den Angestellten der Jobcenter. Damit wird indirekt ein Mentalitätswechsel in den Jobcentern verlangt, der eine Herausforderung für die Fortbildung seiner Belegschaft zu »Integrationsfachkräften« ist, wie sie im Gesetz jetzt heißen. Die in den vergangenen Dekaden vernachlässigte Arbeitsförderung kann so zu neuem Leben erweckt werden.

Kapitel 5
Soziale Sicherheit im Alter

Für die meisten Deutschen ist die *Gesetzliche Rentenversicherung (GRV)* die Basis ihrer Altersversorgung. Sie ist der größte Posten im Sozialbudget, der aber seit Jahren einen rückläufigen Anteil hat. Auf die GRV entfielen im Jahr 2021 49,7 Prozent der Sozialversicherungsausgaben und 30,3 Prozent des Sozialbudgets. 2010 lagen diese Quoten noch bei 53,7 und 33,0 Prozent. Dieser Rückgang ist unter anderem das Ergebnis eines seit 30 Jahren sinkenden Rentenniveaus. 1990 lag es noch bei 55 Prozent des durchschnittlichen sozialversicherungspflichtigen Einkommens, 2021 bei 48,7 Prozent.[27] Die letzte Große Koalition führte 2019 eine »Haltelinie« ein, die bis 2025 dieses Niveau mit Hilfe von Bundeszuschüssen nicht unter 48 Prozent sinken lässt. Wie es danach weitergehen soll, ist unklar.

Zur ständigen Absenkung der Altersrenten haben vor allem die Rentenreformen von 2001 und 2005 geführt, die explizit das Ziel der GRV aufgaben, den im Erwerbsleben erreichten Lebensstandard im Alter halten zu können. Die Rentenkürzungen begannen zwar schon in den 1980er Jahren, aber erst mit der *Agenda 2010* der rot-grünen Bundesregierung wurde ein grundsätzlicher Richtungswechsel in der Rentenpolitik in Gang gesetzt. Man müsse weg von der »Illusion, dass die gesetzliche Rentenversicherung allein den Lebensstandard sichern könne«, so der damalige Sozialminister Walter Riester

27 Soweit nicht anders ausgewiesen, stammen alle in diesem Kapitel genannten Daten von www.sozialpolitik-aktuell.de.

(2004: 7). Die mit seinem Namen verbundene kapitalgedeckte *Riester-Rente* sei eine »für unser Land überlebensnotwendige Reform« (ebenda). Sie wurde aber nicht verteilungs- oder sozialpolitisch begründet, sondern mit angeblichen wirtschaftspolitischen Zwängen. In einem an die Öffentlichkeit gelangten Strategiepapier des Bundeskanzleramtes (2002: 18) liest sich das so:

> »Vor dem Hintergrund des mit zunehmender Geschwindigkeit merkbaren demographischen Wandels in unserer Gesellschaft hat die Bundesregierung mit der Einführung der Säule der Kapitaldeckung den historisch richtigen Weg eingeschlagen. Dieser Weg muss weiter beschritten werden. Angesichts eines Beitrages der Rentenversicherung von 19,5 % (Höchststand war 20,3 % unter der Regierung Kohl) ist eine mittelfristige Senkung des Beitragssatzes durch die weitere Stärkung der Säule Kapitaldeckung notwendig.« (Unterstreichung im Original).

Diese »neue deutsche Alterssicherungspolitik« (Schmähl 2006) orientiert sich demnach primär an den Lohnkosten und der Beitragssatzstabilität in der Sozialversicherung und nicht an der Sicherung eines menschenwürdigen Lebens im Alter. Die staatlich subventionierte private Zusatzrente (Riester-Rente) wurde nicht als Ergänzung der umlagefinanzierten Rente eingeführt, sondern als Ersatz für deren Kürzung angeboten. Die Stärkung der Kapitaldeckung auf Kosten der Umlagefinanzierung wurde und wird mit fragwürdigen Annahmen zur Entwicklung des Anteils der Menschen im Rentenalter an der Bevölkerung und spekulativen Berechnungen der den nachwachsenden Generationen entstehenden Belastungen begründet. Die Behauptung, man könne durch Ansparsysteme die Folgen der demografischen Entwicklung nachhaltiger absichern als mit dem Umlagesystem der GRV, ist eine Illusion. Diese Ausgaben verschwinden mit ihrer Privatisierung nicht, sondern fließen in die intransparenten Kanäle der Finanzwirtschaft. Die damit betriebene Erweiterung des ohnehin schon enorm aufgeblähten globalen Volumens an anlagesuchendem Geldkapital ist ein von der nationalen Politik kaum steuerbares Risiko. Die Privatisierung der Alterssicherung ist keine Krisenbewältigung, sondern ein die sozialen und ökonomischen Disparitäten verschärfender Irrweg.

5.1 Ebenen der Altersvorsorge in Deutschland

Deutschland hat kein einheitliches, für alle Bürgerinnen und Bürger geltendes öffentliches Rentensystem, sondern mehrere nicht aufeinander abgestimmte Alterssicherungsfonds:

- Die Gesetzliche Rentenversicherung (GRV) ist die mit Abstand wichtigste Form der Altersvorsorge in Deutschland. Sie ist für die meisten abhängig Beschäftigten sowie für freischaffende Künstler und Autoren zuständig. Landwirte und ihre mitarbeitenden Angehörigen sind Pflichtmitglieder in der Sozialversicherung für Landwirte.
- Beamtinnen und Beamte haben Anspruch auf ein von ihrer Dienstbehörde gezahltes Ruhegehalt.
- Angehörige von in öffentlich-rechtlichen Kammern organisierten freien Berufen haben eigene Versor-

gungswerke. Selbstständige außerhalb dieser Berufsgruppen sind auf private Vermögensbildung angewiesen, haben aber unter bestimmten Voraussetzungen die Möglichkeit, sich in der GRV abzusichern.

- Ergänzend zu den gesetzlichen Rentensystemen gibt es betriebliche Rentenversicherungen, die jedoch nicht obligatorisch sind, sondern freiwillige bzw. tariflich vereinbarte Einrichtungen sind.
- Im Öffentlichen Dienst gibt es Zusatzversorgungen für Angestellte, mit denen die Unterschiede zur Beamtenversorgung nivelliert werden sollen.
- Für private Sparpläne und Vermögensanlagen gibt es ein vielfältiges und mit der *Riester-Rente* auch staatlich subventioniertes Angebot.
- Personen, deren Altersrenten und Vermögen für ein menschenwürdiges Leben nicht ausreichen, erhalten eine Grundsicherung im Alter als »vierte Säule« (Bäcker 2020: 1043) oder »vierte Schicht« (Schmähl 2015: 35) der Altersvorsorge. Ihre Leistungen entsprechen der Grundsicherung bei Erwerbsminderung und Arbeitslosigkeit.

Gesetzliche Rentenversicherung (GRV)

Die Gesetzliche Rentenversicherung (GRV) ist mit fast 60 Millionen Versicherten das mit Abstand größte System der Alterssicherung für folgende versicherungspflichtige Personengruppen:

- Abhängig Beschäftigte und Auszubildende (ohne Beamte und Soldaten),
- Bezieher von Arbeitslosengeld,

- Behinderte in Werkstätten und Heimen,
- selbstständige Hebammen, Seelotsen, Künstler und Publizisten, Hausgewerbetreibende, Küstenschiffer, selbstständige Handwerker.

Die meisten von ihnen sind Mitglieder der Deutschen Rentenversicherung Bund (DRV), die 2005 aus der Vereinigung der Bundesversicherungsanstalt für Angestellte (BfA) und den Landesversicherungsanstalten (LVA) hervorgegangen ist. Die früher für die Arbeiter zuständigen LVAen wurden in DRV Land umfirmiert und sind Dienststellen der DRV. Das gilt auch für die DRV Knappschaft-Bahn-See, in der 2005 die alten Sondersysteme für die Beschäftigten im Bergbau, der Deutschen Bahn und der Seeschifffahrt zusammengefasst wurden.[28] Selbstständige Künstler und Publizisten sind Pflichtmitglieder der Künstler-Sozialversicherung, Landwirte und ihre mitarbeitenden Angehörigen sind in der Alterssicherung für Landwirte. Nicht versicherungspflichtige Personen können sich, wie erwähnt, unter bestimmten Voraussetzungen freiwillig in der DRV versichern.

28 Sie hat besondere Aufgaben in der Bearbeitung von Versicherungsansprüchen älterer Mitglieder, die sich teilweise von denen in der früheren GRV unterschieden, etwa in der Beitragsbemessungsgrenze (BBG).

Tabelle 5.1: Versicherte der GRV 2020 in Mio. am Jahresende

Aktiv Versicherte (Beitragszahler)	39,04
Pflichtversicherte: *	34,32
Abhängig Beschäftigte	32,01
Empfänger von Arbeitslosengeld I (SGB III)	0,97
Sonstige Leistungsempfänger	0,73
Pflegepersonen	0,89
Selbstständige (Künstler, Landwirte)	0,32
Freiwillig Versicherte	0,21
Geringfügig Beschäftigte	3,56
Anrechnungszeitversicherte	2,94
Passivversicherte (Angehörige)	17,73
Versicherte insgesamt	58,77

**Mehrfachnennungen möglich*
Quelle: Sozialpolitik aktuell

Die Leistungen der GRV umfassen

- Altersrenten (Voll- und Teilrenten),
- Renten wegen Erwerbsminderung,
- Hinterbliebenenrenten,
- Hälftiger Beitrag zur Krankenversicherung der Rentner (KVdR),
- gesundheitliche Rehabilitationsmaßnahmen für aktiv Versicherte.

2020 wurden insgesamt 25,84 Millionen Renten ausgezahlt, von denen 71,1 Prozent auf Altersrenten entfielen, 21,5 Prozent auf Hinterbliebenenrenten und 7,0 Prozent auf Erwerbsminderungsrenten. Doppelzahlungen sind möglich, da zahlreiche Rentnerinnen und Rentner sowohl eine Alters- als auch eine Hinterbliebenenrente beziehen.

Die GRV gewährt ihre Rentenleistungen nach dem Äquivalenzprinzip (Ruland 2013). Demnach hängt die Höhe der ausgezahlten Renten von der Dauer der Beitragszahlung und des beitragspflichtigen Einkommens in Relation zum Durchschnittsverdienst in den einzelnen Versicherungsjahren ab, woraus sich »Entgeltpunkte« ergeben. Bei einem dem beitragspflichtigen Durchschnittslohn entsprechenden Entgelt wird ein Punktwert von 1,0 pro Jahr angerechnet. Liegt die Berechnungsgrundlage bei 80 Prozent des Durchschnittslohns, ergibt sich ein Entgeltpunktwert von 0,8. Die im Laufe der Versicherungsjahre angesammelten Entgeltpunkte werden addiert und dienen als Grundlage für die Rentenansprüche. Dadurch schlagen sich Brüche in der Erwerbsbiografie in niedrigeren Renten nieder. Allerdings werden bestimmte Unterbrechungen der Erwerbstätigkeit berücksichtigt, wie Kindererziehungszeiten, die Pflege von Familienangehörigen oder Zeiten von Krankheit und Arbeitslosigkeit. Auch erhalten mit der 2021 eingeführten Altersgrundsicherung langjährig im Niedriglohnsektor beschäftigte Personen eine Aufstockung ihrer Entgeltpunkte. Das in der privaten Alterssicherung unbekannte Prinzip der dynamischen Rente sorgt für eine regelmäßige Anpassung der gesetzlichen Renten an die allgemeine Lohnentwicklung. Von der Bruttorente gehen noch Beiträge zur Gesetzlichen Kranken- und Pflegeversicherung ab. Außerdem werden die Renten besteuert, wobei Freibeträge dafür sorgen, dass davon nur besser gestellte Rentnerinnen und Rentner betroffen sind.

Das gesetzliche Rentenzugangsalter lag früher bei 65 Jahren. Mit der Rentenreform von 2004 wurde es ab dem Jahrgang 1958 mit jedem Jahr um einen Monat erhöht, danach um jeweils zwei Monate, sodass es ab 2031 für die ab 1964 Geborenen bei 67 Jahren liegt. Es besteht die Möglichkeit eines vorzeitigen Renteneintritts ab 63 Jahren, der aber eine Anwartschaftsdauer von 35 Jahren voraussetzt und mit Abschlägen in Höhe von 0,3 Prozent je Monat verbunden ist. Besonders häufig ist die vorzeitige Rente in den neuen Bundesländern, wo sie etwa drei Viertel aller Neuzugänge ausmachen, bei Abschlägen von der Normalrente um 10 bis 15 Prozent.

Die Finanzierung der GRV erfolgt über lohnbezogene Beitragssätze mit einer Beitragsbemessungsgrenze (BBG), die jährlich der allgemeinen Lohnentwicklung angepasst wird. Sie wird für West- und Ostdeutschland getrennt festgelegt und liegt 2023 bei 7.300 bzw. 7.100 Euro pro Monat. Die Knappschaftsversicherung hat seit jeher eine höhere BBG (2023: 8.950 im Westen, 8.700 Euro im Osten). Mit der BBG soll das Äquivalenzprinzip gesichert werden, wonach sich die Rentenhöhe aus der Dauer und Höhe der Beitragszahlungen ergibt. Der Beitragssatz wird von der Bundesregierung festgelegt. Reichen die damit erzielten Einnahmen nicht für einen ausgeglichenen Haushalt der Rentenversicherungsträger aus, gleicht der Bund das Defizit aus. Sein Anteil am Budget der GRV lag im Jahr 2021 bei 27,5 Prozent.

Sondersysteme

Für zwei Berufsgruppen gibt es eigene gesetzliche Rentenversicherungssysteme, die sich in einigen Punkten von den für den Bereich der GRV geltenden Bestimmungen unterscheiden:

- Künstler und Publizisten sind Mitglieder der im Jahr 1983 eingeführten Künstlersozialversicherung. Sie sind versicherungspflichtig, wenn sie spätestens drei Jahre nach dem Einstieg in einen solchen Beruf mit diesem ein Mindesteinkommen von 3.900 Euro im Jahr erzielen. Die KSV wird hälftig von den Versicherten und einer Abgabenpauschale von 4,2 Prozent bei den Auftraggebern oder Verwertern der Leistungen finanziert. Die Rentenleistungen werden wie in der GRV errechnet.
- Die Alterssicherung für Landwirte (AfL) ist eine Pflichtversicherung für selbstständige Landwirte und ihre mithelfenden Familienangehörigen. Sie gewährt ähnliche Leistungen wie die GRV, die durch Überbrückungshilfen bei Krankheit oder Tod des Hofeigentümers ergänzt werden. Außerdem werden nur anteilige Renten gewährt, die eine zusätzliche private Altersversorgung erfordern. Diese besteht aus Altenteilregelungen und Pachteinnahmen sowie privaten Sparplänen.

Beamtenpensionen

Beamtinnen und Beamte haben in der sozialen Sicherung einen besonderen Status, der mit Artikel 33 Absatz 5 des Grundgesetzes begründet wird, wonach das öffentliche Dienstrecht »unter Berücksichtigung der hergebrachten Grundsätze des Berufsbeamtentums zu regeln und fortzuentwickeln« ist. Dazu gehört neben der Unkündbarkeit das Alimentationsprinzip. Der Staat hat die Pflicht, seinen verbeamteten Beschäftigten nicht nur während ihrer aktiven Dienstzeit eine angemessene Vergütung zu zahlen, sondern auch für ein Ruhestandsgehalt zu sorgen. Früher standen auch die Beschäftigten von Staatsbetrieben wie der Bahn und der Post sowie von Sozialversicherungsträgern in einem beamtenähnlichen Verhältnis. Die DRV hat immer noch einen hohen Anteil von Beschäftigten mit diesem Status, der in der GKV und der Bundesagentur für Arbeit in den 1990er Jahren abgeschafft wurde. In vielen staatlichen Behörden und im öffentlichen Bildungswesen gibt es ein Nebeneinander von Beamten und Angestellten, die im Prinzip die gleichen Aufgaben erledigen. Nur in der Justiz, der Polizei und der Bundeswehr ist der Beamtenstatus die Regel. Er ist mit einem Pensionssystem verbunden, das ein deutlich höheres Niveau hat als die Renten in der GRV. In der Krankenversicherung haben die Beamtinnen und Beamten ein Beihilfesystem (siehe Abschnitt 6.1).

Die Höhe der Beamtenpensionen ist an die Dauer der Dienstzeit gekoppelt. Für jedes Jahr werden 1,794 Prozent der ruhegehaltsfähigen Bezüge als Pension berechnet, die maximal 71,75 Prozent beträgt. Schon das bringt ein höheres Niveau der Altersversorgung als bei der gesetzlichen Rente, für das auch eine andere Bezugsgröße sorgt. Während sich die Renten in der GRV am Durchschnitt der beitragspflichtigen Löhne während der gesamten Mitgliedszeit orientieren, werden die Beamtenpensionen auf das letzte Gehalt vor dem Ruhestand bezogen. Dadurch liegen sie deutlich über den gesetzlichen Renten und betrugen 2020 im Bund bei den Männern durchschnittlich 3.280 Euro im Monat, bei den Frauen 2.670 Euro, in den Ländern 3.590 bzw. 2.970 Euro und in den Kommunen 3.260 bzw. 2.540 Euro.

Die Beamten müssen außerdem keine Beiträge für ihre Altersversorgung einzahlen, wodurch sie im Vergleich zu den Angestellten im Öffentlichen Dienst bei in etwa gleicher Bruttobesoldung ein höheres Nettoeinkommen haben. Diese Privilegien der Beamtenschaft lassen sich weder sozialpolitisch noch verfassungsrechtlich stichhaltig begründen (Ruland 2009, Wallrabenstein 2009). Dem Alimentationsprinzip könnte man auch mit einer hälftig vom Dienstherrn getragenen Sozialversicherung und einer Zusatzversorgung entsprechen, wie sie für Angestellte im Öffentlichen Dienst üblich ist. Aber für eine solche Neuregelung des Beamtenstatus ist keine politische Mehrheit in Sicht.

Berufsständische Versorgungswerke

Die in öffentlich-rechtlichen Kammern organisierten freien Berufe sind zumeist Mitglieder in Versorgungswerken, die für Alters-, Berufsunfähigkeits- und Hinterbliebenenrenten sorgen. Dazu zählen vor allem Ärzte, Zahnärzte, Tierärzte, Apotheker, Rechtsanwälte und Steuerberater. Die ärztlichen Berufe sind auch im Angestelltenverhältnis keine Pflichtmitglieder der GRV, sondern der von den Ärzte- und Zahnärztekammern organisierten Versorgungswerke. Die Höhe der ausgezahlten Renten richtet sich nach den einkommensbezogenen Beitragszahlungen.

Einen Sozialausgleich wie in der GRV gibt es nicht. Auch erhalten die Versorgungswerke keine staatlichen Zuschüsse. Sie finanzieren ihre Rentenverpflichtungen ausschließlich auf Basis des Kapitaldeckungsprinzips. Die eingezahlten Beiträge werden von den Versorgungswerken am Kapitalmarkt angelegt. Aus den damit erzielten Erträgen werden die Renten finanziert. Da die in diesen Versorgungswerken organisierten Berufe ein über dem Durchschnitt liegendes Einkommen haben, sind auch die Renten höher als in der GRV. Sie betrugen 2019 monatlich im Durchschnitt 2.150 (Männer) bzw. 1.505 Euro (Frauen). Der Anteil der über 2.000 Euro liegenden Monatsrenten lag im Jahr 2019 bei den Männern bei 57 Prozent, bei den Frauen bei 33 Prozent. Im Unterschied zur GRV werden die Renten der Versorgungswerke nicht regelmäßig der Einkommensentwicklung angepasst. Dort können aber mit höheren Beiträgen verbundene Rentenzahlungen gewährt werden, die periodische Steigerungsraten enthalten.

Betriebliche Altersvorsorge

Die Einrichtung einer betrieblichen Altersvorsorge (bAV) ist eine freiwillige Leistung der Arbeitgeber. Für ihre Finanzierung und Leistungen gibt es keine detaillierten gesetzlichen Vorschriften, allerdings setzt das Betriebsrentengesetz allgemeine Rahmenbedingungen zur Insolvenzsicherung und Verfallbarkeit. Hinzu kommen steuerrechtliche Regelungen und tarifvertragliche Vereinbarungen, die über einzelne Betriebe hinausgehen und für ganze Branchen gelten. Die Organisation der bAV ist Aufgabe der Arbeitgeber und hat mehrere Formen (Bäcker et al. 2020: 1026f.).

- Bei Direkt- oder Pensionszusagen zahlen die Arbeitgeber aus ihrem Betriebsvermögen eine Altersrente. Dafür werden Rückstellungen gebildet.
- Eigenständige Unterstützungskassen arbeiten im Auftrag des Arbeitgebers, der der Gewährleistungsträger bleibt.
- Bei einer Direktversicherung schließen die Unter-

nehmen für ihre Beschäftigten eine Kapitallebens- oder Leibrentenversicherung ab.
- *Pensionskassen* sind eigenständige Versicherungsvereine, die von einem oder mehreren Unternehmen für ihre Beschäftigten gegründet werden.
- Davon unterscheiden sich Pensionsfonds, die als Investmentfonds organisiert sind und ein höheres Anlagerisiko haben als Pensionskassen.

Zu den Betriebsrenten gehören auch die Zusatzversorgungssysteme im Öffentlichen Dienst, die dort fast alle Beschäftigten haben. Für kleine und mittlere Unternehmen bieten Versicherungen Modelle mit unterschiedlichem Volumen an, die teilweise im Rahmen der Riester-Rente gefördert werden. Zwar ist die Zahl der Personen mit einer Anwartschaft auf eine Betriebsrente von 13,62 Millionen im Jahr 2001 auf 18,2 Millionen im Jahr 2019 gestiegen, jedoch ist wegen der zeitgleich gestiegenen Beschäftigtenzahl ihr Anteil an den sozialversicherungspflichtigen Erwerbstätigen im selben Zeitraum von 58,7 auf 53,9 Prozent gesunken.

Außerdem gibt es ein großes Gefälle sowohl in der Verbreitung als auch in der Höhe der bAV. Während sie im Öffentlichen Dienst und in Großbetrieben die Regel ist, ist sie in Klein- und Mittelbetrieben und hier insbesondere im Dienstleistungsbereich nur schwach vertreten. In der Privatwirtschaft hatten 2019 in Unternehmen mit mehr als 1.000 Beschäftigten 88 Prozent der Beschäftigten eine bAV, in Kleinbetrieben mit bis zu neun Beschäftigten waren es nur 29 Prozent. Insgesamt erhielten in Westdeutschland in diesem Jahr nur 41 Prozent der Männer und zwölf Prozent der Frauen über 65 Jahre eine Betriebsrente, im Osten sogar nur neun bzw. vier Prozent. Bei deren Höhe gibt es in der Privatwirtschaft ein großes Gefälle. Sie lag 2019 in den alten Ländern im Durchschnitt bei 619 (Männer) bzw. 245 Euro (Frauen), in den neuen Ländern bei 380 bzw. 172 Euro. In den alten Ländern betrug sie bei 50 Prozent der Männer und 72 Prozent der Frauen bis zu 300 Euro, in den neuen Ländern lag dieser Anteil bei 72 bzw. 85 Prozent.

Private Altersvorsorge und Riester-Rente

Die Banken und Versicherungen bieten ein großes Spektrum an Möglichkeiten der privaten Geldanlage. Dazu gehören Sparpläne, eine von der Niedrigzinspolitik in die Bedeutungslosigkeit getriebene Anlageform, oder Anleihe- und Aktiensparpläne, deren Volumen deshalb stetig wächst. Nach wie vor große Bedeutung haben Lebensversicherungen in unterschiedlichen Formen. Die Risikolebensversicherung ist eine Absicherung der Hinterbliebenen, die beim Tod der versicherten Person eine bestimmte Versicherungssumme erhalten. Kapitallebensversicherungen sind eine Mischung aus Risikolebensversicherung und Sparvertrag. Die versicherte Person erhält bei einem vertraglich vereinbarten Alter eine bestimmte Summe oder eine Leibrente, die jedoch im Unterschied zur gesetzlichen Rente nicht der allgemeinen Einkommensentwicklung angepasst wird und auch keine Hinterbliebenen- oder Invaliditätsversicherung umfasst. Solche Leistungen werden von der Versicherungswirtschaft nur in gesonderten Verträgen angeboten.

Der Markt für private Lebensversicherung ist stark reguliert. Die Anlageformen der Versicherungsunternehmen dürfen keine größeren Risiken mit sich bringen, sie werden vor allem aus Staatsanleihen und Immobilien gebildet. Außerdem muss bei Vertragsabschluss ein Garantiezins angeboten werden, der in den vergangenen Jahren ständig abgesenkt wurde. Er lag 1992 bei Neuabschlüssen bei 4 Prozent und heute (2022) nur noch bei 0,25 Prozent.

Eine staatlich geförderte Zusatzrente soll die mit der Rentenreform von 2004 verfügten Kürzungen der gesetzlichen Rente kompensieren. Der Bund fördert im Rahmen dieses nach ihrem politischen Vater »Riester-Rente« genannten Programms private Lebensversicherungen sowie Investmentfonds- und Bausparverträge (»Wohn-Riester«). Sie unterliegen der Garantie, mindestens die von den Empfängern eingezahlten Beträge und die staatlichen Zuschüsse auszuzahlen. Letztere bestehen gegenwärtig aus einer Grundzulage von jährlich 175 Euro, für Verheiratete 350 Euro, sowie einer Zulage für ab 2008 geborene Kinder von 300 Euro. Außerdem müssen vier Prozent des Vorjahresbruttoeinkommens in einen Vertrag eingezahlt werden.

2020 gab es insgesamt 16,4 Millionen Riester-Verträge, von denen 10,7 Millionen auf Versicherungsverträge entfielen. Der zweitgrößte Posten waren mit 3,3 Millionen Investmentfondsverträge, während geförderte Sparkonten und der Wohn-Riester mit 0,6 bzw. 1,9 Millionen eher marginale Bedeutung haben. Offenbar hapert es mit der regelmäßigen Einzahlung in Riester-Verträge. Mitte 2018 wurden in 20 Prozent der Riester-Verträge keine Gelder und damit auch keine staatlichen Zuschüsse mehr eingezahlt. Der vor allem in den 2010er Jahren angesichts wieder steigender Löhne zu beobachtenden Riester-Boom hat sich deutlich abgeflacht. Aktuelle Bestandsaufnahmen der Riester-Rente lassen dieses als Kompensation für sinkende gesetzliche Renten gedachte Instrument nicht gut aussehen (Bäcker et al. 2020: 1042f., Geyer et al. 2021):

- Hohe Verwaltungs- und Abschlusskosten fressen die staatlichen Zulagen in vielen Angeboten der Versicherungswirtschaft wieder auf.
- In den Verträgen werden oft hohe Risikozuschläge kalkuliert und problematische Annahmen zur Lebenserwartung gemacht.
- Durch den Rückgang des Garantiezinses auf mittlerweile 0,75 Prozent (siehe oben) sinkt die Rendite unter das Inflationsniveau.
- Nur wenige Geringverdiener haben einen Riester-Vertrag abgeschlossen.

Vor diesem Hintergrund wird von Befürwortern einer kapitalgedeckten Zusatzrente die Umstellung der Riester-Rente in einen »Deutschlandfonds« vorgeschlagen, in den alle Erwerbstätigen verpflichtend einzahlen. Dieses Konzept kann aber nur unter zwei Voraussetzungen als Kompensation der Rentenkürzungen funktionieren. Zum einen müssen die Erwerbseinkommen auch im unteren Drittel der Lohnskala genügend Geld übriglassen, das in diesen Fonds eingezahlt werden kann. Zum zweiten müsste dieser Fonds eine bessere Absicherung bieten können als die GRV. Beide Bedingungen stehen auf tönernen Füßen, wie in Abschnitt 5.4 gezeigt wird.

Grundsicherung im Alter

2004 wurde die Grundsicherung im Alter als quasi vierte Säule der Alterssicherung eingeführt. Ihre Rechtsgrundlagen finden sich im SGB XII und werden damit auch rechtssystematisch von der GRV abgegrenzt. Anspruch auf eine Grundsicherung entsteht bei älteren Menschen, deren Renten und Altersbezüge zusammen mit den Ersparnissen für ein allgemeines Existenzminimum nicht ausreichen. Anspruchsberechtigt sind alle Personen ab dem Erreichen der Regelaltersgrenze in der GRV und dauerhaft Erwerbsgeminderte ab dem 18. Lebensjahr. Die Grundsicherung hat sich bei einer wachsenden Zahl von Rentnern und vor allem Rentnerinnen zur Regelleistung entwickelt. 2021 bezogen insgesamt 1,122 Millionen Personen diese Leistungen, von denen jeweils etwa die Hälfte über der Regelaltersgrenze der GRV (589 Millionen) lag oder Erwerbsgeminderte (534 Millionen) waren. Die Leistungen setzten sich bislang zusammen aus dem regelmäßig angepassten Regelbedarf, den Mietkosten, bestimmten Mehrbedarfen bis zu 17 Prozent des Regelbedarfs und der Übernahme der Beiträge zur Kranken- und Pflegeversicherung.

Die Ampel-Koalition hat ein »Bürgergeld« eingeführt (siehe Abschnitt 4.3), das aber an den Leistungsgrundlagen der Grundsicherung außer deren Anhebung kaum etwas verändert hat. An der mit der Agenda 2010 bewirkten grundsätzlichen Schwächung der GRV hat sich nichts geändert. Das Bürgergeld ist ein weiterer Schritt in der allgemeinen Tendenz, das an den Arbeitseinkommen orientierte Sozialversicherungssystem durch staatlich finanzierte Grundsicherungssysteme zu ersetzen.

5.2 Überfordert die demografische Entwicklung die Rentenversicherung?

Der Abbau der umlagefinanzierten Rente beruht auf der Behauptung, die demografische Entwicklung führe unausweichlich zu einer starken Überalterung unserer Gesellschaft mit der zwangsläufigen Folge drastisch steigender Sozialabgaben. Das überfordere unsere Volkswirtschaft und gehe zulasten der nachwachsenden Generationen. Gerhard Schröder formulierte es im Frühjahr 2003 in seiner »Agenda 2010« so (Schröder 2003): »Und wir müssen anerkennen und aussprechen, dass die Altersentwicklung unserer Gesellschaft, wenn wir jetzt nichts ändern, schon zu unseren Lebzeiten dazu führen würde, dass unsere vorbildlichen Systeme der Gesundheitsversorgung und Alterssicherung nicht mehr bezahlbar wären.« Deshalb müssten der Leistungsumfang der Sozialversicherungen und deren Finanzierung grundlegend revidiert werden. Statt mehr Umverteilung sei mehr Eigenverantwortung in Form privater Risikoabsicherung das Gebot der Stunde.

Diese Behauptung entbehrt jeder empirischen Evidenz. Weder steuern wir auf eine Vergreisung der Gesellschaft zu, noch überfordert die wachsende Zahl älterer Menschen unseren Sozialstaat. Die Frage ist nicht, *ob* er finanzierbar ist, sondern *wie*. Mit der Privatisierung der Alterssicherung werden die Ressourcen für die Renten nicht vermehrt, sondern zulasten der unteren und mittleren Einkommen verteilt.

Demografische Entwicklung

Die Alterung der Deutschen wird grafisch als die Transformation einer Pyramide mit einem hohen Kinder- und einem kleinen Altenanteil in eine Amphore dargestellt, die sich nach unten verjüngt und nach oben ausbeult (Statistisches Bundesamt 2021: 25f.). Die Pyramidenform ist kein Ideal, zu dem es oft erhoben wird.

Sie hat es in Deutschland zuletzt Anfang des 20. Jahrhunderts gegeben und kam durch hohe Kindersterblichkeit und eine niedrige Lebenserwartung in den unteren Schichten zustande. Über 70 Jahre alt wurden damals nur wenige Menschen aus dem Bürgertum und dem Adel.

Auch die Behauptung, die sinkende Geburtenhäufigkeit sei ein Risiko für die Rentenfinanzierung, hat keine Substanz. Es handelt sich um einen säkularen Prozess in allen Industrieländern (Birg 2003), deren allgemeiner Wohlstand trotzdem stetig gewachsen ist. Seit 1904 wird in Deutschland die Zahl von zwei Lebendgeborenen pro Frau im gebärfähigen Alter unterschritten, ohne dass sich dies negativ auf die wirtschaftliche Entwicklung ausgewirkt hätte. Der mit der wirtschaftlichen Entwicklung entstehende Arbeitskräftebedarf ist stets durch Migrationsbewegungen befriedigt worden. Die sinkende Geburtenhäufigkeit gibt also keinen Grund zur Sorge. Sie wird vom allgemeinen Wirtschaftswachstum und der Produktivitätsentwicklung mehr als nur kompensiert. Nicht die Zahl der nachwachsenden Bevölkerung definiert das Potenzial einer Gesellschaft zur Sicherung der Renten, sondern die Wirtschaftskraft.

Das Statistische Bundesamt veröffentlicht regelmäßig Bevölkerungsvorausberechnungen, die bis zum Jahr 2060 und darüber hinaus reichen. Die letzte umfassende Erhebung basiert auf den Daten des Jahres 2018 (Destatis 2019). Sie skizziert mit verschiedenen Annahmen 30 Varianten einer möglichen demografischen Entwicklung in Deutschland. Schon diese Vielzahl von denkbaren demografischen Perspektiven weist darauf hin, dass Visionen von einem »Methusalemkomplott« (Schirrmacher 2004) der Alten gegen die nachwachsenden Generationen auf ergebnisorientierten Hochrechnungen basieren und hoch spekulativ sind.

Bis ins Jahr 2060 und darüber hinaus reichende Bevölkerungsvorausberechnungen sind für die Politik als Planungsgrundlage für Rentenentwicklung kaum brauchbar und überschreiten leicht die Grenze zur Kaffeesatzleserei (Kistler 2006, Bosbach und Korff 2017). Wenn zum Beispiel der Ökonom Axel Börsch-Supan (2022: 31) aus aktuellen Daten hochrechnet, dass bei konstanten Rentenansprüchen im Jahr 2045 die Zuschüsse zur GRV etwa 15 Prozent und im Jahr 2060 etwa 22,5 Prozent des Bundeshaushalts ausmachen würden, ist das substanzlose Zahlenspielerei.

Derartig langfristige Prognosen sind stets spekulativ, weil gesellschaftliche Strukturbrüche, ökonomische Entwicklungen und kulturelle Veränderungen für einen solchen Zeitraum gar nicht vorhergesehen werden können. Eine z. B. im Jahr 1950 aufgestellte Bevölkerungsprognose konnte unmöglich Entwicklungen wie die Verbreitung der Antibabypille, die Anwerbung von Millionen von Gastarbeitern, den Trend zum Single-Leben, den Zuzug von 2,5 Millionen Spätaussiedlern in den 1970er und 1980er Jahren oder den in den vergangenen Jahren nach Angaben des Statistischen Bundesamtes (Destatis 2021: 8f.) stark steigenden Zuwachs von jungen Migranten berücksichtigen. Bevölkerungsprognosen sind, wie das Statistische Bundesamt stets in seinen Demografiereports betont, keine Wahrsagungen, sondern Hochrechnungen von Entwicklungen der vergangenen Jahre, deren Ergebnisse mit der Entfernung zum Zieljahr an Unsicherheit zunehmen. Sie stellen in verschiedenen Varianten dar, was passiert, wenn außer den getroffenen Annahmen sonst nichts passiert.

Die säkulare Zunahme des Altenquotienten ist keine problematische, sondern eine positive Entwicklung. Im Jahr 1900 kamen 12,4 Personen im erwerbsfähigen Alter (15 bis 64 Jahre) auf eine Person über 64 Jahre. 50 Jahre später lag diese Quote bei 6,9 und heute bei 2,7. Damals war demnach die Altersstruktur gemäß dem Kriterium der Alterspyramide mehr als fünf Mal so günstig wie heute. Unbestreitbar ist, dass die allgemeine Lebenserwartung und der Anteil der über 64-Jährigen weiter steigen werden. Dafür sorgen schon kurzfristig die geburtenstarken Baby-Boomer-Jahrgänge von 1955 bis 1964, die in den kommenden Jahren nach und nach das Rentenalter erreichen. Aber langfristige, über zehn bis 15 Jahre hinausgehende demografische Zeitreihen haben für die wirtschaftlichen Probleme der GRV eine nur begrenzte Aussagekraft.

Entscheidend für die Finanzierung der GRV sind vor allem zwei Faktoren (Bäcker et al. 2020: 133ff. und 1061ff.): die Entwicklung der Zahl von sozialversicherungspflichtigen Personen und deren beitragspflichtiges Lohnniveau. Hier hat die Agenda 2010 mit ihrer Förderung von Niedriglohnjobs fatale Folgen auch für die GRV. Die Zahl der Personen mit einem sozialversicherungspflichtigen Vollzeitjob sank von 1999 bis 2009 von 23,8 auf 21,7 Millionen Personen und erreichte erst wieder 2021 mit 23,9 Millionen das Niveau von 1999. Im selben Zeitraum nahm die Zahl der Teilzeitjobs von 3,7 auf 9,9 Millionen zu. Diese werden vor allem von sozialversicherungspflichtigen Frauen besetzt, von denen 2021 fast die Hälfte (49,1 Prozent) eine Teilzeitstelle hatte. Das hat zur Folge, dass immer mehr Rentnerinnen und Rentner nur geringe, für die Sicherung des Lebensunterhalts kaum ausreichende Rentenansprüche haben und auf die soziale Grundsicherung angewiesen sind.

Die vom damaligen Kanzler Schröder für seine Agenda 2010 verwendete Parole, sozial sei, was Arbeit schafft, hat nur dann Substanz, wenn Arbeit auch anständig bezahlt wird. Dem steht die nach wie vor hohe Zahl von prekären Arbeitsverhältnissen gegenüber, die eine ausreichende Altersvorsorge auch nicht ansatzweise ermöglichen.

5.3 Umlagefinanzierung, Kapitaldeckung und Generationengerechtigkeit

Die mit der Riester-Rente vor 20 Jahren begonnene Umstellung der Alterssicherung vom Umlageverfahren auf kapitalgedeckte Systeme beruht auf der Vorstellung, eine Volkswirtschaft könne die Kosten der Altersversorgung von morgen bereits heute mit einer Art Sparbuch finanzieren. Beim Kapitaldeckungsverfahren leiste »jede Generation für sich selbst Daseinsvorsorge; die quantitative Besetzung der Nachfolgegeneration ist – im Idealfall – für die Finanzierung irrelevant«, wird in einem verbreiteten Lehrbuch zur Sozialpolitik behauptet (Althammer und Lampert 2014: 256). Demnach funktioniert die Rentenversicherung wie ein Privathaushalt, der für zukünftige Ausgaben Rücklagen bildet.

Was aus der Perspektive eines Privathaushalts plausibel erscheint, ist jedoch aus gesamtwirtschaftlicher Sicht eine Illusion. Die moderne Volkswirtschaft kennt keine Schatzkammer wie den Geldspeicher von Dagobert Duck in der Parallelwelt von Entenhausen, aus dem man bei Bedarf und unabhängig von der aktuellen Wertschöpfung angespartes Vermögen abziehen kann. Es gilt vielmehr das von Gerhard Mackenroth (1957: 41) formulierte Axiom, »dass aller Sozialaufwand immer aus dem Volkseinkommen der laufenden Periode gedeckt werden muß.« Anders ausgedrückt: Die Alterungsrisiken lassen sich von einer Volkswirtschaft nicht vorfinanzieren, sondern müssen dann von ihr geschultert werden, wenn sie in Form von Renten und Ausgaben für medizinische und pflegerische Betreuung konkret anfallen.

Deshalb stellt sich das demografische Risiko gleichermaßen für das Umlage- und das Kapitaldeckungssystem. Beide basieren auf Rechtsansprüchen bzw. Anwartschaften für eine Beteiligung am Volkseinkommen zukünftiger Zeiten, die in Form von Steuern, Abgaben oder Versicherungsbeiträgen an einen Fonds entstehen, der die Altersrisiken finanziell absichert. Entscheidend für die Einlösung dieses Vertrages ist *immer* die Leistungsfähigkeit der Volkswirtschaft zu dem Zeitpunkt, an dem die Ansprüche an das jeweilige System fällig werden.

Nachhaltige Kapitaldeckung?

Von Mackenroths Gesetz lassen sich die Verfechter der Kapitaldeckung nicht beeindrucken. Die daraus abgeleitete Favorisierung des Umlagesystems sei ein alter Hut aus der deutschen Nachkriegsgeschichte, als es darum ging, die gigantische Kapitalvernichtung durch den Krieg zu bewältigen. Die Umlagefinanzierung folge dem Modell einer geschlossenen Volkswirtschaft, aber heute stünde für den Aufbau von kapitalgedeckten Rentensystemen die globale Wirtschaft zur Verfügung (Breyer und Buchholz 2009: 124ff.). Außerdem behindere die

Umlagefinanzierung die wirtschaftliche Entwicklung, weil sie die volkswirtschaftliche Sparrate und damit die Ressourcen für Investitionen reduziere. Dahinter steht die Vorstellung der neoklassischen Ökonomie, dass Ersparnisse die Grundlage für Investitionen und wirtschaftliches Wachstum sind und Umlagesysteme dies behindern, weil dadurch nicht gespart, sondern konsumiert werde.

Das ist eine weder empirisch noch theoretisch zu haltende Annahme, wie John Maynard Keynes schon vor 90 Jahren belegt hat.[29] Sie erscheint heute vor dem Hintergrund des massiven Überangebots an Anlage suchendem Kapital eher absurd. Dessen Umfang übersteigt die tatsächliche Wertschöpfung um ein Mehrfaches, wie Thomas Piketty nachweist (2014: 447ff.). Eine Umstellung der Alterssicherung auf ein kapitalgedecktes System trifft auf ein ohnehin schon problematisches Überangebot von anlagesuchendem Geldkapital mit der Folge eines weiteren Aufpumpens von Spekulationsblasen. Die seit Jahren exorbitant steigenden Immobilienpreise zum Beispiel sind die Folge der massiv gestiegenen Nachfrage von Pensionsfonds, die auf der Suche nach sicheren Anlagen sind (Henschel 2019). Dieser Effekt würde durch einen Ausbau der kapitalgedeckten Alterssicherung weiter verschärft.

29 Die Ökonomin Joan Robinson beschrieb diese Position anhand einer Anekdote über einen Auftritt von F. A. Hayek 1931 in Cambridge (UK). Er vertrat die These, dass die damalige Weltwirtschaftskrise durch Überkonsumtion verursacht worden sei. Auf die erstaunte Frage des Ökonomen R. F. Hahn, ob er wirklich der Auffassung sei, dass, wenn er sich morgen einen neuen Mantel kaufe, dies die Arbeitslosigkeit erhöhe, antwortete Hayek: »Ja, aber wir würden eine lange mathematische Argumentation benötigen, um zu erklären wieso.« (Robinson 1973: 39).

Hinzu kommt, dass die Kapitaldeckung zur Erfüllung ihrer Verpflichtungen ein ausgewogenes Verhältnis von Sparen und Entsparen benötigt (Fehr und Jokisch 2006). Akkumulierte Reserven können nur dann ohne Verluste für die Rentenverpflichtungen aktiviert werden, wenn die sparende Generation mit ihren Beiträgen entsprechend hohe Mittel zu ihrer Refinanzierung einschießt. Bringen mehr Entsparer ihr Portfolio auf den Markt als Sparer zu kaufen bereit oder finanziell in der Lage sind, führt dies zu einer Gefährdung der angehäuften Altersrückstellungen. Das gesparte Geld hat nicht mehr den realen Gegenwert, den man sich beim Einzahlungstermin erhofft hatte. Genau das aber ist bei der prognostizierten demografischen Entwicklung ein plausibles Szenario. Kämen heute noch 1,7 Sparer auf einen Entsparer, so werde sich dieses Verhältnis bis 2040 ausgleichen, wenn nicht umkehren, beschrieb die *Hypovereinsbank* vor 20 Jahren das als »Asset Meltdown« bekannte Demografieproblem der Kapitalmärkte (Heigel und Katheder 2001). Vor dem Hintergrund von erwartbarer Produktivität und Inflation sei ein Verhältnis der Sparer zu den Entsparern von mindestens 1,2 zu 1 erforderlich, wenn die Versicherungsunternehmen und deren Kunden keine Wertverluste des angesparten Kapitals erleiden sollen. Die Banken halten die damit verbundenen Risiken jedoch für beherrschbar, zumal sie einen überschaubaren Zeitraum beträfen, für den man finanztechnische Vorsorge tragen könne. Ob das eine tragfähige Option ist, kann man angesichts der systematischen Instabilität der Finanzmärkte bezweifeln.

Der Zusammenbruch der globalen Finanzmärkte von 2008 hat gezeigt, welche enormen Risiken mit der Kapitaldeckung der Alterssicherung verbunden sind. Nach

Angaben der OECD (2009) wurde damals international fast ein Drittel des Vermögens von Pensionsfonds vernichtet. Vorausgegangen waren 1997 die Asien-Krise (»Tigerstaaten-Rallye«) und 2001/2002 das Platzen des New-Economy-Booms. Diese periodischen Krisen waren keine Betriebsunfälle, sondern immanente Eigenschaft der Spekulationsgeschäfte des globalen Finanzmarktes, der in seiner eigenen, von der Realwirtschaft abgekoppelten Welt lebt.

Was dort zählt, sind weniger langfristige Investitionsstrategien von Unternehmen oder Branchentrends als kurzfristige Verkaufserfolge von Anlagepaketen an den Börsen. Deren Akteure orientieren sich bei ihren Kauf- und Verkaufsentscheidungen weniger an realwirtschaftlichen Entwicklungen als an Stimmungen auf dem Börsenparkett. Mangels fundierter Informationen schauen sie darauf, was die anderen machen. Man schaukelt sich gegenseitig hoch oder fällt in kollektive Panik. Der Ökonom Hyman P. Minsky (2011) hat diese manisch-depressive Psychopathologie der Investmentbanker in Analysen zur Instabilität der Kapitalmärkte untersucht. Bestimmte Finanzprodukte, wie etwa die berüchtigten Kreditderivate, versprechen kurzfristig große Gewinne. Die Banken geben angesichts steigender Kurse entsprechender Fonds bedenkenlos im großen Stil Kredite für diese Geschäfte, auch wenn sie deren Mechanismen nicht wirklich durchschauen. Es entsteht eine Spekulationsblase, deren die Player an den Casinos der Finanzmärkte überraschendes Platzen das fragile Geflecht der Kreditmärkte erschüttert. Die erst ohne Skrupel alle möglichen dubiosen Fonds finanzierenden Banken wissen nicht mehr, wie sie die Risiken bewerten sollen und geraten in Panik. Die Euphorie, mit der sie zuvor Geld in diesen Markt pumpten, weicht einer paranoiden Vorsicht bei der Kreditvergabe. »Banken vertrauen sich untereinander nicht mehr und drehen deswegen den Geldhahn zu«, konstatierten die Finanzmarktexperten Günter Franke und Jan Pieter Krahnen im November 2007, also bereits ein Jahr vor dem Zusammenbruch von Investmentbanken wie *Lehman Brothers*.

Spätestens wenn eine Depression an den Finanzmärkten in eine allgemeine wirtschaftliche Rezession umschlägt, erfolgen Hilferufe an die Zentralbanken und Regierungen. Das war nicht erst nach dem Finanzmarktcrash von 2008 so. Bereits 2003 musste die Bundesregierung als »stiller Retter« (Der Spiegel 43/2003) mit einem milliardenschweren Hilfspaket in Form von erweiterten Abschreibungsmöglichkeiten die Versicherungswirtschaft vor einem finanziellen Desaster bewahren. Diese hatte in den drei vorangegangenen Jahren über 100 Milliarden Euro an der Börse verbrannt. Auch die schwarzgelbe Koalition griff 2010 der Versicherungswirtschaft mit verbesserten Abschreibungsmöglichkeiten unter die Arme. Deren in der globalen Finanzkrise von 2008/2009 erlittenen Verluste wurden durch eine Anhebung der Grenze für steuerfreie Rückstellungen gemildert und damit vom Staat mitgetragen (Handelsblatt, 4. 10. 2010).

Dieselben Wirtschaftsjournalisten, die früher den ehemaligen Sozialminister Norbert Blüm mit seinem Spruch »Die Rente ist sicher« verspotteten und empfahlen, die Alterssicherung der Bürger den boomenden Kapitalmärkten anzuvertrauen, forderten damals massive Staatsinterventionen in der Finanzbranche. Es ist kein Geheimnis, dass die Versicherungswirtschaft 2009 auf die Verstaatlichung der als »Bad Bank« zur Absicherung schlechter Risiken gebildeten *Hypo Real Estate* gedrängt hat, weil sie dort finanziell stark engagiert war und ohne ein solches Hilfspaket mit in den Krisenstrudel der Bank gezogen worden wäre. Wenn schon das Finanzkapital im Ernstfall auf den Staat als »weißen Ritter« setzt, welchen Grund sollten dann die Bürger haben, ihre soziale Grundsicherung dem Finanzmarkt und nicht dem Staat anzuvertrauen?

Der britische Ökonom Nicholas Barr (2002: 46) zieht aus seiner Analyse der Kapitaldeckung vor dem Hintergrund der Globalisierung den Schluss: »Aus wirtschaftlicher Sicht ist der demographische Wandel kein gutes Argument zugunsten kapitalgedeckter Systeme.« Der über Steuern und Abgaben finanzierte Wohlfahrtsstaat sei in Verbindung mit einem effektiven, eine hohe Produktivität der Wirtschaft sichernden Bildungssystem das bessere und vor allem mit größerer Sicherheit funktionierende »Sparschwein« moderner Volkswirtschaften (Barr 2001).

Unsinnige Generationenbilanzen

Der Abbau von Leistungen der umlagefinanzierten GRV und die Förderung kapitalgedeckter Sparpläne zur Alterssicherung werden von der herrschenden ökonomischen Lehre nicht nur mit der Entlastung der Wirtschaft von Sozialabgaben begründet, sondern auch als Beitrag zu mehr Generationengerechtigkeit bewertet. Die Umlagefinanzierung der GRV führe zu einer *Gerontokratie,* in der die Rentnergeneration sich auf Kosten der Jüngeren ein bequemes Leben mache (Sinn und Übelmesser 2002).

Der Ökonom Bernd Raffelhüschen berechnet regelmäßig in »Generationenbilanzen« eine von ihm konstruierte Verschuldung der jetzt ökonomisch aktiven Generation bei ihren Nachkommen, die durch die Umlagefinanzierung und den Verzicht auf den Ausbau der kapitalgedeckten Altersvorsorge entstehe (Raffelhüschen und Brinkschmidt 2021). Die in der Zukunft anfallenden Ausgaben für die Rentenversicherung und die medizinische Behandlung älterer Menschen werden zur Verschuldung bei zukünftigen Generationen deklariert, die sich auf 71 Prozent des BIP akkumuliert hätten, behauptet Raffelhüschen. Hinzu kämen implizite Schulden in Höhe von 222,4 Prozent des BIP durch in der Zukunft wirksam werdende Leistungsversprechungen. Inwieweit diese Generationenbilanz die Schulden, die heutige Beitragszahler angeblich ihren Kindern und Enkeln hinterlassen, quantitativ korrekt erfasst, soll hier nicht weiter zur Debatte stehen.

Die Umrechnung von in späteren Jahren anfallenden Sozialausgaben in Schulden bei der nachwachsenden Generation ist jedenfalls per se ohne jede wissenschaftliche Grundlage. Sie basiert auf der nicht haltbaren Vorstellung, dass man die in der Zukunft fälligen Aufwendungen für Renten und medizinische Versorgung bereits heute bezahlen kann. Hinzu kommen willkürliche Annahmen zum Umfang dieser Leistungen, die das Ergebnis solcher Saldierungen als sich selbst erfüllende Prophezeiung vorwegnehmen.

Generationenbilanzen wie die von Bernd Raffelhüschen haben demagogische Züge. Sie spielen die Generationen gegeneinander aus und sind ein unseriöser Versuch, dem Geschäftsmodell der privaten Alterssicherung die Weihen wohlfahrtsökonomischer Vernunft zu geben. Ein belastbares Konzept der Generationentransfers müsste die Gewinne und Kosten von Erfindungen, Kriegen, wirtschaftlichen und demografischen Krisen, der Ausbildung usw. einer jeder einzelnen Generation zurechnen (Ebert 2012: 280ff.). Eine solche umfassende Saldierung ist nicht realisierbar und wäre gesellschaftspolitisch grober Unfug. Die damit behauptete Generationengerechtigkeit ist »eine Utopie, die abstrakt bleibt, weil sie sich nicht quantifizieren läßt, und die naiv ist, weil sich aus ihr für zentrale Fragen der Gesellschaft keine konkreten Handlungsanweisungen ergeben«, hält der nicht als Gegner des Kapitaldeckungsverfahrens bekannte Ökonom Axel Börsch-Supan (2003: 216) fest.

Beschränkt man eine Generationenbilanz auf statistisch erfassbare Geld- und Vermögenstransfers, kann man keine Benachteiligung der nachwachsenden Generationen erkennen. Im Gegenteil, das auf sie übertragene Vermögen steigt stärker als das allgemeine Wirtschaftswachstum. Zu diesem Ergebnis kommt Peter Bofinger (2008) in einer Bestandsaufnahme der intergenerativen Effekte von Vermögens- und Sozialtransfers. Das reale Reinvermögen der Privathaushalte ist zwischen 1991 und 2005 stärker gewachsen (+ 40 Prozent) als das der Gesamtwirtschaft (+ 15 Prozent). Die Sparquote lag mit 10 bis 11 Prozent im internationalen Vergleich sehr hoch. Die wirtschaftliche aktive Generation hinterlässt ihren Nachfahren ein deutlich höheres Privatvermögen, als sie selbst übernommen hat.

Die beiden oberen Dezile der deutschen Bevölkerung halten 80 Prozent des Geldvermögens (incl. Wertpapiere), mit dessen Vererbung auch die sozialen und ökonomischen Disparitäten auf die nachwachsenden Generationen übertragen werden. Das bestätigen die Daten des Sozioökonomischen Panels, wonach die reichsten 20 Prozent der Bevölkerung drei- bis viermal so hohe Erbschaften und Schenkungen erhalten wie alle anderen (Baresel et al. 2021). Dieser Effekt wird durch eine in Deutschland im internationalen Vergleich geringe Erbschaftssteuer noch verschärft. Das Problem liegt nicht in der *inter*-, sondern in der *intra*generativen Verteilung, die dafür sorgt, dass Armut und soziale Ungleichheit ebenso vererbt werden wie Immobilien und Wertpapiere.

5.4 Der Deutschlandfonds – eine Alternative?

Ein bis in die 1970er Jahre verfolgtes Ziel der Sozialpolitik war die Sicherung einer den gewohnten Lebensstandard sichernden Rente. Es wurde seit den 1980er Jahren schrittweise aufgeweicht und mit der Agenda 2010 der rot-grünen Koalition in den Rentenreformen von 2005 und 2011 offiziell aufgegeben. Das wurde damit begründet, dass man nur mit einer Stärkung der privaten Vorsorge das System der GRV zukunftssicher machen könne. Die dafür gedachte Riester-Rente konnte diese Kompensationsfunktion auch nicht ansatzweise erfüllen (siehe oben).

Stattdessen favorisieren etliche Ökonomen und Sozialpolitiker, vor allem bei den Grünen, den Aufbau eines für alle sozialversicherungspflichtigen Personen obligatorischen kapitalgedeckten Rentenfonds, auch »Deutschlandfonds« genannt (Corneo 2014: 236ff., Fratzscher 2016: 235ff., Geyer et al. 2020). Ein solcher »Aktienmarktsozialismus« (Corneo 2014) biete die Möglichkeit, von weltweit steigenden Kapitalgewinnen zu profitieren und könne so »gesellschaftlichen Herausforderungen begegnen, ohne etwa durch höhere Steuern in das Marktgeschehen einzugreifen«, behaupten Timm

Bönke und Astrid Harnack (2017: 7). Erst zeigen sie, dass die von ihnen aufgelisteten 15 größten Staatsfonds der Welt nicht als Vorbild für Deutschland dienen können. Sieben von ihnen finanzieren sich aus Rohstoffvorkommen und haben damit einen Anteil von 56,6 Prozent am in diesen Ländern insgesamt akkumulierten Fondsvermögen. Dazu gehört neben den arabischen Ölstaaten auch Norwegen, das einen der weltweit größten Staatsfonds mit Einnahmen aus seinen Öl- und Erdgasquellen speist.

Diese Vermögensakkumulation kann kein Vorbild für Deutschland sein, auch wenn Bönke und Harnack das norwegische Modell und seine Anlagestrategie loben. Das gilt auch für China, das über mehrere Staatsfonds mit einem Gesamtvolumen von über zwei Billionen US-Dollar verfügt. Auch die Investmentgesellschaften des Stadtstaates Singapore mit einem Volumen von 439 Mrd. US-Dollar taugen nicht als Blaupause für Deutschland. Sie finanzieren sich vor allem aus Devisenüberschüssen und dienen der außenwirtschaftlichen Absicherung. Ein solches Konzept ist im staatsmonopolistischen Kapitalismus von China oder Singapore möglich, kommt aber für Deutschland schon deshalb nicht in Frage, weil es nur über den Euro-Währungsraum bzw. die EZB zu realisieren wäre. Das sehen auch Bönke und Harnack so.

Aber woher soll dann das nötige Kapital für einen Staatsfonds in Deutschland kommen? Bönke und Harnack schlagen folgende Quellen vor:

- Emission von Staatsanleihen, deren Rendite deutlich über den Finanzierungskosten liegen.
- Streichung bzw. Umleitung von Subventionen etwa für die Riester-Rente.

- Teilweise Auflösung der Goldreserven der Bundesbank.

Als Referenz für funktionierende duale Systeme aus öffentlicher und kapitalgedeckter Alterssicherung dienen die Schweiz und die Niederlande. Während die deutsche GRV vor allem eine Arbeitnehmerversicherung ist, sind in der Schweiz und den Niederlanden alle Erwerbstätigen oder Einwohner Pflichtmitglieder einer gesetzlichen Rentenversicherung (vgl. Bäcker und Kistler 2020, Geppert 2020). Dieses Basissystem wird durch ein obligatorisches Betriebsrentensystem für alle abhängig Beschäftigten ergänzt, das es bei uns nur als freiwillige Einrichtung für gut die Hälfte der Lohnabhängigen gibt.

Modell Schweiz

In der Schweiz herrscht eine allgemeine Rentenversicherungspflicht für alle Erwerbstätigen, unabhängig von deren Status. Die Beiträge für die gesetzliche *Alters-, Hinterlassenen- und Invalidenversicherung (AHV)* werden auf das gesamte steuerpflichtige Einkommen bezogen, der Beitragssatz liegt aktuell bei 10,6 Prozent. Außerdem gibt es keine Beitragsbemessungsgrenze, auch Einkommensmillionäre müssen den vollen Beitragssatz abführen. Liegt kein Erwerbseinkommen vor, wird das Vermögen als Bemessungsgrundlage herangezogen. Die personelle Finanzierungsbasis der AHV ist also größer als die der deutschen GRV. Die Höhe der ausgezahlten Renten orientiert sich im Unterschied zur GRV nur begrenzt an den Beitragszahlungen. Die Höchstrente lag 2021 nach 44 Versicherungsjahren bei monatlich 2.390

Franken, für Ehepaare bei 3.585 Franken. Zugleich gibt es eine Mindestrente, die 2021 bei 1.195 Franken lag.

Ein solches System stößt in Deutschland auf verfassungsrechtliche Fragen, wie ein Gutachten des Wissenschaftlichen Dienstes des Bundestages ergab (Deutscher Bundestag 2008). Die Mehrheit der deutschen Staatsrechtler ist der Auffassung, dass die Aufhebung der BBG wie in der Schweiz das Äquivalenzprinzip verletzt und damit Züge von grundgesetzwidriger Enteignung trägt. Zwar gibt es dazu auch Gegenmeinungen, aber eine politische Mehrheit für die Übernahme des Finanzierungsmodus der AHV in der deutschen GRV ist nicht in Sicht. Eine Chance hätte nur eine Anhebung der BBG, aber nicht deren Abschaffung.

Das AHV-System der Schweiz wird durch gesonderte Pensionskassen ergänzt, die für alle abhängig Beschäftigten mit einer Einkommensgrenze (2019: 86.040 Franken pro Jahr) im Jahr obligatorisch sind. Sie werden entweder bei größeren Unternehmen als eigener Fonds, sonst als Gemeinschaftsfonds mehrerer Betriebe geführt oder als Leibrentenversicherung von Versicherungsunternehmen angeboten. Diese Zusatzrente hat für viele Rentnerinnen und Rentner in der Schweiz eine größere Bedeutung als die AHV-Rente. Bei Männern lag der Median der 2019 ausgezahlten Betriebsrenten bei monatlich 2.144 Franken, bei Frauen bei 1.110 Franken (GDV 2021). Die Beiträge zu den Pensionskassen werden von den Versicherten und ihren Arbeitgebern hälftig bezahlt, allerdings steigen sie mit dem Alter der Versicherten. Sie bewegen sich zwischen sieben Prozent des Lohnes bei Berufsanfängern und 18 Prozent für über 54-Jährige.

Das hat fragwürdige Folgen, weil ältere Arbeitnehmer bei der Arbeitsplatzsuche benachteiligt werden. Als

Schwächung dieses Pensionskassensystems hat sich die Möglichkeit herausgestellt, sich das angesparte Kapital bei Erreichen des Rentenalters auszahlen zu lassen. Davon machen zurzeit 33 Prozent der Versicherten Gebrauch, mit steigender Tendenz. Weitere 24 Prozent lassen sich einen Teil ihrer Ansprüche auszahlen und beziehen den Rest als lebenslange Rente. Das Modell der Schweizer Pensionskassen ist, wie das in anderen Ländern auch, durch die niedrigen Zinsen auf dem Finanzmarkt in eine Krise geraten. Die von den Grünen und Sozialdemokraten in der Schweiz vor diesem Hintergrund geforderte Stärkung der AHV hat aber bislang keine politische Mehrheit gefunden.

Modell Niederlande

Auch das niederländische Rentensystem basiert auf einem zweigleisigen System von gesetzlicher und betrieblicher Rente. Es wird auch als »Cappuccino-Modell« beschrieben mit der gesetzlichen Grundrente als Kaffee, der Betriebsrente als Sahnehäubchen und der privaten Altersvorsorge als Kakaostreusel. Die Grundrente der *Allgemene Ouderdomswet (AOW)* gilt für alle Einwohner in den Niederlanden. Ihre Höhe richtet sich nach dem gesetzlichen Mindestlohn. Alleinstehende erhalten mindestens 70 Prozent des Mindestlohns, verheiratete und gleichgestellte Paare je Partner 50 Prozent. Damit ist die AOW eine einheitliche Grundsicherung, die das Existenzminimum sicherstellen soll. Eine Anbindung der Rentenhöhe an die eingezahlten Beiträge gibt es nicht, sondern nur an deren Dauer. Die volle AOW-Rente wird nach 50 Beitragsjahren (inclusive beitragsfreie Zeiten für Ausbildung, Mutterschaft usw.) ausgezahlt. Sie wird durch einen Beitrag von 17,9 Prozent der Einkommen finanziert, wobei es eine BBG gibt (2021: 35.130 Euro). Personen, deren Einkommen unter dem steuerlichen Grundfreibetrag liegt, sind beitragsfrei versichert.

Über 90 Prozent der Niederländer sind zudem über Tarifverträge in einem der 290 Pensionsfonds zusätzlich versichert, die branchen-, berufsgruppen- oder betriebsbezogen organisiert sind. Gemeinsam mit der AOW-Rente sollen sie dafür sorgen, dass die Durchschnittsrente bei etwa 70 Prozent des Durchschnittseinkommens liegt. Das Betriebsrentensystem unterliegt einer strikten staatlichen Kontrolle und hat sich zu einer kapitalgedeckten quasi-öffentlichen Rente entwickelt, die im Zentrum einer Reformdebatte in den Niederlanden steht (Bezemer 2022).

Dieses bei uns in den Medien als vorbildlich gefeierte System ist wegen seiner hohen Overhead-Kosten in die Kritik geraten. Die Pensionsfonds in den Niederlanden haben einen Kapitalstock von über 800 Milliarden Euro und sind damit, gemessen am BIP, das größte kapitalgedeckte Pensionssystem der Welt. 2020 wanderten neun Milliarden Euro, das sind 29 Prozent der ausgezahlten Renten, als Verwaltungs- und Anlagegebühren an globale Vermögensfonds wie *Blackrock* und *Vanguard*. Rund um dieses Rentensystem hat sich eine eigene provisionsträchtige Beratungs- und Agenturbranche gebildet. Alles in allem zahlen die Niederländer seit Jahrzehnten trotz einer ähnlichen Alterung der Bevölkerung wie bei uns mehr in dieses System ein als sie an Renten herausbekommen (ebenda). Das niederländische Pensionssystem ist ein Beispiel für die mangelhafte Effizienz der Kapitaldeckung, die mit deutlich höheren Overhead-Kosten verbunden ist als das Umlageverfahren.

Die Vorstellung, man könne über einen Staatsfonds auf Dauer eine ertragssichere Grundlage für die Alterssicherung schaffen, ist schon angesichts des gewaltigen Liquiditätsüberhangs auf dem internationalen Finanzmarkt eine mutige Annahme. Auf dem wichtigsten Kongress der Finanzindustrie *Super Return* konstatierten Anfang 2017 die dort versammelten 2.000 Fondsmanager ein Luxusproblem: Man habe viel zu viel Geld und zu wenige nachhaltige Anlagemöglichkeiten, die es auffangen könnten (Smolka 2017). Dabei handelt es sich um keine Momentaufnahme, sondern um ein seit Jahrzehnten akkumuliertes Problem. Das Volumen das anlagesuchenden Kapitals übersteigt weltweit das Wertschöpfungspotenzial um ein Mehrfaches, wie Thomas Piketty (2014: 573ff.) nachgewiesen hat. Und nun soll in diesen überfluteten Markt durch einen neu aufgelegten Staatsfonds in Deutschland ein weiterer dreistelliger Milliardenbetrag gespült werden, der zur Erfüllung der ihm zugedachten Aufgaben mindestens erforderlich wäre?

5.5 Perspektiven der solidarischen Rentenversicherung

Das deutsche System der Alterssicherung basiert zwar nach wie vor auf dem solidarischen GRV-System, aber seit der Agenda 2010 befindet es sich auf dem Weg in ein steuerfinanziertes Grundsicherungssystem. Die SPD hat im vergangenen Jahrzehnt zwar Haltelinien eingezogen, weil sonst die gesetzliche Rente allmählich auf ein Niveau unterhalb der Grundsicherung gesunken wäre. Aber dieser Stopp gilt nur bis 2025, dann muss entschieden werden, ob man den mit der Agenda 2010 eingeschlagenen Kurs fortsetzt oder zur solidarischen

Beitragsfinanzierung zurückkehrt. Klar ist, dass die Bewahrung der dynamischen Rente nach dem Muster ihrer Erfinder nur ausreichend finanziert werden kann, wenn der Kreis der versicherungspflichtigen Personen ausgedehnt wird und damit weder ökonomisch noch sozial zu rechtfertigende Sonderrechte für bestimmte Personengruppen (siehe Abschnitt 5.1) abgebaut werden. Das wird zu großen Protesten führen, wie sie beim Abbau von Privilegien zu erwarten sind. Man wird auch nicht um eine Anhebung des Beitragssatzes herumkommen, was zusätzliches Widerstandspotenzial weckt. Das Projekt der Rekonstruktion einer solidarischen Rente für alle Erwerbstätigen trifft auf wirkungsmächtige Gegner und kann schon deshalb nicht von heute auf morgen umgesetzt werden. Man wird es mit dem bekannten Argument bekämpfen, die Rückkehr zum System einer den Lebensstandard sichernden Rente sei nicht finanzierbar.

Die Frage ist aber nicht, wie in diesem Buch wiederholt betont wird, *ob* ein solidarisches Umlagesystem finanzierbar ist, sondern *wie.* Ein Blick nach Österreich zeigt, dass man das Ziel einer ausreichenden Alterssicherung für alle Bürgerinnen und Bürger mit einem solchen System sehr gut erreichen kann, ohne damit die wirtschaftlichen Ressourcen zu überfordern. Die Lebenslage der Rentnerinnen und Rentnern ist dort im Durchschnitt besser als in Deutschland und der Schweiz (OECD 2021a: 144f.).

Das österreichische Rentensystem umfasst alle Erwerbstätigen. Seit 2005 werden auch die Beamtinnen und Beamten nach und nach in das allgemeine Rentensystem eingebunden. Betriebsrenten gibt es kaum, allenfalls zahlen Arbeitgeber tariflich oder betrieblich vereinbarte Zuschüsse zu Sparplänen oder Lebensversicherungen. Daher spielt die Kapitaldeckung in der österreichischen Altersversorgung nur bei der privaten Vermögensanlage eine Rolle. Der Versuch der aus der Österreichischen Volkspartei (ÖVP) und der Freiheitlichen Partei (FPÖ) gebildeten Regierung unter Bundeskanzler Schüssel (ÖVP), die private Vorsorge zulasten der gesetzlichen Rente zu fördern, scheiterte 2005 am massiven Widerstand der Bevölkerung und sogar der Arbeitgeberverbände. Folgt man der Mehrheit der deutschen Ökonomen, müsste sich das österreichische Rentensystem deshalb geradewegs auf einen Kollaps zubewegen. Aber das genaue Gegenteil ist der Fall, wie Vergleiche mit dem deutschen Rentensystem zeigen (Blank et al. 2016, Eder 2020a).

Der Versicherungsmathematiker Günter Eder (2018 und 2020) hat auf Basis der 2018 vorliegenden demografischen und ökonomischen Daten durchgerechnet, welche Folgen der Umbau unseres GRV-Systems zu einer Volksversicherung nach österreichischem Vorbild hätte. Der Beitragssatz zur Rentenversicherung liegt in Österreich seit über 30 Jahren unverändert bei 22,6 Prozent und damit um vier Prozentpunkte über dem Niveau in Deutschland (18,6 Prozent). Berücksichtigt man Leistungsunterschiede, ergibt sich folgendes Bild (Eder 2020a):

- Die Renten werden in Österreich 14mal pro Jahr gezahlt. Rechnet man sie auf die in Deutschland übliche monatliche Zahlung um, ergäbe sich zum Beispiel für das Jahr 2018 eine durchschnittliche Monatsrente von 1.703 Euro.
- Die Standardrente wird in Deutschland nach 45 Beitragsjahren gezahlt, in Österreich nach 37,6 Beitrags-

jahren. Mit der deutschen Regelung ergäbe sich in Österreich bei Neuzugängen eine durchschnittliche Altersrente von 2.038 Euro brutto bzw. 1.934 Euro netto. Die Vergleichswerte lagen in Deutschland 2018 bei 1.425 Euro bzw. 1.270 Euro.

- Die jährlichen Rentenanpassungen orientieren sich in Deutschland an der allgemeinen Lohnentwicklung, in Österreich an den Lebenshaltungskosten. Da zumeist die Löhne stärker als die Preise steigen, sind sie in Österreich niedriger als in Deutschland. Berücksichtigt man diesen Effekt bei einem Vergleich der Rentenhöhe zwischen Deutschland und Österreich, ergibt sich aber immer noch in der Nettostandardrente ein Unterschied von über 450 Euro im Monat (Österreich: 1.729 Euro, Deutschland 1.270 Euro).

Das österreichische Rentenmodell zeigt, dass man sehr wohl eine den Lebensstandard sichernde Altersrente über das solidarische Umlageverfahren finanzieren kann, ohne damit die Beitragszahler zu überfordern. Daran ändert auch der gegenüber der deutschen GRV um vier Prozentpunkte höhere Beitragssatz zur Rentenversicherung nichts. Der wird faktisch auch bei uns gezahlt, wenn man die Beiträge für betriebliche Rentenversicherungen und die Riester-Rente dem allgemeinen Beitragssatz in der GRV hinzurechnet. Alles in allem hat das egalitäre österreichische Rentensystem aus der gesamtwirtschaftlichen Perspektive ein deutlich höheres Maß an Effizienz und Effektivität als das deutsche Drei-Säulen-System.

Tabelle 5.2 fasst die wesentlichen Ergebnisse von Eders Berechnungen zusammen. Ausgangspunkt ist das gegebene GRV-System mit der Nachhaltigkeitsklausel und anderen systematischen Ausgabenbremsen, die bei einem Beitragssatz von 18,6 Prozent ein durchschnittliches Rentenniveau von 48,1 Prozent des durchschnittlichen sozialversicherungspflichtigen Einkommens ergeben. Dieses Niveau könnte man auf 55,3 Prozent anheben, indem man die durch die Hartz-Reformen entstehenden versicherungsfremden Belastungen der Rentenkasse durch Minijobs und abgesenkte Beitragssätze für Geringverdiener aus dem Bundeshaushalt finanzieren würde. Eine weitere Anhebung des Rentenniveaus auf 59,4 Prozent würde eine Versicherungspflicht für alle Erwerbstätigen ergeben. Würde der Beitragssatz dann noch auf das in Österreich geltende Niveau von 22,8 angehoben, könnte man ein Rentenniveau von 71 Prozent finanzieren. Selbst beim aktuellen Beitragssatz von 18,6 Prozent könnte die Ausweitung der Sozialversicherungspflicht auf alle Erwerbstätigen die Durchschnittsrente auf 55,8 Prozent des Durchschnittslohns anheben.

Tabelle 5.2: Deutsche Rentenmodelle und Rentenniveau

2018	**GRV-Beitragssatz**	**GRV-Budget Mrd. Euro**	**Standardrente Euro pro Monat**		**Rentenniveau**	
			netto	**brutto**	**netto**	**brutto**
1. Ist-Zustand	18,6 %	216,6	1.270	1.425	48,1 %	45,2 %
2. Steuerfinanzierung versicherungsfremder Leistungen der GRV	18,6 %	248,9	1.459	1.638	55,3 %	51,9 %
3. Versicherungspflicht für alle Erwerbstätigen	18,6 %	267,3	1.567	1.759	59,4 %	55,8 %
4. Anhebung des Beitragssatzes	22,8 %	311,8	1.828	2.052	71,0 %	65,1 %

Quelle: Eder 2020

Jeder dieser Schritte würde auf großen Widerstand einflussreicher Interessen stoßen, deren Vertreter mit den üblichen Behauptungen, das sei alles nicht finanzierbar, versuchen werden, die Debatte abzuwürgen. Die Finanzierung der beitragsfreien Mitgliedschaft von Geringverdienern und Hartz-IV-Empfängern aus dem Steuerhaushalt trifft auf die im Grundgesetz verankerte Schuldenbremse. Gegen die allgemeine Versicherungspflicht werden der Beamtenbund und Mittelstandvereinigungen mobil machen. Die Anhebung des GRV-Beitrags verstößt gegen das Dogma der auf 40 Prozent der Bruttolöhne zu begrenzenden Sozialabgaben und wird von den Arbeitgeberverbänden und den mit ihnen verbundenen publizistischen Apparate heftig bekämpft werden.

Das alles spricht nicht gegen die ökonomische Rationalität dieses Rentenmodells, sondern verdeutlicht die von Thomas Piketty (2020: 25) geschilderte ideologische Prägung der Protagonisten der herrschenden ökonomischen Lehre: »Ihre vermeintlich post-ideologische Haltung verhehlt, eher schlecht als recht, wie wenig sie sich um die Fakten scheren, wie groß ihre historische Unkenntnis ist, wie hartnäckig sie ihren Klassenegoismen verhaftet bleiben.« Vor diesem Hintergrund mag die Wahrscheinlichkeit, dass unser Rentenversicherungssystem weiter in ein Zwei-Säulen-System einer das Existenzminimum abdeckenden Grundrente und einer kapitalgedeckten privaten Vorsorge umgebaut wird, größer sein als die, dass sich die ökonomische Vernunft durchsetzt und eine allgemeine Rentenversicherung nach österreichischem Vorbild eingeführt wird. Aber das ändert nichts an den Fakten, die für eine solidarische Umlagefinanzierung der Renten sprechen.

Kapitel 6
Die Krankenversicherung: Privat oder Kasse?

Das Gesundheitswesen hat sich in einem säkularen Prozess zu einer großen Dienstleistungsbranche entwickelt. In ihm erwirtschaften heute in Deutschland fast sechs Millionen Menschen zwölf Prozent des deutschen Bruttoinlandsprodukts. Dadurch hat unser Krankenversicherungssystem einen völlig anderen Charakter als die übrigen Zweige der sozialen Sicherung. Es sichert nicht nur gesundheitliche Risiken finanziell ab, es ist auch die Steuerungszentrale eines dynamischen Wirtschaftszweiges, der jährlich über 100.000 neue Arbeitsplätze schafft.

Die Gesetzliche Krankenversicherung (GKV) und die Pflegeversicherung fallen aus dem Rahmen der üblichen Charakterisierung der Sozialpolitik als Verteilungspolitik. Mittlerweile entfallen fast 40 Prozent des Sozialbudgets auf soziale und gesundheitliche Dienste, mit einer weiter steigenden Tendenz. Sie sind eine Dienstleistungsbranche mit einer besonderen Dynamik, die über das allgemeine Wirtschaftswachstum hinausgeht. Steigende Gesundheitsausgaben sind keine Kostenexplosion, sondern ein normaler ökonomischer Vorgang, weil ärztliche und pflegerische Behandlungen ein geringeres Rationalisierungspotenzial haben als die industrielle Produktion von Konsumgütern.

Das Gesundheitswesen hat ein Arbeitsplatzpotenzial, das die durch die Rationalisierung und Digitalisierung in der Industrie entfallenden Jobs kompensieren kann. Es ist zudem ein Wirtschaftszweig mit besonderen Eigenschaften, die für eine marktwirtschaftliche Steuerung nicht taugen, sondern einer politischen Steuerung bedürfen. Das macht das Gesundheitswesen zu einem komplizierten Gelände mit divergierenden ökonomischen Interessen, politischen Wertungen und komplexen Versorgungsproblemen. Der frühere Sozialminister Norbert Blüm verglich die Gesundheitspolitik einmal mit »Wasserballett im Haifischbecken«.

6.1 Struktur der Krankenversicherung in Deutschland

Unser Gesundheitswesen hat im internationalen Vergleich drei Besonderheiten:

- Das duale System von Gesetzlicher und Privater Krankenversicherung (GKV, PKV) ist in Europa einmalig. In allen anderen Ländern beschränken die privaten Versicherungsunternehmen ihr Geschäft auf Zusatzversicherungen zu Leistungen der öffentlichen Gesundheitssysteme.[30]
- Die GKV ist in momentan 97 Krankenkassen gegliedert, zwischen denen die Versicherten bis auf wenige Ausnahmen frei wählen können.[31] Daraus entsteht ein Kassenwettbewerb, den es in vergleichbarer Form

30 In den Niederlanden und der Schweiz haben die gesetzlichen Krankenversicherungen zwar eine privatrechtliche Unternehmensform, sind aber bei ihren Leistungen und Verträgen an strikte politische Vorgaben gebunden.

31 Eine Ausnahme bilden die geschlossenen Betriebskrankenkassen, die nur Angehörige der Trägerbetriebe versichern, und das Sondersystem für Landwirte (LKK).

nur in den Niederlanden und der Schweiz gibt. Er erfordert einen eigenen Ordnungsrahmen.

- Der Gesetzgeber überträgt der gemeinsamen Selbstverwaltung von Verbänden der Krankenkassen und Leistungserbringer wichtige Aufgaben, die in anderen Ländern von Regierungsbehörden wahrgenommen werden. Diese betreffen vor allem die Konkretisierung der von der GKV gewährten Leistungen sowie die Vergütungen für die Arztpraxen, Krankenhäuser und Arzneimittelhersteller.

Das duale System von GKV und PKV

In Deutschland sind 88 Prozent der Bevölkerung in der GKV, zwölf Prozent in der PKV gegen Krankheitsrisiken abgesichert. Eine kleine Gruppe von geschätzten 200.000 Personen hat keine Krankenversicherung, zumeist nur vorübergehend. Der Zugang zu diesen Systemen ist genau geregelt. Alle abhängig Beschäftigten mit Ausnahme der Beamten sind bis zu einer jährlich neu festgelegten Versicherungspflichtgrenze (VPG), die 2023 bei 66.600 Euro p. a. bzw. 5.550 Euro p. m. liegt, Mitglied einer Krankenkasse. Das gilt auch für Empfänger von Arbeitslosengeld und einer Grundsicherung, fast alle Bezieher einer gesetzlichen Rente, Landwirte und ihre mitarbeitenden Familienangehörigen, Studenten, Behinderte sowie Künstler und Publizisten.

Angestellte, deren Einkommen über der VPG liegt, können innerhalb eines Jahres nach deren Überschreiten zwischen einer freiwilligen Versicherung in der GKV und einer privaten Krankenversicherung wählen. Selbstständige können mit Ausnahme der Landwirte und Mitglieder einer Innung nur unter bestimmten Voraussetzungen GKV-Mitglied werden. Sie sind zumeist ebenso auf eine PKV angewiesen wie die Beamtinnen und Beamten, die keinen Anspruch auf Mitgliedschaft in der GKV haben. Ihre Dienstbehörde trägt als Beihilfe 50 Prozent ihrer Behandlungskosten, bei Pensionären sind es 70 und bei Kindern 80 Prozent. Für die Restkosten haben fast alle Personen im Beamtenverhältnis eine private Krankenversicherung. Sie stellen knapp die Hälfte der PKV-Mitglieder mit einer Vollversicherung, daher steht und fällt das PKV-System mit dem Beihilfesystem für Beamte.

GKV und PKV unterscheiden sich in folgenden Punkten:

- Eine wesentliche Differenz liegt in der Beitragsgestaltung. In der PKV werden die von den Versicherten zu zahlenden Prämien nach deren gesundheitlichen Risiken beim Eintrittsalter kalkuliert, während die GKV die Beiträge in Form prozentualer Einkommensanteile bis zur Beitragsbemessungsgrenze (BBG) erhebt.
- Die GKV bietet alle Leistungen, die nach dem Stand der medizinischen Wissenschaft zur Krankenbehandlung erforderlich sind. Die Krankenkassen haben einen geringen darüber hinausgehenden Spielraum bei in ihren Satzungen festgelegten Zusatzleistungen. Die PKV kann mit ihren Versicherten eine Eigenbeteiligung vereinbaren, bestimmte Leistungen ausschließen oder über den Normaltarif hinausgehende Leistungen vereinbaren.
- In der PKV gilt das Kostenerstattungsprinzip. In der GKV legen die Versicherten in den Arztpraxen, Apotheken und Krankenhäusern ihre Chipkarte vor und

haben mit der Vergütung der Behandlungskosten nichts zu tun. In der PKV gehen die Rechnungen an die Versicherten, die sie bei ihren Versicherungen und Beihilfestellen zu Erstattung einreichen. Das ist nicht nur ein lästiger bürokratischer Vorgang, er bringt auch Geldzahlungen in das Arzt-Patient-Verhältnis, ein unter ethischen Gesichtspunkten fragwürdiger Sachverhalt.

- In der PKV werden die Altersrisiken mit einem Kapitalstock abgesichert, in den etwa ein Drittel der Beitragseinnahmen wandern. Damit soll gewährleistet werden, dass die Versicherten keine mit dem Alter wachsenden Beiträge zahlen müssen. In der GKV gilt das solidarische Umlageprinzip mit einem einheitlichen Beitragssatz für alle Mitglieder einer Kasse.
- Die GKV bietet den Kindern und nicht erwerbstätigen Lebenspartnern ihrer Mitglieder eine beitragsfreie Mitversicherung. Die PKV berechnet dafür gesonderte Tarife.

Die PKV stellt sich in ihrem Marketing wegen ihres Fonds zur Absicherung von altersbedingten Ausgabensteigerungen als eine Krankenversicherung mit eingebauter Altersvorsorge dar. Aber das Kapitaldeckungsprinzip hat gegenüber dem Umlageprinzip der GKV etliche Nachteile für die Versicherten. Deren aus den Altersrückstellungen erwachsenden Ansprüche können bei einem Versicherungswechsel nur bei den ab 2009 geschlossenen Verträgen mitgenommen werden, aber nicht in der eingezahlten Höhe, sondern entsprechend den im PKV-Basistarif enthaltenen Rückstellungen, die deutlich geringer sind als in den Normaltarifen.[32] Sie müssen in der neuen Versicherung erst wieder aufgebaut werden, was mit zunehmendem Eintrittsalter höhere Einzahlungen erfordert. Während in der GKV die Versicherten mit einer zweimonatigen Kündigungsfrist ihre Kasse problemlos wechseln können, wird für PKV-Mitglieder ein Versicherungswechsel spätesten ab dem 40. Geburtstag zu einer kostspieligen Angelegenheit, die sich kaum jemand freiwillig leistet.

Einen Wettbewerb um Mitglieder gibt es daher in der PKV nur um junge Personen mit einem über der VPG liegenden Gehalt (Jacobs 2013). Dieser Sachverhalt wird seit Jahren kritisiert, so zum Beispiel von der vom Bundesjustizministerium 2004 gebildeten *Kommission zur Reform des Versicherungsvertragsrechts* (VVG-Kommission 2004). Die Mitnahme der Altersrückstellungen bei einem Versicherungswechsel würde zu einem zerstörerischen Wettbewerb führen, in dem Versicherungen mit dem Abwerben von Versicherten mit einer hohen Altersrückstellung ihr Anlagevermögen erhöhen und ihre Konkurrenten schädigen können. Ein an den Interessen der Versicherten orientierter Wettbewerb in der PKV kann nur funktionieren, wenn die PKV für die Absicherung der Altersrisiken einen gemeinsamen Risikopool nach dem Vorbild des Gesundheitsfonds in der GKV bildet. Den aber lehnt der PKV-Verband ab, weil er das mit Erträgen aus Anlagen auf dem Kapitalmarkt verbundene Geschäftsmodell der deutschen PKV zerstören würde.

32 Der Basistarif wurde 2009 eingeführt und soll den Leistungen der GKV entsprechen und ihren Maximalbeitrag nicht übersteigen. Er ist mit deutlich niedrigeren Vergütungen für Arztpraxen verbunden, was die Suche nach einem Arzttermin schwierig macht. Er wurde 2020 nur von 33.600 Versicherten in Anspruch genommen.

Das GKV-System besteht gegenwärtig aus 97 selbstständigen Krankenkassen, die verschiedenen Verbänden angehören (AOK, Ersatzkassen, Betriebs- und Innungskrankenkassen, Knappschaft). Zwischen ihnen können die Versicherungsberechtigten in der GKV frei wählen, mit Ausnahme von geschlossenen Betriebskrankenkassen.[33] Die freie Kassenwahl gibt es erst seit 1996. Damit wurde eine Erbsünde der 1883 von Bismarck gegründeten GKV getilgt, die eine nach Stellung im Beruf bzw. Arbeitgeber erfolgte Zuweisung der Versicherten zu unterschiedlichen Kassenarten vorsah. Früher mussten fast alle Arbeiter in die ihrem Arbeitgeber zugeordnete Pflichtkasse gehen (AOK, BKK, IKK), während die Angestellten die Wahl zwischen dieser Pflichtkasse und einer der 1934 ins GKV-System integrierten Angestellten-Ersatzkassen (u. a. DAK, BEK, TK) hatten.[34] Für Bergleute, Seemänner und Landwirte gab es eigene Pflichtversicherungen, von denen es heute nur noch die Landwirtschaftliche Krankenkasse (LKK) als Sondersystem gibt.[35] Dieses im 19. Jahrhundert verwurzelte Pflichtkassenprinzip war nicht nur gesellschaftspolitisch wegen seiner Ungleich-

33 Aktuell gibt es 27 Betriebskrankenkassen (BKK), die ihre Mitglieder auf den Stammbetrieb beschränken. Alle anderen BKK haben sich regional oder bundesweit für alle versicherungsberechtigten Personen geöffnet.

34 Auch einige Arbeiterberufe hatten eigene Ersatzkassen, z. B. Feinmechaniker oder Gärtner. Die Techniker Krankenkasse nahm nur technische Angestelltenberufe auf, während die DAK oder die BEK für alle Angestellten von der Supermarktkassiererin bis zum Abteilungsleiter offenstand.

35 Die LKK ist nach wie vor eine aus Steuermitteln subventionierte Pflichtversicherung für Landwirte. Die See-Krankenkasse wurde mit der Knappschafts-Krankenkasse fusioniert.

behandlung von Arbeitern und Angestellten überholt, sondern hatte ab den 1970er Jahren auch zu schweren ökonomischen Verwerfungen geführt, die vor allem zulasten der AOK als der Basiskasse dieses Systems gingen (Enquete-Kommission 1990: 186ff.). Die Länder einigten sich mit den Bundestagsfraktionen der CDU/CSU und SPD im Oktober 1992 auf einer mittlerweile legendären Klausur in Lahnstein auf die freie Kassenwahl für alle Versicherungsberechtigten ab 1996 und die Einführung eines bundesweiten Risikostrukturausgleichs (RSA) unter den Kassen (Reiners 2006).

Der RSA ist in einem gegliederten Kassensystem mit freier Kassenwahl aus juristischen und ökonomischen Gründen unverzichtbar (Cassel et al. 2008). Deshalb gibt es ihn nicht nur in Deutschland, sondern auch in den gegliederten Krankenversicherungssystemen der Niederlande und der Schweiz (Greß et al. 2007, Beck 2013). Er soll dafür sorgen, dass Kassen mit vielen einkommensschwachen und gesundheitlich beeinträchtigten Mitgliedern keine Nachteile im Wettbewerb mit Kassen haben, die mehr junge, gesunde und gutverdienende Versicherte versorgen. Das Interesse der Krankenkassen richtet sich ohne einen RSA nicht auf eine gute und wirtschaftliche medizinische Versorgung ihrer Versicherten, sondern auf das Anwerben gesunder und gutverdienender Personen sowie das Abwimmeln schlechter Risiken. Auch bei einem Kontrahierungszwang, der es den Kassen untersagt, gesundheitlich beeinträchtigte Personen abzulehnen, würden erfahrungsgemäß die Kassen Mittel und Wege finden, ihre Wettbewerbsposition über Risikoselektion zu verbessern.

Der RSA bestand zunächst aus einem zweistufigen Verfahren, das vom damaligen Bundesversicherungsamt (heute Bundesamt für soziale Sicherung – BAS) organisiert wurde. Die Kassen brachten 92 Prozent ihrer Beitragseinnahmen in einen Finanzkraftausgleich ein. Dieses Geld wurde auf die einzelnen Kassen zum Ausgleich der Morbiditätsrisiken mit einem nach Alter und Geschlecht ihrer Versicherten gestalteten Schlüssel verteilt. Als zentraler Mangel dieses RSA erwies sich die Erfassung der Krankheitsrisiken der Versicherten anhand der Merkmale Alter und Geschlecht. Es wird damit unterstellt, dass die jährlichen Altersstufen jeweils die gleichen Morbiditätsstrukturen aufweisen. Das ist nachweislich nicht der Fall, wie schichtspezifische Morbiditätsanalysen zeigen (Lampert et al. 2016, Klemperer 2020: 189ff.).

Die rot-grüne Bundesregierung legte im März 2001 eine Bestandsaufnahme dieser mit dem RSA gemachten Erfahrungen vor (Bundesregierung 2001). Sie war der Ausgangspunkt eines sich über Jahre hinziehenden Gesetzgebungsprozesses, der von den von der Union regierten Ländern blockiert wurde. Sie beantragten beim Bundesverfassungsgericht ein Normenkontrollverfahren gegen den Gesetzentwurf der Bundesregierung. Das oberste Gericht erklärte ihn in seinem Urteil vom 18. Juli 2005 nicht nur für grundgesetzkonform, sondern stellte ausdrücklich fest, dass der morbiditätsbezogene RSA (M-RSA) eine unverzichtbare Flankierung des Kassenwettbewerbs ist, da es ohne einen solchen Ausgleich starke Anreize für die Krankenkassen gibt, ihre finanzielle Situation durch Gewinnung guter und Abwehr schlechter Risiken zu verbessern (Bundesverfassungsgericht 2005: Absatz 232).

Dieses Urteil machte den Weg frei für eine 2007 vollzogene Reform des RSA, der mit dem Gesundheitsfonds eine neue Gestalt erhielt, die 2007 eingeführt wurde und wie folgt aussieht (Pressel 2012: 83ff., Göpffahrt et al. 2007):

- Die Krankenkassen erheben einen von der Bundesregierung festgelegten allgemeinen Beitragssatz. Dieser beträgt gegenwärtig 14,6 Prozent des beitragspflichtigen Einkommens und wird paritätisch von den GKV-Mitgliedern und ihren Arbeitgebern getragen.
- Die Kassen überweisen ihre Beitragseinnahmen komplett an den vom BAS verwalteten Gesundheitsfonds, in den auch Zuschüsse aus dem Bundeshaushalt fließen, die gegenwärtig bei 14,5 Milliarden Euro liegen und versicherungsfremde Leistungen der GKV abdecken sollen.
- Die Krankenkassen erhalten aus diesem Fonds pro versicherter Person einen nach Alter, Geschlecht und Morbidität differenzierten Betrag, der auch standardisierte Verwaltungskosten abdeckt.
- Kommt eine Krankenkasse mit diesen Zuweisungen nicht aus, muss sie zur Deckung der Ausgaben neben dem allgemeinen Beitragssatz einen prozentualen Zusatzbeitrag erheben, der paritätisch von den Versicherten und ihren Arbeitgebern getragen wird. Damit wird der Zusatzbeitrag zum eigentlichen Wettbewerbsfaktor. Er liegt gegenwärtig bei durchschnittlich 1,6 Prozent.

Über kaum eine andere Institution des GKV-Systems wurde und wird so viel Unsinn verbreitet wie über den Gesundheitsfonds. Der übliche Vorwurf, er sei ein bürokratisches Monster, ist ohne Substanz. Die für ihn politisch verantwortliche Gesundheitsministerin Ulla Schmidt konterte ihn mit der Bemerkung, dieses Ungeheuer sei ein Referat des BAS mit 21 Mitarbeitern. Sicher erledigt sich der organisatorische Aufwand eines Gesundheitsfonds und der gegliederten GKV mit einer Einheitskrankenversicherung wie in Frankreich oder Österreich.

Aus der ökonomischen Perspektive gibt es für die gegliederte GKV keinen zwingenden Grund, zumal alle Kassen die gleichen Versorgungsleistungen bieten und die Kassenverbände die Versorgungsverträge mit den Kassenärztlichen Vereinigungen, Krankenhäusern und Apotheken weitgehend gemeinsam und einheitlich abschließen. Ihre politische Legitimation bezieht die gegliederte GKV aus der freien Kassenwahl als einer aus der Sicht der Versicherten attraktiven Eigenschaft. Sie sind keiner Monopolbehörde ausgeliefert und können ihre Kassen wechseln, wenn ihnen der (Zusatz-) Beitrag zu hoch ist oder sie aus anderen Gründen nicht mehr mit ihrer Kasse zufrieden sind. Das ist ein klarer Vorteil gegenüber der PKV, wo die Versicherten, wie gezeigt, kaum Wechselmöglichkeiten haben. Die freie Kassenwahl hat den Service für die Versicherten zum Wettbewerbsparameter des GKV-Systems gemacht und verkrustete Behörden zu versichertenorientierten Dienstleistern entwickelt.

Die Selbstverwaltung als »kleiner Gesetzgeber«

Das deutsche Sozialversicherungssystem hat eine besondere Tradition der Selbstverwaltung mit zwei Ebenen, der *internen* und der *gemeinsamen* Selbstverwaltung. Die Krankenkassen und die Kassenärztlichen Vereinigungen haben von den Versicherten bzw. den Kassenärzten gewählte Verwaltungsräte, deren Funktionen man mit denen eines Aufsichtsrates vergleichen kann.[36] Sie beschränken sich auf die Haushaltskontrolle, die Festlegung der Satzung sowie die Bestellung des hauptamtlichen Vorstandes der Kassen bzw. Kassenärztlichen Vereinigungen.

Davon zu unterscheiden ist die gemeinsame Selbstverwaltung von Krankenkassen und Leistungserbringern. Der Gesetzgeber delegiert eine Reihe von Aufgaben an Organisationen, die den Status von Körperschaften des öffentlichen Rechts haben. Sie sind in dieser Eigenschaft Teil des Staates, auch wenn sie nicht zum Regierungsapparat gehören. Sie haben einen eigenständigen Spielraum bei der Gestaltung der in der ambulanten und stationären Versorgung gezahlten Vergütungen. In der kassenärztlichen Versorgung sind die Krankenkassenverbände und die Kassenärztlichen Vereinigungen auch für die Bedarfsplanung und Sicherstellung der Versorgung verantwortlich. Auf diesen Feldern haben die Aufsichtsbehörden des Bundes und der Länder nicht nur die Rechtsaufsicht. Sie prüfen die Rechtmäßigkeit der von den Organen der Selbstverwaltung getroffenen Verträge und Richtlinien, nehmen aber auf die fachlichen Entscheidungen der Selbstverwaltungsgremien und die Versorgungsverträge zwischen Krankenkassen und Leistungserbringern keinen Einfluss.

36 Bei den Ersatzkassen wird der ausschließlich aus Versichertenvertretern bestehende Verwaltungsrat in den alle sechs Jahre durchgeführten Sozialwahlen gewählt. Bei den anderen Kassen werden die Mitglieder paritätisch von den Arbeitgeberverbänden und den Gewerkschaften in einem als »Friedenswahlen« bezeichneten Verfahren bestimmt.

Die wichtigste Institution der gemeinsamen Selbstverwaltung ist der *Gemeinsame Bundesausschuss (G-BA)*, eine vom GKV-Spitzenverband, der Kassenärztlichen Bundesvereinigung (KBV), der Kassenzahnärztlichen Bundesvereinigung (KZBV) und der Deutschen Krankenhausgesellschaft (DKG) gebildete Körperschaft des öffentlichen Rechts. Die Patientinnen und Patienten sind durch eine von ihren Verbänden bestimmte Person in den Beschlussorganen des G-BA vertreten, haben aber kein Stimmrecht.

Der G-BA hat mit seinen acht Unterausschüssen eine Vielfalt von Gestaltungsaufgaben.[37] Sie bestehen vor allem in der Ausgestaltung der im SGB V enthaltenen Regelungen zu den von den Krankenkassen vergüteten Leistungen sowie zur Qualitätssicherung und Bedarfsplanung in der ambulanten Versorgung. Der Gesetzgeber bestimmt nur, dass die Krankenkassenleistungen »ausreichend, zweckmäßig und wirtschaftlich« sein müssen und »das Maß des Notwendigen nicht überschreiten« dürfen (§ 12 SGB V). Was das konkret für die von der GKV gebotenen Leistungen bedeutet, wird vom G-BA festgelegt, der deshalb als »kleiner« Gesetzgeber gilt.

So bestimmt der G-BA, welche neu auf den Markt kommenden Arzneimittel als therapeutischer Fortschritt gelten können und keine durch Molekülvariationen oder andere Herstellertricks produzierten Scheininnovationen sind. In einem anderen GBA-Ausschuss werden neue Untersuchungs- und Behandlungsmethoden daraufhin geprüft, ob sie einen relevanten therapeutischen Mehrwert und auch positive Kosten-

37 Näheres über Aufgaben, Strukturen und Entscheidungen des G-BA erfährt man auf seiner Website www.g-ba.de.

Nutzen-Effekte haben. Damit sind im Einzelfall nicht immer einfach zu klärende Fragen verbunden, so z. B. wenn neue Diagnosegeräte auf den Markt kommen, die zwar ein technischer Fortschritt sind, aber deutlich mehr kosten als die gängigen Verfahren und Apparaturen.

In solchen und anderen Fragen einer evidenzbasierten Medizin wird der G-BA vom Institut für Qualität und Wirtschaftlichkeit im Gesundheitswesen (IQWIG) und dem Institut für Qualitätssicherung und Transparenz im Gesundheitswesen (IQTiG) wissenschaftlich beraten. Das IQWIG wertet internationale Untersuchungen zur Kosten-Nutzen-Bewertung neuer Untersuchungs- und Behandlungsmethoden aus und leitet daraus Empfehlungen für Entscheidungen des G-BA ab. Diese Aufgabe hat angesichts des wachsenden medizinischen Wissens große Bedeutung.

Auch die Vergütungen für die Kassenärzte werden nicht regierungsamtlich festgelegt, sondern von den Kassenärztlichen Vereinigungen und den Krankenkassenverbänden auf Bundes- und Landesebene auf Basis gesetzlicher Rahmenvorschriften im SGB V ausgehandelt. Kernstück ist der Einheitliche Bewertungsmaßstab (EBM), der die von den Kassen bezahlten Leistungen in über 5.000 Gebührenordnungspositionen (GOP) definiert und mit Punkten bewertet. Der vom GKV-Spitzenverband und von der KBV gebildete *Bewertungsausschuss Ärzte* gestaltet den EBM-Katalog und kalkuliert den mit den einzelnen GOPs verbundenen Kostenaufwand in einer Arztpraxis nach betriebswirtschaftlichen Kriterien.

Zusätzlich werden Regelleistungsvolumina (RLV) definiert, die der durchschnittlichen Leistungsmenge der Arztpraxen in der jeweiligen Fachrichtung entsprechen. Außerdem legt der Bewertungsausschuss das jährliche

Budget für die Gesamtvergütung der Vertragsärzte fest. Unterstützt wird er durch ein eigens dafür gegründetes Institut des Bewertungsausschusses (InBA), das die von den Kassen und Kassenärztlichen Vereinigungen und vom Statistischen Bundesamt zur Kostenstruktur von Arztpraxen gelieferten Daten auswertet und in Modellrechnungen die praktischen Auswirkungen alternativer Leistungsbewertungen abschätzt. Das alles ist mit sehr komplizierten Verfahren und Verteilungsschlüsseln verbunden, die nur wenige Spezialisten durchschauen (Schönbach 2008, Staffeldt 2008).

Auf die Krankenhausplanung und -finanzierung hat die Politik einen deutlich größeren Einfluss als auf die ambulante Versorgung. Das Krankenhausfinanzierungsgesetz (KHG) legt fest, dass die Investitionen der Plankrankenhäuser aus den Landeshaushalten finanziert werden, während die Krankenkassen die laufenden Betriebskosten tragen. Alle nach den Regeln der Landeskrankenhausgesetze in die Landeskrankenhauspläne aufgenommenen Kliniken haben Anspruch auf eine Finanzierung ihrer Investitionen durch die Länder. Allerdings haben die Länder ihre Fördermittel seit über 20 Jahren halbiert, was zu einem enormen Investitionsstau geführt hat (Hermann und Mussa 2020). Die Krankenhäuser finanzieren ihre Investitionen auch aus den von den Krankenversicherungen gezahlten Vergütungen, die dafür gar nicht kalkuliert sind. Die Vergütung der Leistungen erfolgt in Form von Diagnosebezogenen Fallpauschalen (Diagnosis Related Groups-DRG), deren konkrete Ausprägungen von den Krankenkassen und Krankenhausträgern nach den Vorschriften des Krankenhausfinanzierungsgesetzes (KHG) und der Bundespflegesatzverordnung festgelegt werden.

Sie werden dabei von einem wissenschaftlichen Institut unterstützt, dem Institut für das Entgeltsystem im Krankenhaus (InEK), das die DRGs weiterentwickeln und den Veränderungen in der Medizin anpassen soll. Das DRG-System gilt für alle von den in die Landeskrankenhauspläne aufgenommenen Kliniken, die auch die Behandlungskosten für PKV-Mitglieder mit DGRs abrechnen. Es hat in seiner bestehenden Form zu erheblichen Problemen geführt und ist wie das duale Finanzierungssystem der stationären Versorgung dringend reformbedürftig (siehe Abschnitt 6.5).

6.2 Marktversagen im Gesundheitswesen

In der Welt der Lehrbuchökonomie haben Konsumenten und Produzenten jeweils eigene, von anderen Einflüssen weitgehend unabhängige Kosten-Nutzen-Vorstellungen, die sich auf dem Markt treffen. Wenn die Nachfrage das Angebot übertrifft, steigen die Preise, im umgekehrten Fall sinken sie. So wird stets ein Gleichgewicht von Angebot und Nachfrage hergestellt, was aber nur funktionieren kann, wenn beide Seiten die gleiche Macht haben. Diese Voraussetzung ist im Gesundheitswesen nicht gegeben, weil die Patientinnen und Patienten wegen ihrer Leiden auf die Arztpraxen und Krankenhäuser zwingend angewiesen sind. Denen erwächst daraus die Möglichkeit, ihre Leistungen auch an ihren eigenen ökonomischen Interessen auszurichten.

Die angebotsinduzierte Nachfrage im Gesundheitswesen ist ein unter Gesundheitsökonomen weitgehend konsensfähiger Sachverhalt (Breyer et al. 2013: 179ff., Hajen et al. 2017: 58ff.). Nun sind Konsumenten fast immer über die von ihnen erworbenen Produkte schlechter informiert als deren Verkäufer oder Hersteller. Das gilt für den Erwerb eines Autos ebenso wie für den Einkauf im Supermarkt. Diese Informationsasymmetrien haben jedoch im Gesundheitswesen angesichts der die menschliche Gesundheit betreffenden Probleme eine andere Dimension. Ein Patient kann nicht wissen, ob sein Hustenreiz harmlos ist oder auf ein Bronchialkarzinom verweist. Ärztinnen und Ärzte haben das gesellschaftliche Mandat, Krankheiten zu diagnostizieren und zu therapieren. Wer sonst sollte diese unverzichtbare Aufgabe übernehmen, als die dafür ausgebildete Berufsgruppe? Allerdings erwächst dieser daraus die Möglichkeit, die Nachfrage nach den eigenen Leistungen wesentlich zu beeinflussen. Zahlreiche soziologische und ökonomische Untersuchungen kommen zu dem Ergebnis, dass Ärztinnen und Ärzte die Arbeitsweise und Strukturen ihrer Branche in einer Weise beherrschen wie in keinem anderen Erwerbszweig (Freidson 1998, Rice 2004: 151ff.)

Ein gängiger Indikator für die angebotsinduzierte Nachfrage im Gesundheitswesen ist die Wirkung der Versorgungsdichte mit Ärzten und Krankenhäusern auf die Menge der erbrachten medizinischen Leistungen (Breyer et al. 2013: 354ff.) Das ist plausibel, weil die Erreichbarkeit von medizinischen Einrichtungen ein wichtiger Faktor für ihre Inanspruchnahme ist. Die Krankenkassen verzeichnen unabhängig von der sozialen und demografischen Struktur ihrer Versicherten in Großstädten höhere Pro-Kopf-Ausgaben als in ländlichen Räumen (Göpffahrt 2016).

Die Relation von Versorgungsdichte und Inanspruchnahme von Leistungen liefert aber keine zuverlässige Aussage darüber, ob die Häufigkeit und die Intensität der Inanspruchnahme auf die Morbiditätsstruktur der Bevölkerung zurückzuführen ist oder von kommerziellen Interessen beeinflusst werden. Zahlreiche internationale Studien sprechen dafür, dass sich die Anbieterdominanz im Gesundheitswesen in Mengeneffekten auswirkt (Rice 151: 151ff.). In Deutschland bestätigte die Bertelsmann Stiftung (2015) dieses Phänomen anhand von zum Teil frappierenden Unterschieden in der Häufigkeit von medizinischen Eingriffen, die man nicht in einen Zusammenhang mit einer unterschiedlichen Morbidität oder Versorgungsdichte bringen kann.

Es ist eine zentrale Aufgabe der Gesundheitspolitik, diese Möglichkeiten zu begrenzen und entsprechende Anreiz- und Kontrollsysteme zu etablieren. Dafür ist ein umfangreiches Instrumentarium entwickelt worden, das regelmäßig Gegenstand von Reformgesetzen ist: Zulassungsbeschränkungen, Budgetierung, Honorarabsenkung bei Überschreiten einer bestimmten Umsatzgröße, Preisregulierungen, Qualitäts- und Wirtschaftlichkeitskontrollen, Vertragspolitik der Krankenkassen mit Qualitätsvereinbarungen und die Orientierung des Leistungskatalogs der GKV am Grundsatz der evidenzbasierten Medizin. Einer der grundlegenden Vorteile der GKV gegenüber der PKV liegt in ihren gesetzlich geregelten Steuerungsmöglichkeiten der Versorgungsstrukturen, die der PKV nicht einmal ansatzweise zur Verfügung stehen. Sie hat daher trotz einer besseren Morbidität ihrer Versicherten für die gleichen Leistungen deutlich höhere Ausgaben als die GKV (siehe Abschnitt 6.4).

6.3 Die ökonomische Dynamik des Gesundheitswesens

Seit über 40 Jahren wird die Geschichte von aus dem Ruder laufenden Gesundheitsausgaben und einer nicht mehr bezahlbaren GKV erzählt. Obwohl sie als »Märchen von der Kostenexplosion« (Braun et al. 1998) mehrfach widerlegt wurde, geistert sie immer noch durch die Medien. So phantasierte zum Beispiel die Chefökonomin der Tageszeitung *Die Welt* Dorothea Siems am 4. 10. 2021 von einer Ausgabenentwicklung in der GKV, die den Zusatzbeitrag von heute 1,3 in 20 Jahren auf über zehn Prozentpunkte ansteigen lassen werde (Siems 2021). Zwar wachsen die Gesundheitsausgaben seit Jahrzehnten stärker als das BIP und die Löhne, aber das ist keine Kostenexplosion, also ein außer Kontrolle geratener Vorgang, sondern die Folge ökonomischer Gesetze. Zwar spielen bei den Ausgabenzuwächsen der Krankenkassen auch Strukturmängel im Gesundheitswesen eine Rolle, aber auch wenn es die nicht gäbe, hätte das Gesundheitswesen einen steigenden BIP-Anteil. Er lag 1985 bei 8,8 Prozent, stieg bis 1995 auf 9,4 Prozent und lag 2019 bei 11,9 Prozent (siehe Tabelle 6.1). 2020 machte die BIP-Gesundheitsquote einen Sprung auf 13,1 Prozent, was aber nicht systembedingt, sondern auf die Corona-Pandemie zurückzuführen war.

Der Mythos von der Kostenexplosion im Gesundheitswesen könnte sich allerdings nicht so hartnäckig halten, wenn er nicht einem Gefühl der Menschen entsprechen würde. In den vergangenen 50 Jahren sind die Gesundheitsausgaben und die Krankenkassenbeiträge stärker als das BIP und das Lohnniveau gewachsen, was sich in steigenden GKV-Beiträgen auswirkt (siehe Tabelle 6.1). Mittel- bis langfristig werden die Ausgaben der Kranken- und Pflegeversicherung kontinuierlich stärker steigen als die Löhne und das BIP.

Tabelle 6.1: Gesundheitsausgaben in Deutschland 1970–2019

Jahr	Gesundheits-ausgaben in v. H. BIP	GKV-Ausgaben in v. H. BIP	Durchschnittlicher GKV-Beitragssatz *
1970	6,0	3,5	8,24
1975	8,4	5,7	10,04
1985	8,8	6,0	12,20
1995	9,4	6,6	14,19
2005	10,8	6,4	14,90
2010	11,5	6,8	15,70
2015	11,3	7,1	15,50
2019	11,9	6,9	16,10

**Einschließlich Zusatzbeitrag*
Quelle: Destatis, eigene Zusammenstellung und Berechnung

Das Gesundheitswesen ist ein personalintensiver Wirtschaftszweig mit einem überdurchschnittlichen Lohnniveau. Ärztliche und pflegerische Leistungen haben gegenüber der Industrieproduktion eine geringere Rationalisierbarkeit und beanspruchen daher einen wachsenden Anteil des Arbeitskräftepotenzials und der Wertschöpfung moderner Volkswirtschaften. Das drückt sich in relativ zum Einkommen sinkenden Konsumgüterpreisen und steigenden Preisen für Dienstleistungen aus. Heute geben wir für Lebensmittel und andere Konsumgüter einen geringeren Anteil des Einkommens aus als vor 30 oder 40 Jahren, dafür kosten medizinische Behandlungen und die pflegerische Betreuung deutlich mehr.

Ökonomen bezeichnen dieses Phänomen als »Baumol-Effekt«, genannt nach dem US-Ökonomen William Baumol (2013), der ihn anhand eines Vergleichs der Preisentwicklungen bei Computern und im Gesundheitswesen untersucht hat. Die wachsenden Gesundheitsausgaben bezeichnet er als »cost disease«. Dabei handelt es sich aber um keine Krankheit, also einen abnormen Zustand, sondern um die Folge von ökonomischen Gesetzmäßigkeiten und ein Instrument zur Bewältigung der sie begleitenden Arbeitsmarktprobleme. Während Jobs in den Fabriken durch die technologische Entwicklung wegfallen, entstehen neue Arbeitsplätze in Dienstleistungsbranchen wie dem Gesundheitswesen. Diese Entwicklung beschrieb schon vor 70 Jahren der Ökonom Jean Fourastié (2004) als säkularen Trend moderner Volkswirtschaften.

Tabelle 6.2 zeigt das Beschäftigungswachstum im deutschen Gesundheitswesen seit dem Jahr 2000. Den stärksten Zuwachs hat die ambulante Pflege, wo sich die Zahl der Beschäftigten in den vergangenen 20 Jahren mehr als verdoppelt hat. Zwar muss diese enorme Steigerung insofern relativiert werden, als der Anteil der Teilzeitstellen in der ambulanten Pflege hoch ist. Aber das ändert nichts daran, dass die Nachfrage nach Pflegekräften stark wächst. Die dadurch steigenden Gesundheitsausgaben können nicht auf Dauer beitragssatzneutral finanziert werden.

Das ist aber kein wirkliches volkswirtschaftliches Problem, wie der britische Ökonom Jonathan Aldred zeigt. Selbst wenn die Gesundheitsausgaben, wie Baumol mit fragwürdigen Hochrechnungen für die USA prognostiziert, bis 2100 auf 60 Prozent des BIP steigen würden, bliebe bei einer produktivitätsorientierten Einkommensentwicklung immer noch genug für einen hohen Lebensstandard übrig, »da, gemessen am BIP, viele Dinge billiger sein werden« (Aldred 2020: 143f.).

Tabelle 6.2: Beschäftigte im Gesundheitswesen 2000 bis 2019 in Tausend

Art der Einrichtung	2000	2010	2019	2000–2019 in %
Insgesamt	4.026	4.880	5.749	+ 42,8
Arzt- und Zahnarztpraxen	870	976	1.067	+ 65,4
Apotheken	186	217	229	+ 23,8
Ambulante Pflege	185	275	407	+ 120,0
Rettungsdienste	44	49	75	+ 70,5
Akut-Krankenhäuser	1.021	1.038	1.194	+ 10,2
Reha-Krankenhäuser	115	118	123	+ 7,0
Stationäre Pflege	443	608	739	+ 66,8
Pharmaindustrie	92	121	158	+ 71,7
Medizintechnik	111	134	171	+ 54,1

Quelle: Destatis, eigene Zusammenstellung und Berechnung

6.4 Teure Privatisierung der Krankheitsrisiken

Man muss sich fragen, weshalb steigende Gesundheitsausgaben als Kostensteigerungen bewertet werden und nicht als erfreuliches Wirtschaftswachstum. Niemand kommt doch auf die Idee, Umsatzsteigerungen etwa von Smartphone-Herstellern als Kostenexplosion zu bewerten. Die Antwort gab der Wirtschafts-Sachverständigenrat (SVR-W 1985: Ziffern 362ff.) schon im Jahresgutachten 1985/86 mit einer heute noch die Sozialpolitik bestimmenden Erzählung. Einerseits sei das Gesundheitswesen eine Wachstumsbranche mit einem überproportionalen Jobzuwachs, was eine positive Entwicklung sei. Andererseits werde dieses Wachstum mit steigenden Krankenkassenbeiträgen finanziert, erhöhe damit die Lohnkosten, was das Wachstum und die globale Wettbewerbsfähigkeit der deutschen Wirtschaft beeinträchtige. Dieses Problem habe man in dem Maße nicht, wie man die GKV-Ausgaben privatisiere und mit höheren Zuzahlungen der Versicherten finanziere. Dann könnten die Gesundheitsausgaben wachsen, ohne die allgemeine wirtschaftliche Dynamik zu schädigen. Mit anderen Worten: private Gesundheitsausgaben dürfen steigen, öffentliche aber nicht. Der SVR-W und mit ihm die meisten Ökonomieprofessoren machen die Auswirkungen der Sozialabgaben auf die Lohnkosten zum entscheidenden Kriterium für die Höhe des Sozialbudgets und nicht die Effektivität und Effizienz der damit finanzierten Leistungen (siehe Abschnitt 1.3).

Aber auch unter diesem Aspekt ist die Privatisierung der GKV-Ausgaben ein Holzweg. Denn mit der Verlagerung der Gesundheitsausgaben von der GKV in die privaten Haushalte gehen zentrale Steuerungsinstrumente zur Eingrenzung der Gesundheitsausgaben und der Qualitätssicherung in der Versorgung verloren. Dadurch steigen die Lebenshaltungskosten und damit die Lohnforderungen bei Tarifverhandlungen. Das macht die Privatisierung des Gesundheitswesens zu einem ökonomisch irrationalen Politikpfad, wie ein Vergleich der Ausgaben von GKV und PKV zeigt.

Mehrausgaben der PKV

Die PKV gibt für die gleichen medizinischen Behandlungen deutlich mehr aus als die GKV, wie regelmäßige

Berechnungen des *Wissenschaftlichen Instituts der PKV (WIP)* belegen (siehe Tabelle 6.3). Diese Mehrausgaben sind in den einzelnen Versorgungsbereichen unterschiedlich:

- Die Arztpraxen hätten für Privatpatientinnen und -patienten um die Hälfte weniger eingenommen, wenn die PKV die gleichen Honorare wie die GKV erstatten würden. Das belegen auch andere Untersuchungen (Walendzik und Wasem 2019, KOMV 2019).
- Die Ausgaben der PKV für die stationäre Versorgung sind genauso hoch wie die der GKV, weil sie den Plankrankenhäusern die gleichen DRG-Fallpauschalen zahlt wie die GKV. Der Privatpatienten-Status mit Chefarztbehandlung und Ein- oder Zwei-Bett-Zimmern ist von Sondertarifen der PKV bzw. einer Zusatzversicherung abhängig, die auch ca. 6 Mio. GKV-Mitglieder haben. Eine bessere Versorgung ist damit nicht verbunden, nur mehr Komfort und medizinisch überflüssige Chefarztvisiten.
- Auch bei den Arzneimittelausgaben gibt es nur geringe Unterschiede zwischen GKV und PKV. Die Apothekenpreise sind für Privat- und Kassenpatienten gleich, wobei der GKV gesetzlich vorgegebene Rabatte gewährt werden.
- Bei den Heilmitteln schlagen vor allem die von der PKV gezahlten höheren Vergütungen für Physiotherapie und andere nicht-ärztliche Gesundheitsberufe zu Buche.
- Die Ausgaben für zahnmedizinische Behandlungen haben wegen der auch für GKV-Versicherte geltenden privaten Abrechnung von Zahnersatzleistungen einen besonders großen Unterschied zwischen GKV

und PKV. Dort zahlen die Kassen nur einen Festzuschuss. Die Zahnarztrechnungen erfolgen beim Zahnersatz nach der Gebührenordnung Zahnärzte (GOZ) und müssen von den Patientinnen und Patienten selbst beglichen werden. Die PKV bietet dafür spezielle Zahnersatzversicherungen an.

Tabelle 6.3: Mehrausgaben der PKV gegenüber der GKV 2020

Leistungen	**PKV-Ausgaben Mrd. Euro**	**Mehrausgaben gegenüber GKV Mrd. Euro ***	**Mehrausgaben in % der PKV-Ausgaben**
Ambulante ärztliche Behandlung	12,15	6,37	52,4
Stationäre Behandlung	10,39	0,05	0,0
Zahnmedizinische Behandlung	4,66	2,82	60,5
Arznei- und Verbandmittel	6,39	0,66	10,3
Heilmittel (u. a. Physiotherapie)	2,00	0,98	49,0
Hilfsmittel (u. a. Hör-, Gehhilfen)	1,59	0,44	27,7
Leistungen insgesamt	37,56	11,53	30,7

Quelle: Bahnsen und Wild 2022, eigene Zusammenstellung
** Differenz zwischen PKV-Ausgaben und der Umrechnung auf GKV-Vergütungen*

Vergütungsunterschiede zwischen den Arztgruppen

Die großen Mehrausgaben der PKV für ärztliche Leistungen gegenüber der GKV hängen mit den unterschiedlichen Vergütungssystemen zusammen. In der PKV und auch im Beihilfesystem werden die ärztlichen Leistungen nach der Gebührenordnung Ärzte bzw. Zahnärzte (GOÄ, GOZ) abgerechnet, die per Rechtsverordnung vom Bundesgesundheitsministerium erlassen werden. Die GOÄ besteht aus über 5.000 einzelnen Positionen, die jeweils mit einer Punktzahl versehen sind. Ein Punkt wird mit 5,82873 Eurocent bewertet und in der Regel mit einem Hebesatz von 2,3 abgerechnet, das heißt der faktische Punktwert liegt bei etwa 12 Eurocent. Diese Bewertungsrelationen sind seit 1982 mit Ausnahme einiger Laborleistungen nicht geändert worden, dennoch sind die Ausgaben der PKV für die ambulante ärztliche Behandlung in den vergangenen 20 Jahren um 50 Prozent stärker gestiegen als die der GKV.[38] Dafür gibt es vor allem zwei Gründe:

- Zum einen kennt die GOÄ keine Budgetgrenzen wie das System des Einheitlichen Bewertungsmaßstabes (EBM) für Kassenarztpraxen. Dort vereinbaren die Kassenärztlichen Vereinigungen (KV) mit den Verbänden der Krankenkassen auf Landesebene Gesamtvergütungen, die nach einem von den KV festgelegten Honorarverteilungsmaßstab (HVM) auf die Arztpraxen entsprechend der von ihnen erbrachten Leistungsmenge verteilt werden. So entsteht ein Honorardeckel, den es in der GOÄ nicht gibt.
- Außerdem sorgt die sogenannte Analogbewertung für kreative Abrechnungsmöglichkeiten. Da die von 1982 stammende GOÄ die seither entwickelten neuen Untersuchungs- und Behandlungsmethoden nicht erfasst, werden diese durch Zusammenlegung analo-

38 Die Bundesärztekammer und der PKV-Verband arbeiten seit fast zehn Jahren an einem Vorschlag zur Novellierung der GOÄ, ohne sich auf ein umsetzbares Ergebnis geeinigt zu haben.

ger Gebührenpositionen in der GOÄ bewertet. Dafür gibt es Empfehlungen der Ärztekammern, aber keine festen Vorschriften.

Wie Tabelle 6.4 zeigt, gibt es große Unterschiede zwischen Arztgruppen bei den Umsätzen und Erträgen mit der PKV. Während Hausärzte in Einzelpraxen im Schnitt 86,6 ihres Umsatzes mit der GKV machen, sind es bei Augenärzten, Urologen, Orthopäden und Hautärzten nur um die 50 Prozent. Es gibt auch innerhalb der Arztgruppen große Unterschiede. Operierende Augenärzte zum Beispiel verdienen in der Regel mehr als doppelt so viel wie ihre konservativ behandelnden Kolleginnen und Kollegen. Etliche Chirurgie- und Orthopädiepraxen haben zudem als Durchgangsärzte der Berufsgenossenschaften höhere Einnahmen als mit der Behandlung von Kassenpatienten. Der hohe Anteil von Privateinnahmen bei Dermatologen erklärt sich aus Leistungen der plastischen Chirurgie, die auch von der PKV nicht vergütet werden.

Tabelle 6.4: Umsätze und Reinerträge von Einzelpraxen 2019

Fachgebiet	Einnahmen in 1.000 Euro	GKV-Einnahmen in v. H.	Reinertrag in 1.000 Euro
Allgemeinmedizin	370	86,6	192
Innere Medizin	471	77,4	222
Gynäkologie	404	66,9	209
Kinder- und Jugendmedizin	402	83,4	200
Augenheilkunde	587	56,6	308
Hals, Nasen, Ohren (HNO)	363	69,1	180
Orthopädie	467	45,7	210
Chirurgie	501	54,0	193
Dermatologie	537	43,5	241
Radiologie	1.432	56,2	485
Neurologie, Psychiatrie, Psychotherapie	316	81,4	185
Urologie	427	57,9	220
Einzelpraxen insgesamt	419	72,9	208

Quelle: Destatis, Fachserie 2 Reihe 1.6.1 (eigene Zusammenstellung)

Ein einheitliches Vergütungssystem würde die große Mehrheit der Arztpraxen aber nicht in ihrer Existenz bedrohen, auch wenn das Einkommen nach Abzug der Praxiskosten je nach Anteil der Privatpatienten sinken würde. Generell müssten im Rahmen der Einführung eines einheitlichen Vergütungssystems die Unterschiede in der Vergütung der einzelnen Fachgebiete bereinigt werden. Die enormen Verdienstmöglichkeiten von Radiologen, Kardiologen und operierenden Augenärzte haben mit dem Leistungsprinzip nichts zu tun.

Hohe Verwaltungskosten der PKV

Nicht nur die Ausgaben für die medizinische Versorgung sind in der PKV im Vergleich zur GKV überhöht, sondern auch die Verwaltungskosten. Die haben in der PKV mit 2,3 Prozent einen scheinbar nur halb so hohen Anteil wie in der GKV (4,5 Prozent). Aber es kommen noch die Provisionen für Versicherungsvertreter und Agenturen hinzu, die 6,5 Prozent der Beitragseinnahmen ausmachen. Damit beträgt der Verwaltungskostenanteil in der PKV insgesamt 8,8 Prozent ihrer Einnahmen, er ist also doppelt so hoch wie in der GKV.

Hinzu kommt, dass die PKV den Abrechnungsaufwand mit den Arztpraxen und Krankenhäusern auf die Versicherten abwälzt. Diese müssen die Leistungsabrechnungen selbst prüfen und bei ihrer Versicherung einreichen. Beamtinnen und Beamte müssen außerdem erst mit ihrer Beihilfestelle abrechnen, bevor sie deren Bescheid an ihre Versicherungen schicken. Nicht alle von den Arztpraxen berechneten Leistungen werden dort anerkannt, was zu verminderten Erstattungen führen kann. Diesen bürokratischen Aufwand haben GKV-Mitglieder nicht, das regelt alles ihre Kasse.

Trotz dieses geringeren Bürokratieaufwandes hat das PKV-System bezogen auf die Versichertenzahl deutlich mehr Verwaltungskosten als die GKV. Sie beschäftigt für die Betreuung ihrer 8,73 Mio. Versicherten (Stand: 2020) unter Einbeziehung der Versicherungsagenturen nach vorliegenden Schätzungen 60.000 Personen (Paquet 2013). Allerdings dürfte die in Vollzeitstellen umgerechnete Zahl deutlich niedriger sein, weil in den Versicherungsagenturen die Beschäftigten nicht nur mit dem Abschluss von PKV-Policen befasst sind.

Aber auch wenn man diese Schätzung halbiert, hätte die PKV im Verhältnis zur Versichertenzahl noch doppelt so viele Stellen in der Verwaltung wie die GKV. Die Techniker Krankenkasse hat als größte gesetzliche Krankenversicherung für 10,5 Millionen Versicherte nur 15.000 Angestellte.

Die hier präsentierten Daten zu den Leistungsausgaben und Verwaltungskosten zeigen, dass die GKV deutlich effektiver und effizienter strukturiert ist als die PKV. Nach Berechnungen der Bertelsmann Stiftung (2020) würde der allgemeine Beitragssatz der GKV um 0,6 bis 0,7 Prozentpunkte sinken, wenn alle PKV-Mitglieder zur GKV wechseln würden. Dieser Effekt könnte sich auf bis zu drei Prozentpunkte erhöhen, wenn man die Beitragsbemessungsgrenze in der GKV auf das in der Rentenversicherung geltende Niveau anheben würde. Deshalb hat die Ablehnung eines einheitlichen Krankenversicherungssystems für alle Einwohner durch Arbeitgeberverbände und Parteien wie die CDU/CSU und die FDP keine stichhaltige ökonomische Grundlage.

Aber auch die Versicherten der PKV haben unterm Strich keine ökonomischen Vorteile. Sie bekommen zwar meist schneller einen Arzttermin als Kassenpatienten, aber durch das Kostenerstattungsprinzip wird in der PKV das Arzt-Patient-Verhältnis von Geldbeziehungen überlagert. Das kann auch dazu führen, dass PKV-Mitgliedern die eingereichten Rechnungen nicht voll erstattet werden, weil die Arztpraxen Leistungen berechnen, die von der PKV oder der Beihilfestelle nicht oder nur teilweise erstattet werden. Deshalb kann die GKV den Patientenschutz und die Sicherung der Behandlungsqualität sehr viel effektiver wahrnehmen als die PKV.

6.5 Perspektiven der Gesundheitspolitik

In der Gesundheitspolitik gibt es seit Jahrzehnten eine Reihe von Dauerbaustellen, die sich auf Reparaturarbeiten beschränken, wo Grundsanierungen erforderlich wären. Dazu gehören vor allem folgende Projekte:

- Umbau des dualen Systems von GKV und PKV in ein einheitliches Krankenversicherungssystem für alle Einwohnerinnen und Einwohner.
- Aufbau integrierter Versorgungsstrukturen, verbunden mit einer Neuordnung der politischen Verantwortung für die Bedarfsplanung und Sicherstellung der gesundheitlichen Versorgung.
- Reform der Krankenhausfinanzierung.

Weitere Reformfelder sind der Öffentliche Gesundheitsdienst und die Präventionsförderung sowie die Aus- und Weiterbildung von ärztlichen und nicht-ärztlichen Gesundheitsberufen, die in diesem Buch ausgeklammert werden. Es werden nur die im Zusammenhang mit dem System der GKV anstehenden Probleme behandelt, von denen jedes für sich einen starken politischen Willen und einen langen Atem erfordert.

Einheitliches Krankenversicherungssystem

Angesichts der oben gezeigten ökonomischen Überlegenheit der GKV gegenüber der PKV stellt sich die Frage, weshalb sich in Deutschland keine politische Mehrheit für die Einführung eines einheitlichen Krankenversicherungssystems findet. Die SPD, Bündnis 90/Die Grünen, Die Linke und der DGB unterstützen es in ihren

Programmen. Auch wächst die Unzufriedenheit mit der PKV unter ihren Versicherten, von denen immer mehr versuchen, in die GKV zu wechseln (Krohn 2022). Das ist allerdings zumeist nur dann möglich, wenn sie für mindestens ein Jahr in einen Job mit einer unter der Versicherungspflichtgrenze liegenden Bezahlung haben (2023: 66.600 Euro p. a.) liegen. Der Gesetzgeber hat bei der Gestaltung eines einheitlichen Krankenversicherungssystems einen breiten Spielraum. Aber dieses Projekt stößt auf ein Geflecht aus umstrittenen Rechtsfragen und ökonomischen Interessen. Das Konfliktpotenzial liegt vor allem in den wirtschaftlichen Interessen der niedergelassenen Ärztinnen und Ärzte und der rechtlich ungeklärten Frage, wem die Alterungsrückstellungen im PKV-System gehören.

Das von einigen Ökonomen und Juristen ins Feld geführte Argument, die Bürgerversicherung verstoße gegen das Grundrecht der Berufs- und Gewerbefreiheit, ist nicht haltbar. Das Bundesverfassungsgericht hat wiederholt klargestellt, dass sowohl die Festlegung einer allgemeinen Krankenversicherungspflicht als auch deren Ausgestaltung nach dem Solidaritätsprinzip verfassungskonform, wenn nicht sogar ein Gebot des Grundgesetzes ist (Bieback 2014, Kingreen und Kühling 2013). Die Berufsfreiheit der PKV wäre nur dann berührt, wenn man ihr das Geschäft mit der Zusatzversicherung verbieten würde. Aber davon ist nirgendwo die Rede.

Auch das gegenwärtige Beihilfesystem hat keinen Verfassungsrang. Der Staat ist nach dem Alimentationsprinzip nur verpflichtet, sich am Krankenversicherungsschutz seiner Beamten angemessen zu beteiligen und für angemessene Übergangsregelungen vor allem für ältere Beihilfeempfänger zu sorgen. Es ist verfassungsrechtlich unerheblich, ob dies in Form des Arbeitgeberanteils am GKV-Beitrag oder als anteilige Finanzierung der Arzt- und Krankenhausrechnungen geschieht. Allerdings können vor allem ältere Pensionäre den Vertrauensschutz und einen Rechtsanspruch auf Verbleib im Beihilfesystem geltend machen. Die Behauptung, das Beihilfesystem sei für den Staat unterm Strich billiger als die GKV, hat keine Substanz. Eine Modellrechnung im Auftrag der Bertelsmann Stiftung (2017) hat ergeben, dass eine Überführung der Beamten in die GKV den Staatshaushalt entlasten würde, wenn alle Beamten mit einem Einkommen bis zur Versicherungspflichtgrenze als Pflichtversicherte und Beamte des höheren Dienstes mit darüber liegenden Bezügen als freiwillig Versicherte in die GKV gehen.

Ein wesentlicher Knackpunkt bei der Einführung einer Bürgerversicherung ist die Frage, wie mit den Alterungsrückstellungen der PKV verfahren werden soll, die gegenwärtig über 300 Mrd. Euro betragen. Für sie gibt es keine klare Rechtsgrundlage oder Rechtsprechung, sondern nur Expertisen (Kingreen und Kühling 2013). Demnach haben weder die einzelnen Versicherten noch die Versicherer ein grundgesetzlich geschütztes Eigentumsrecht an diesem Fonds. Die Versicherten haben nur einen Anspruch auf Beitragsglättung mit zunehmendem Alter. Für die Versicherungsunternehmen sind sie bilanztechnische Rückstellungen, die keinem speziellen Eigentumsschutz unterliegen. Rein ökonomisch gesehen wäre es am einfachsten, die Altersrückstellungen der PKV in den Gesundheitsfonds zu überführen. Ihr Zweck, die Abdeckung der mit dem Alter wachsenden Behandlungsausgaben zu decken, wäre damit erfüllt. Wie sich dieser Prozess aber im Detail so gestalten lässt, dass er einen verfassungsrechtlichen Stresstest besteht, ist ungeklärt. Hier wird vermutlich das Bundesverfassungsgesetz das letzte Wort haben.

Integrierte Versorgung

Unter Fachleuten besteht schon seit Längerem kein Zweifel daran, dass die Trennung in ambulante und stationäre Versorgung ein zentraler Mangel des deutschen Gesundheitswesens ist. Das System mit einer von den Krankenkassenverbänden und den Kassenärztlichen Vereinigungen zu gewährleistenden Sicherstellung der ambulanten Versorgung und der davon getrennten Krankenhausplanung der Länder hat zu erheblichen Versorgungslücken in ländlichen Regionen und einer teuren Überversorgung in Ballungsgebieten geführt (Bertelsmann Stiftung 2015).

Die Enquete-Kommission zur Strukturreform der GKV hat diesen Sachverhalt bereits Ende der 1980er Jahre moniert und ebenso wie der Gesundheits-Sachverständigenrat in diversen Jahres- und Sondergutachten ein integriertes Versorgungssystem gefordert. Dafür sprechen medizinische, ökonomische und soziodemografische Gründe:

- Der medizinische Fortschritt führt zu einer wachsenden Spezialisierung, die eine enge Zusammenarbeit von Allgemein- und Fachmedizin erfordert. Gerade weil die medizinischen Kenntnisse sich immer weiter verfeinern, wächst die Bedeutung der Generalisten in ihrer Funktion als Lotsen durch das Medizinsystem.
- Immer mehr Behandlungen, die früher längere Klinikaufenthalte erforderten, können heute dank des medizinischen Fortschritts, nicht zuletzt in der An-

ästhesie, ambulant oder teilstationär durchgeführt werden. Das macht die institutionelle Trennung in ambulante und stationäre Versorgung obsolet.

- Insbesondere in der Fachmedizin rechnen sich Einzelpraxen immer weniger. Gemeinschaftspraxen und Medizinische Versorgungszentren (MVZ) haben eine sehr viel effizientere Gerätenutzung.
- Die wachsende Zahl älterer und hochbetagter Menschen erfordert die Kooperation von Einrichtungen in der medizinischen Versorgung, Gesundheitsförderung und Pflege bzw. sozialer Betreuung sowie eine Stärkung der Laienkompetenz.
- In dünn besiedelten Regionen spitzten sich diese Probleme zu, weil die gesamte medizinische und pflegerische Betreuung nur mit Versorgungsnetzen unter Einbindung nicht-ärztlicher Berufe sichergestellt werden kann.

Seit Mitte der 1990er Jahre hat es mehrere gesetzliche Regelungen zur Förderung neuer Versorgungsformen gegeben (Knieps und Reiners 2015: 245ff.), aber an den segmentierten Strukturen des Gesundheitswesens mit einer strikten Trennung von ambulanten und stationären Einrichtungen hat sich kaum etwas geändert.

An dieser Stelle kann nur grob skizziert werden, wie das Projekt von integrierten Versorgungsstrukturen schrittweise realisiert werden kann.[39] Die politische Letztverantwortung für Sicherstellung der medizinischen Versorgung liegt bei den Ländern, denen das Grundgesetz die Verantwortung für die allgemeine Da-

39 Zum Aufbau eines integrierten Versorgungssystems vgl. ausführlich Brandhorst et al. 2017, SVR-G 2009 und 2018, Klapper und Cichon 2021.

seinsvorsorge überträgt. Sie müssen die Vorgaben für eine ausreichende und qualitativ gute Versorgung mit Ärzten und Krankenhäusern festlegen, was nicht heißt, dass dies ohne Beteiligung der Träger der gesundheitlichen Versorgung im GKV-System geschieht. Deren Einbindung in die Entscheidungsfindung muss gewährleistet sein, wie es heute schon in der Landeskrankenhausplanung üblich ist. Die Entscheidung darüber, wo welche Arztpraxen oder Krankenhäuser ihren Standort haben, sollte in vertraglichen Vereinbarungen zwischen Krankenkassen und Leistungserbringern festgelegt werden, die die vom Gesetz- bzw. Verordnungsgeber vorgegebenen Richtlinien und Qualitätsmaßstäbe zu erfüllen haben. Der Gesundheits-Sachverständigenrat hat in seinem Jahresgutachten 2018 für ein solches Kooperationssystem Vorschläge gemacht (SVR-G 2018: 363ff.).

Im Koalitionsvertrag der Ampel-Regierung ist von Ansätzen zur Überwindung der Trennung von ambulanter und stationärer Versorgung nichts zu lesen. Das sollte eigentlich die Länder auf den Plan rufen, um eigene Konzepte für die Planung und Sicherstellung der Versorgung zu erarbeiten. Die Länder stehen in der Gesundheitspolitik vor der Wahl, entweder zunehmend ihren gesundheitspolitischen Einfluss zu verlieren oder grundlegende Reformen in Gang zu setzen, die ihnen gemeinsam mit den Gremien der Selbstverwaltung effektive gesundheitspolitische Handlungsspielräume eröffnen.

Sanierung der Krankenhäuser

Das Projekt der Integration von ambulanter und stationärer Versorgung kann nur funktionieren, wenn die Krankenhäuser saniert werden. Das Handelsblatt

(23. 05. 2019) ermittelte noch vor der Corona-Pandemie, dass 30 Prozent der westdeutschen und 20 Prozent der ostdeutschen Krankenhäuser rote Zahlen schreiben. Hinter ihren wirtschaftlichen Problemen stehen sowohl die beschriebenen Strukturdefizite der medizinischen Versorgung als auch ein dysfunktionales Finanzierungssystem mit einer getrennten Finanzierung von Investitionen und laufenden Betriebskosten. Für die Sicherstellung der stationären Versorgung sind nach dem Krankenhausfinanzierungsgesetz (KHG) die Länder verantwortlich. Sie stellen einen Krankenhausbedarfsplan auf, den sie mit den Kommunen und den Krankenkassenverbänden abstimmen. Näheres regeln Landesgesetze. Alle darin aufgenommenen Kliniken haben Versorgungsverträge mit den Krankenkassen.[40] Für ihre Investitionskosten sollen die Länder mit Einzel- und Pauschalförderungen aufkommen, während die laufenden Betriebskosten von den Vergütungen der Krankenversicherungen gedeckt werden sollen.

Dieses duale Finanzierungssystem funktioniert schon lange nicht mehr, weil die Länder ihre Fördermittel für die Krankenhäuser in den vergangenen 20 Jahren halbiert haben (Blum und Weigand 2015). Die dadurch entstehende Lücke bei den Investitionen wird aus den Vergütungen der Krankenversicherungen gestopft, die aber nur die laufenden Betriebskosten decken. Darunter haben vor allem die Pflegekräfte zu leiden (Bräutigam et al. 2014, Simon 2019a). Während die Zahl der in

40 Zwar können die Kassenverbände auch mit Plankrankenhäusern die Verträge kündigen, aber das findet so gut wie nicht statt. Stattdessen werden eher Abteilungen geschlossen oder Kliniken unter Beibehaltung von Standorten fusioniert.

den Krankenhäusern arbeitenden Ärztinnen und Ärzte zwischen 1991 und 2016 um 66 Prozent zunahm, sank die Zahl der Pflegekräfte um fünf Prozent. Die so entstandene Lücke beim Pflegepersonal wird auf zwischen 70.000 und 100.000 Stellen geschätzt. Sie hat für einen Pflegenotstand gesorgt, der in der Corona-Pandemie offenkundig wurde.

Dafür werden auch die vor 20 Jahren eingeführten DRG-Fallpauschalen verantwortlich gemacht, die nicht nur wegen einer zu geringen Berücksichtigung der Pflegekosten einer grundlegenden Neugestaltung bedürfen. DRGs (Diagnosis Related Groups) sind ein Klassifikationssystem für nach Diagnosen bzw. Diagnosegruppen definierte Erkrankungen. Es wurde in den 1980er Jahren in den USA entwickelt, zunächst als Grundlage für die Ressourcenverteilung in Krankenhäusern, dann als Vergütungssystem für die Leistungen der staatlichen Medicare-Krankenversicherung für Rentner. DRG-Systeme wurden seither in fast allen Gesundheitssystemen in verschiedenen Ausprägungen eingesetzt.

Die aus dem australischen DRG-System abgeleiteten deutschen G-DRGs werden auf Basis von etwa 3,7 Millionen Fällen in 240 Kalkulations-Krankenhäusern vom Institut für Entgeltsysteme im Krankenhaus (InEK) entwickelt und jährlich neu berechnet. Sie lösten eine Entgeltordnung mit tagesgleichen, abteilungsbezogenen Pflegesätzen und dem Selbstkostendeckungsprinzip ab. Bestandsaufnahmen zu den Wirkungen der DRGs ermittelten folgende Auswirkungen auf die Krankenhäuser (Reifferscheid et al. 2013, Simon 2019):

- Die Fallzahlen sind allein zwischen 2003 und 2010 um vier Prozent gestiegen, was auch auf falsche

Mengenanreize zurückzuführen ist. Dieser Trend hält bis heute an.

- Eine wachsende Zahl von gesundheitlichen Behandlungen, die früher mit Krankenhausaufenthalten verbunden waren, wird heute ambulant oder teilstationär durchgeführt. Das führt automatisch zu einer Erhöhung des Schweregrades von Krankenhausbehandlungen.
- Die DRGs fördern die Spezialisierung von Krankenhäusern auf bestimmte kostspielige Behandlungen, etwa in der Onkologie.
- Es gibt Tendenzen zum Upcoding, d. h. der Höherbewertung von Fällen. Untersuchungen des Medizinischen Dienstes der Krankenversicherung (MDK) ergaben eine Quote solcher Fälle von fünf Prozent.
- Die durchschnittliche Verweildauer im Krankenhaus wurde seit Einführung der DRGs deutlich verkürzt, was aber auch auf den medizinischen Fortschritt zurückzuführen ist, vor allem in der Anästhesie.

Gesundheitsminister Lauterbach hat Anfang Dezember 2022 im Bundestag eine Reform der DRG-Fallpauschalen angekündigt, deren Konturen bei der Drucklegung dieses Buches noch nicht erkennbar waren. Aber auch mit einer DRG-Reform wird man die ökonomischen Probleme der Krankenhäuser nicht lösen können. Im Juli 2019 veröffentlichte die Bertelsmann Stiftung eine Expertise von Ökonomen und Gesundheitswissenschaftlern, die folgende Mängel in der stationären Versorgung offenlegte (Bertelsmann Stiftung 2019):

- Die Zahl der Krankenhausbetten liegt um mehr als 60 Prozent, die der Krankenhausbetten um 70 Prozent über dem Durchschnitt vergleichbarer EU-Länder.

- Das vorhandene Personal reicht nicht aus, um diese medizinisch nicht erforderlichen Kapazitäten angemessen auszustatten. In Deutschland gibt es zwar mehr Klinikpersonal pro Einwohner als in der EU, aber weniger pro Patient. Der Pflegenotstand hat hier eine ihrer Wurzeln.
- Es gibt eine hohe Zahl an Fehlbelegungen. Über fünf Millionen Krankenhauspatientinnen und -patienten könnten ambulant behandelt werden.
- Fast zwei Drittel haben keine für die Diagnose und Notfallbehandlung von Schlaganfällen und Herzinfarkten erforderliche Ausstattung. Die Folge sind Qualitätsmängel und Behandlungsfehler.

Diese Mischung aus Unter- und Überversorgung lässt sich nur mit der oben skizzierten Reform der Versorgungsstrukturen beseitigen, mit der die starren Grenzen zwischen ambulanter und stationärer Versorgung aufgehoben werden. Gesundheitsminister Lauterbach verständigte sich mit den Ländern im Januar 2023 auf die Bildung einer Arbeitsgruppe, die Eckpunkte einer umfassenden Reform der Krankenhausfinanzierung- und -planung erarbeiten soll. Das ist ein ehrgeiziges Ziel, das nur erreicht werden kann, wenn die unterschiedlichen Problemlagen und Interessen der Länder nicht zu einer Reformblockade führen.

Kapitel 7
Risiko Pflegebedürftigkeit

Die Pflegeversicherung belegt wie kein anderer Zweig der Sozialversicherung den Wandel des Sozialstaats von einem Fürsorgesystem für Bedürftige zur Institution der Absicherung sozialer Risiken aller Bürgerinnen und Bürger. Sie wurde 1995 eingeführt und war ein sozialpolitischer Fortschritt, der aber unter einem hohen politischen Kompromisszwang stand. Es dauerte 20 Jahre, bis Denkschriften zum zuspitzenden Problem der Betreuung pflegebedürftiger Personen in einem Gesetz mündeten (Rothgang 1997, Naegele 2014). Die Familien und Nachbarschaften waren mit der Wahrnehmung dieser Aufgabe zunehmend überfordert. Aus einer scheinbaren Privatsache war ein gesellschaftliches Problem geworden, das fast alle Schichten der Bevölkerung betrifft. Die Pflegeversicherung ist auch für höhere Einkommensgruppen attraktiv, schon weil sie ihr Vermögen schützt.[41]

Bei der Einführung der Pflegeversicherung war Fachleuten klar, dass dieser neue Zweig der Sozialversicherung eine besondere Dynamik hat. Dafür spricht die demografische Entwicklung mit einem erkennbar steigenden Anteil hochbetagter und damit pflegebedürftiger Menschen. Damit stellt sich nicht nur ein finanzielles Problem, sondern auch die Frage nach den Auswirkungen auf den Bedarf an Pflegeeinrichtungen und ausgebildetem Personal. Sie bestimmt heute mehr denn je die politischen Auseinandersetzungen über den

41 Das Pflegeversicherungsgesetz wurde bei seiner Verabschiedung von seinen Gegnern zum *Erbenschutzgesetz* herabgewürdigt.

Umgang mit dem Risiko der Pflegebedürftigkeit. Aus einer sozialen Frage wurde die Gestaltung eines Wirtschaftszweiges.

7.1 Struktur der Pflegeversicherung

Vor Einführung der Pflegeversicherung war die Betreuung pflegebedürftiger Personen Privatsache. Seit 1989 gehörte nur die Betreuung von Schwerstpflegebedürftigen zum Leistungskatalog der GKV. Das von der CDU/CSU und der SPD gemeinsam entwickelte Pflegeversicherungsgesetz brachte eine Pflegeversicherung als eigenständige Säule der Sozialversicherung. Alle Einwohner sollten versicherungspflichtig werden, auch Selbstständige und Beamte. Aber ein einheitliches Versicherungssystem lehnten die Unionsparteien ab. Es kam zu einem dualen System aus *Sozialer* und *Privater Pflegeversicherung (SPV, PPV)* mit einem weitgehend gemeinsamen Leistungskatalog.

Duales System von SPV und PPV

Alle Mitglieder einer gesetzlichen oder privaten Krankenversicherung müssen eine Pflegeversicherung abschließen. Sie wird von den jeweiligen Krankenkassen und Versicherungsunternehmen mit getrennten Haushalten geführt, denen die Versicherten angehören. Insofern wird auch in der Pflegeversicherung das duale System der Krankenversicherung übernommen. Die Pflegekassen haben den Sicherstellungsauftrag für die pflegerische Versorgung und schließen mit ambulanten und stationären Diensten und Einrichtungen Versorgungsverträge ab. Im Unterschied zur GKV werden aber nicht die gesamten Leistungen abgesichert, sondern nur eine pflegerische Grundversorgung.

In der stationären Pflege müssen Unterkunft und Verpflegung von den Pflegebedürftigen und ihren Angehörigen selbst bezahlt werden. Reicht dafür ihr Einkommen und Vermögen nicht aus, erhalten sie Unterstützungen vom Sozialamt. Auch in der ambulanten Pflege decken die Leistungen der SPV die tatsächlich anfallenden Kosten nicht ab, es gilt eine Art Teilkasko-Prinzip. Die Versicherten haben die Wahl zwischen Geld- und Sachleistungen. Das war politisch vor allem von der CDU/CSU so gewollt. Nach ihren Vorstellungen sollte die Pflegeversicherung nicht zu einer voll professionalisierten Pflege führen, sondern nach dem Subsidiaritätsprinzip eher eine Hilfe zur Selbsthilfe sein. Sie soll nur dann eingreifen, wenn die private Pflege nicht mehr gewährleistet werden kann. Das hat sich vor allem in der stationären Pflege als problematisch erwiesen.

Tabelle 7.1: Soziale und private Pflegeversicherung im Vergleich

	SPV	**PPV**
Versicherte Personen	73,51 Mio.	9,19 Mio.
Leistungsempfänger ambulante Versorgung	3.763.305	218.332
Leistungsempfänger stationäre Versorgung	843.185	54.358
Leistungsempfänger insgesamt	4.606.490	272.689
Verhältnis Leistungsempfänger/Versicherte in v. H.	6,3	3,0

Quelle: Sozialpolitik aktuell

Die *PPV* ist zwar ähnlich aufgebaut wie die SPV und bietet die gleichen Pflichtleistungen, aber im Unterschied zur SPV werden nur Geldleistungen angeboten. Die Versicherten rechnen selbst mit den Pflegediensten ab und erhalten von der PPV eine dem Pflegegrad (siehe unten) entsprechende Geldleistung. Die Beiträge werden in der PPV wie in der PKV nach dem Versicherungsrisiko beim Eintrittsalter kalkuliert und enthalten Rückstellungen für die mit dem Alter wachsenden Pflegekosten. Wie Tabelle 7.1 zeigt, hat die PPV im Verhältnis zu der Versichertenzahl deutlich weniger Leistungsempfänger als die SPV (3,0 gegenüber 6,3 Prozent) und damit auch geringere Ausgaben. Einen Solidarausgleich zwischen den beiden Ebenen der Pflegeversicherung gibt es nicht, obwohl die PPV eine sehr viel günstigere Sozialstruktur und damit Risikoverteilung hat als die SPV. Dadurch hat sie große Rückstellungen akkumuliert, die den Bedarf zur Absicherung demografischer Risiken bei weitem übersteigen (siehe unten Tabelle 7.3).

Finanzierung der Pflegeversicherung

Die SPV wird mit einem gesetzlich festgelegten Beitragssatz finanziert, der gegenwärtig (2022) bei 3,05 Prozent des beitragspflichtigen Einkommens liegt, das dem in der GKV entspricht. Kinderlose Versicherte bis 23 Jahre werden mit 3,3 Prozent belastet. Die durch die Pflegeversicherung erhöhten Sozialabgaben stießen auf den Widerstand der Arbeitgeberverbände, für die seit jeher die Beitragssatzstabilität in der Sozialversicherung absolute Priorität hat (siehe Abschnitt 1.3). Sie wurden mit dem Streichen eines gesetzlichen Feiertags beruhigt. Damit wurde der Arbeitgeberanteil faktisch durch »unbezahlte Überstunden« (Pabst 1997) der Versicherten finanziert.

Nach dem Vorbild der Krankenhausversorgung wurde eine duale Finanzierung der stationären Pflegeeinrichtungen eingeführt. Die Länder sind zuständig für die Vorhaltungs- und Investitionskosten, während die Pflegekassen die laufenden Betriebskosten übernehmen. Der Beitragssatz zur Pflegeversicherung wird nicht von den Pflegekassen gemäß ihres Finanzbedarfs festgelegt, sondern per Gesetz. Er lag anfangs bei 1,7 Prozent des beitragspflichtigen Einkommens. Es war schon bei der Verabschiedung des Pflegeversicherungsgesetzes klar, dass dieser Beitragssatz trotz der gedeckelten Leistungen nur wenige Jahre reichen würde, zumal man nicht genau wusste, wie sich der Pflegebedarf entwickeln würde.

Die Ausgaben der SPV lagen ab 1999 über den Einnahmen und konnten nur über ein Abschmelzen der in den Jahren zuvor akkumulierten Finanzreserven gedeckt werden (Pick 2000). Daraufhin entwickelte sich eine Debatte über die Neugestaltung der Pflegeversicherung. Die nach den Bundestagswahlen 2005 entstandene erste Große Koalition mit Bundeskanzlerin Angela Merkel setzte sich ehrgeizige Ziele, die vor allem die Organisation der Pflegedienste und die Neugestaltung des Begriffs der Pflegebedürftigkeit betrafen. Die *Pflege-Neuausrichtungsgesetze I und II* von 2013 und 2015 brachten eine komplette Neuordnung der Pflegeleistungen (siehe unten) mit der Folge einer weiteren Beitragssatzanhebung auf 2,55 bzw. 2,80 Prozent. Außerdem geht seither ein Prozent der Beitragseinnahmen in einen Pflegevorsorgefonds, der die mit der Babyboomer-Generation der Jahrgänge 1954 bis 1964 zu erwartenden Zuwächse bei den Pflegekosten glätten soll.

Die Zahl der Leistungsempfänger der Pflegeversicherung hat sich seit ihrer Einführung mehr als vervierfacht. 1995 waren es 1,061 Millionen Personen, 2021 4,606 Millionen. Das hängt vor allem mit dem ab 2017 geltenden neuen Begriff der Pflegebedürftigkeit zusammen (siehe unten), der zwischen 2017 und 2021 zu einem Zuwachs an Leistungsfällen um 38 Prozent führte.[42] Aber schon in den Jahren zuvor wies die Pflegeversicherung eine steigende Zahl von Leistungsfällen auf, was mit der demografischen Entwicklung, aber auch mit einem verbesserten Zugang zur Versorgung und einem wachsenden Bedarf vor allem in der häuslichen Pflege in den niedrigen Pflegestufen zu tun hatte.

Über 80 Prozent der von der Pflegeversicherung abgesicherten Personen werden heute zu Hause versorgt, knapp 20 Prozent in Pflegeheimen. Von den 3,31 Millionen daheim betreuten Personen wurden 2019 70 Prozent von Angehörigen und 30 Prozent gemeinsam mit Pflegediensten gepflegt. Die ambulante Pflege ist immer noch weitgehend eine familiäre Aufgabe, die mit dem Pflegegeld vergütet wird. Zwar kommen 85,7 Prozent der Pflegepersonen mit der Pflege nach eigenen Angaben meistens oder immer gut zurecht, aber es steht außer Frage, dass die Betreuung von pflegebedürftigen Angehörigen eine hohe Belastung darstellt, zumal diese Befragungsdaten nur den Durchschnitt wiedergeben und die mit dem Pflegegrad steigenden Anforderungen nicht erfasst werden.

42 Soweit nicht anders ausgewiesen, ist www.sozialpolitik-aktuell die Datenquelle.

Eine vom Sozialverband *VdK* veröffentlichte Studie ergab, dass die meisten Personen, die Angehörige pflegen, zwar mit den von der Pflegeversicherung angebotenen Unterstützungsleistungen zufrieden sind, sich aber mehrheitlich mehr davon in folgenden Bereichen wünschten (Büscher et al. 2022: 30):

- Pflegedienst: 53,1 Prozent
- Tages-/ Nachtpflege: 61,8 Prozent
- Verhinderungs-/ Ersatzpflege: 83,8 Prozent
- Kurzzeitpflege: 76,9 Prozent
- Unterstützung im Haushalt: 72,3 Prozent
- Betreuung: 78,0 Prozent

Die professionelle Unterstützung der ambulanten Pflege wird vor allem von privaten Pflegediensten erbracht. 2019 waren von den insgesamt 14.688 ambulanten Pflegediensten 66,5 Prozent in privater Trägerschaft, zumeist Einzelselbstständige oder kleine Gruppenpraxen, 32,1 Prozent gehörten zu freigemeinnützigen Organisationen wie der *Arbeiterwohlfahrt* oder *Caritas*. Nur 1,3 Prozent hatten einen öffentlichen Träger, zumeist Kommunen. Unter den insgesamt 15.380 stationären Pflegeeinrichtungen haben die privaten Träger einen Anteil von 42,7 Prozent, der von freigemeinnützigen Organisationen liegt bei 52,8 Prozent und der von öffentlichen Einrichtungen bei 4,5 Prozent. Die stationäre Pflege hat sich zu einem Geschäftsfeld von Pflegeketten entwickelt, die von Kapitalfonds finanziert werden. Da 80 Prozent der Kosten solcher Heime auf das Personal entfallen, können deren Renditeerwartungen nur auf dem Rücken der Pflegekräfte erwirtschaftet werden. Zwar gibt es in der Personalausstattung der Pflegeheime

Mindestgrößen und -zusammensetzungen des Personals, die in den Heimverordnungen der Länder festgelegt werden, die aber bei weitem nicht immer realisiert und vielfach zu gering angesetzt werden (Bäcker et al. 804ff.).

7.2 Pflegegrade und Leistungen

Die anfängliche Aufteilung der Pflegebedürftigkeit in drei Versorgungsstufen erwies sich schon bald als zu kurz gegriffen. Deren Legaldefinition im Sozialgesetzbuch XI umfasste dauerhaften Hilfebedarf aufgrund körperlicher, geistiger oder seelischer Krankheiten oder Behinderungen bei gewöhnlichen und wiederkehrenden Alltagsverrichtungen. Bei der Prüfung des Pflegebedarfs wurde erfasst, bei welchen dieser Alltagsverrichtungen wie oft Unterstützung benötigt wird. Der Fokus lag auf dem Hilfebedarf bei der Körperpflege, Ernährung, Mobilität und Hauswirtschaft. Dadurch wurden körperliche Beeinträchtigungen höher bewertet als kognitive Einschränkungen und Verhaltensauffälligkeiten wie Vergesslichkeit oder temporäre Verwirrung. Eine wachsende Zahl von Personen, die ihren Alltag nicht mehr eigenständig und ohne fremde Hilfe bewältigen können, wurde aus den Pflegeleistungen ausgegrenzt. Auf Grundlage des Gutachtens eines von Gesundheitsministerin Ulla Schmidt eingesetzten Expertenbeirats wurden die Leistungen der Pflegeversicherung in drei Gesetzen zwischen 2013 und 2017 neugestaltet.

Pflegegrade

Mit dem PNG II wurde 2017 ein neuer Begriff der Pflegebedürftigkeit zur Anspruchsgrundlage von Pflegeleistungen, die von Pflegewissenschaftlern als »sehr großzügig, aber damit auch sehr kostenintensiv« bezeichnet wurden (Rothgang und Kalwitzki 2015: 47). Die Pflegebedürftigkeit orientiert sich nicht mehr wie zuvor die drei Pflegestufen an den nach Zeitaufwand erfassten Verrichtungen der Pflege, sondern am *Pflegebedarf* der Pflegebedürftigen, der sich aus seiner oder ihrer Lebenssituation ergibt. Er wird auf pflegewissenschaftlicher Basis anhand eines Kriterienkatalogs in sechs Lebensbereichen am Grad der Selbstständigkeit der Pflegebedürftigen mit folgender Gewichtung ermittelt (Bäcker et al. 2020: 789ff.). Die bei der Begutachtung festgestellten Einzelpunkte werden addiert und gewichtet, und die pflegebedürftige Person wird einer der folgenden *fünf Pflegegrade* zugeordnet:

- Pflegegrad 1: geringe Beeinträchtigung der Selbstständigkeit,
- Pflegegrad 2: erhebliche Beeinträchtigung der Selbstständigkeit,
- Pflegegrad 3: schwere Beeinträchtigung der Selbstständigkeit,
- Pflegegrad 4: schwerste Beeinträchtigung der Selbstständigkeit,
- Pflegegrad 5: schwerste Beeinträchtigung der Selbstständigkeit mit besonderen Anforderungen an die pflegerische Versorgung.

Tabelle 7.2 gibt einen Überblick über die aktuellen Geld- und Sachleistungen der Pflegeversicherung.

Tabelle 7.2: Sach- und Geldleistungen nach Pflegegrad 2022 in Euro

Leistung	1	2	3	4	5
Pflegegeld für häusliche Pflege pro Monat bis zu		316	545	728	901
Entlastungsbetrag bei häuslicher Pflege pro Monat bis zu	125				
Sachleistungen bei häuslicher Pflege pro Monat bis zu		724	1363	1693	2095
Teilstationäre Pflege pro Monat bis zu		689	1298	1612	1995
Pflegehilfsmittel pro Monat bis zu	40				
Vollstationäre Pflege pro Monat bis zu	125	770	1262	1775	2005
Häusliche Verhinderungspflege (bis zu 6 Wochen pro Jahr)	Durch nahe Angehörige bis zum 1,5-fachen Betrag des Pflegegrades. Durch Personen, die keine nahen Angehörigen sind: Pflegegrad II bis V: einheitlich 1612 Euro				
Kurzzeitpflege (bis zu 8 Wochen pro Jahr)	125	1774			

Quelle: Sozialpolitik aktuell

Pflegeleistungen und steigende Kosten

Während der Pflegebedarf mit den Pflegeneuordnungsgesetzen neu definiert und ermittelt wurde, blieb die Unterscheidung der Pflegeleistungen in Sach- und Geldleistungen unverändert:

- In der *ambulanten Pflege* gibt es nach wie vor die Wahl zwischen Geldleistungen (Pflegegeld) und Sachleistungen durch einen Pflegedienst, wobei beide Leistungsarten miteinander kombiniert werden können. Hinzu kommen weitere Leistungen für besondere Lebensumstände, zum Beispiel für Wohngemeinschaften mit Pflegebedarf, Zuschüsse für barrierefreie Umrüstungen von Wohnungen oder Pflegekurse für Angehörige.
- Die Inanspruchnahme *stationärer Pflege* ist zwar formal auch als Alternative zur ambulanten Pflege möglich, aber in der Praxis ist sie fast immer eine aus der persönlichen Not geborene Lösung, weil eine Pflege in den eigenen vier Wänden nicht mehr möglich ist. Sicher spielen die hohen Heimkosten auch eine Rolle.

Die Pflegekosten sind nicht nur infolge der verbesserten Leistungen gestiegen, sondern auch wegen der besonderen ökonomischen Dynamik des Gesundheits- und Sozialwesens als einer personalintensiven Branche (siehe Abschnitt 6.3). Das betraf vor allem die stationäre Pflege, deren Kosten von Normalverdienern kaum allein zu tragen sind, von Geringverdienern ganz zu schweigen. Das Bundesgesundheitsministerium dokumentiert in seinem 7. Pflegebericht (BMG 2021) erhebliche regionale Unterschiede bei den Kosten der stationären Pflege und den Eigenanteilen der Versicherten. Letztere schwankten bei den Pflegeleistungen zwischen 878 Euro in Berlin und 243 Euro in Thüringen.

Bei den von den Versicherten zu tragenden Tageskosten für Unterkunft und Verpflegung gab es eine Spannbreite von 20,42 Euro in Bayern bis 33,19 Euro in Nordrhein-Westfalen. Bundesdurchschnittlich sind nach

Berechnungen des AOK-Bundesverbandes die Eigenanteile der Pflegebedürftigen in der stationären Langzeitpflege zwischen 2017, dem Jahr der Einführung der neuen Pflegegrade, und 2021 um rund 25 Prozent auf einen Bundesdurchschnitt von 2.185 Euro pro Monat gestiegen (Haun und Jacobs 2012: 7). Solche Beträge überfordern die meisten Haushalte. Dieser Trend wird sich weiter fortsetzen, auch weil in den Pflegeheimen ein Personalmangel herrscht, dem man nur mit besseren Arbeitsbedingungen und höheren Gehältern begegnen kann.

Die stationäre Pflege beruht auf dem seit Jahren nicht mehr funktionierenden Modell, wonach die SPV und die PPV die Kosten für die Pflege tragen, die Versicherten die sogenannten Hotelkosten und die Länder die Investitionen der Pflegeheime finanzieren. Dieses System funktioniert nicht mehr. Der Gesundheitsminister der letzten Großen Koalition Jens Spahn hat mit dem *Gesundheitsversorgungsweiterentwicklungsgesetz (GVWG)* vom Juni 2021 versucht, diese wachsende finanzielle Überforderung der Pflegedürftigen einzudämmen. Er führte einen *Pflegedeckel* ein, mit dem die Eigenbeteiligungen der Versicherten an den stationären Pflegekosten auf 700 Euro im Monat begrenzt werden. Für die darüber hinausgehenden Kosten erhalten die Versicherten nach Einkommen gestaffelte Zuschüsse, die aber insgesamt eine Milliarde Euro pro Jahr nicht übersteigen sollen. Diese Regelung führt zwar zu kurzfristigen Entlastungen der Pflegebedürftigen, ist aber keine dauerhafte Lösung der Finanzprobleme in der SPV. Die damit zu erreichenden Erleichterungen werden bereits Ende 2023 erschöpft sein (Rothgang et al. 2021: 21). Auch die mit dem GVWG ebenfalls eingeführten Ausweitungen der Personalstandards in Pflegeheimen führen zu keiner wirklichen Verbesserung der Situation in der Pflege. Sie »muten vergleichsweise hilflos an« (Rothgang und Kalwitzki 2021: 13), weil einer guten Absicht kein belastbares Konzept zu ihrer Realisierung und Finanzierung zur Verfügung steht.

7.3 Perspektiven der Pflegeversicherung

Seit Jahren steht die Pflegeversicherung vor zwei großen Problemen, die sich in den letzten zehn Jahren zugespitzt haben: die hohen Eigenanteile der Versicherten vor allem in der stationären Pflege und der Fachkräftemangel.

Die Pflegeversicherung wird in der Öffentlichkeit oft als Teilkaskoversicherung bezeichnet. Das ist insofern richtig, als im Unterschied zur GKV nicht das Sachleistungsprinzip mit voller Kostenübernahme und nur begrenzten Zuzahlungen der Versicherten gilt, sondern feste Zuschüsse gezahlt werden. Aber das unterscheidet die Pflegeversicherung auch vom Teilkaskoprinzip in der Kfz-Versicherung, wo die Versicherten in Schadensfällen zumeist einen nach Risikoklassen gestaffelten Selbstbehalt tragen. In der Pflegeversicherung werden höhere Kosten von den Versicherten getragen, in der Kfz-Versicherung von den Versicherungsunternehmen. Diese Regelung ist vor allem in der stationären Langzeitpflege zu einem Problem geworden, das nicht nur die Pflegebedürftigen, sondern auch die Sozialhilfeträger belastet. Deren Nettoausgaben für Hilfe zur stationären Langzeitpflege sind zwischen 2017 und 2020 um ein Drittel von 2,4 Mrd. auf 3,2 Mrd. Euro gestiegen (Rothgang et al. 2021: 21). Zwar werden die Versicherten kurzfristig durch den 2021 eingeführten »Pflegedeckel« entlastet, aber dieser Effekt wird schon 2023 aufgebraucht sein (ebenda: 22f.).

Dazu tragen auch die im GVWG vorgesehenen Verbesserungen im Personalschlüssel bei, die ohne eine Erhöhung der Budgets der Pflegeheime nicht umsetzbar sind. Die Szenarien von Rothgang et al. zu verschiedenen Modellen der Reform der Finanzierung der Pflegeversicherung (ebenda: 24ff.) zeigen deutlich, dass an einer Anhebung des Beitragssatzes zur SPV kein Weg vorbeiführt, wenn man die Versorgung in der Langzeitpflege in angemessener Qualität sicherstellen will. Das stößt auf das Dogma, dass die Sozialabgaben nicht über 40 Prozent der Bruttolöhne steigen dürfen. Eine Alternative ist die Anhebung der Eigenleistungen der Pflegebedürftigen und ihrer Angehörigen, was deren Leistungsfähigkeit in den meisten Fällen überfordert und zu einem Anstieg der Sozialhilfeausgaben führen wird.

Es bleibt als dritte und ökonomisch rationale Lösung des Problems die Verbreiterung der Finanzierungsbasis der SPV durch die Aufhebung der Trennung in SPV und PPV, mit anderen Worten: die Einführung einer *Bürgerpflegeversicherung*. Tabelle 7.3 zeigt, dass die Beiträge in der SPV deutlich höher sind als in der PPV. Die Leistungsausgaben je versicherte Person sind in der SPV viermal so hoch wie in der PPV. Eine einheitliche Pflegeversicherung würde nicht nur die finanzielle Absicherung des Pflegerisikos insgesamt finanziell stärken, sondern auch die Sozialhilfeträger entlasten.

Tabelle 7.3: Kennzahlen SPV und PPV 2005 und 2019

	SPV	PPV	SPV	PPV
	2005		2019	
Anzahl der Versicherten in Tausend	70.522	9.154	73.050	9.220
Beitrag je versicherte Personen und Jahr in Euro	246	204	637	349
Anzahl Pflegebedürftige je 100 Versicherte	2,77	1,27	5,48	2,73
Ausgaben je versicherte Person in Euro	241	60	557	171
Ausgaben je pflegebedürftige Person in Euro	8.699	4.744	10.176	6.251
Altersrückstellungen PPV in Milliarden Euro		15,17		38,96

Quelle: Haun und Jacobs 2021, eigene Zusammenstellung

Der politische Widerstand gegen eine Bürgerpflegeversicherung wird auch deshalb eine geringere Basis als in der Krankenversicherung haben, weil damit für die Pflegedienste und -heime keine ökonomischen Einbußen verbunden sind, wie sie die Arztpraxen hinnehmen müssten. Der finanzielle Spielraum für einen Ausbau der Pflegeleistungen und die Verbesserungen der Arbeitsbedingungen der Pflegekräfte würde sich sogar erhöhen. Das Haupthindernis zur Schaffung einer Bürgerpflegeversicherung wird der Umgang mit den Altersrückstellungen sein, die sich 2019 auf fast 40 Milliarden Euro beliefen. Deren Eigentumsverhältnisse sind juristisch ungeklärt und eine vermutlich beim Bundesverfassungsgericht landende Frage (siehe Abschnitt 6.5).

Die Notwendigkeit einer verbreiterten Finanzierungbasis der Pflegeversicherung ergibt sich nicht nur aus dem ausgebauten Leistungskatalog, sondern auch aus dem Personalbedarf in der Langzeitpflege. Der Gesundheits-Sachverständigenrat hat schon vor zehn Jahren auf einen dort spätestens ab 2015 drohenden empfindlichen Fachkräftemangel hingewiesen (SVR-G 2012: 81ff.). Um dieses Problem haben sich bislang alle Bundesregierungen herumgedrückt. Mit der Neuordnung der Grade von Pflegebedürftigkeit haben sich die Anforderungen an die pflegerische Versorgung erhöht. Die mit dem GVWG von 2021 verfügte Anhebung des Personalschlüssels und die Verbesserung der Tariflöhne in den Pflegeheimen führen zu steigenden Personalkosten, die ohne Ausweitung der Ausbildungskapazität nicht zu bewältigen sind.

Die Finanzwirkungen der neuen gesetzlichen Vorgaben sind erheblich. Die Vergütungszuschläge je Pflegeheimbewohner werden nach vorliegenden Berechnungen im Jahr 2022 von 40 Euro pro Monat auf 155 Euro steigen und in den Jahren 2023 und 2024 weiter auf 195 bzw. 235 Euro wachsen (Schwinger 2022: 33). Es ist schon erstaunlich, dass die Ampel-Koalition sich in ihrem Programm für die laufende Legislaturperiode darüber ausschweigt, wie die Maßnahmen zur Verbesserung der Arbeitsbedingungen der Pflegekräfte ausgestaltet und finanziert werden sollen. Die von Gesundheitsminister Lauterbach noch für 2022 versprochenen Vorschläge zur Lösung des Problems lagen bei Redaktionsschluss dieses Buches nicht vor. Solange man dafür keine überzeugende Lösung gefunden hat, sind auch alle Versuche, die Pflegeberufe durch verbesserte Ausbildungsgänge, Arbeitsbedingungen und Vergütungen attraktiver zu machen, vergeblich.

Ausblick: Wer soll das bezahlen?

Die Covid-Pandemie hat zweierlei anschaulich gemacht. Zum einen brauchen moderne Gesellschaften soziale Sicherungssysteme nicht nur für Notfälle, sondern als dauerhafte, den Alltag der Menschen begleitende Einrichtungen. Zum zweiten sind deren Aufgaben und Infrastruktur in den vergangenen Jahrzehnten systematisch vernachlässigt worden und sind Teil einer wachsenden Diskrepanz zwischen öffentlicher Armut und privatem Reichtum. Der moderne Sozialstaat ist keine Institution zur Verteilung von Wohltaten, sondern wie das Bildungssystem und das Verkehrswesen eine unverzichtbare Grundlage der ökonomischen Reproduktion. Deshalb kann man seine Leistungen nicht nach dem Rasenmäherprinzip mit Abgaben- und Etatbremsen begrenzen, ohne damit den Zusammenhalt der Gesellschaft und die ökonomische Entwicklung zu gefährden.

Wir werden uns wegen seiner besonderen Dynamik auf eine weiter wachsende Sozialleistungsquote des BIP einstellen müssen. Dieser säkulare Trend droht ohne grundlegende Strukturreformen aus dem Ruder zu laufen. Fassen wir deren Schwerpunkte noch einmal kurz zusammen:

- Die *Langzeitarbeitslosigkeit* hat sich zu einem zentralen Problem der Wirtschafts- und Sozialpolitik entwickelt. Sie kann mit Qualifizierungsprogrammen und einem zweiten Arbeitsmarkt als Einstiegsprojekt effektiv bekämpft werden.
- Die Verhinderung von *Altersarmut* ist nur mit einer

Verbreiterung der Finanzierungsbasis der sozialen Rentenversicherung zu erreichen.

- Das *Gesundheitswesen* leidet unter einem großen Investitionsstau und dem Nebeneinander von Über- und Unterversorgung. Die Ausgaben der Kranken- und Pflegeversicherung müssen durch eine Bürgerversicherung eine breitere Finanzierungsbasis erhalten.

Wachsendes Sozialbudget

Ein solches Reformprogramm ist nicht mit Umschichtungen im Sozialbudget zu realisieren und erst recht nicht mit einer Privatisierung der sozialen Sicherung. Diese würde nicht den Interessen der Bevölkerung dienen, sondern denen der Investoren. Es muss investiert werden, aber nicht in private Kapitalfonds, sondern in öffentliche Versorgungseinrichtungen, spezielle Förderprogramme und die Ausbildung von Fachkräften. Die dafür erforderlichen Ressourcen machen eine Erweiterung der finanziellen Grundlagen des Sozialbudgets erforderlich. Ein solches Programm wird den üblichen Reflex hervorrufen, dass es nicht finanzierbar sei. Aber Sozialreformen scheitern nicht an fehlendem Geld, sondern an mangelnder politischer Bereitschaft, sie in Angriff zu nehmen.

Wir können und müssen die Effektivität der sozialstaatlichen Institutionen steigern, werden aber damit nichts an dem gesetzmäßigen Trend ändern, dass der Anteil der gesundheitlichen und sozialen Dienste am BIP steigen wird. Dafür sorgt der in Abschnitt 6.3 diskutierte Sachverhalt, dass personenbezogene Dienste im Verhältnis zu industriell hergestellten Produkten kontinuierlich teurer werden. Die Vorstellung, man könne diesen Prozess durch kapitalgedeckte Systeme vorfinanzieren, ist naiv und leugnet das ökonomische Axiom, dass Sozialleistungen immer dann bezahlt werden müssen, wenn sie konkret anfallen (siehe Abschnitt 5.3). Die Leistungen des Sozialstaats sind an sich unverzichtbar, es fragt sich nur, von wem sie wie bezahlt werden. Nach Kriterien von Effektivität und Effizienz hat die öffentliche Finanzierung eindeutige Vorteile, wie in diesem Buch gezeigt wird. Im deutschen Sozialstaat stellt sich zudem die Frage, ob man seine Leistungen über Sozialabgaben oder aus dem Staatshaushalt vergüten soll. Das ist keine fiskalische, sondern eine verteilungspolitische Frage.

Sackgasse Steuerfinanzierung

Unser Sozialbudget wird zu zwei Dritteln aus Sozialabgaben finanziert. Deren Anhebung kollidiert mit dem Dogma, dass sie 40 Prozent der Bruttolöhne nicht übersteigen dürfen (siehe Abschnitt 1.3). Diesem Problem wird in der politischen Praxis gerne durch Zuschüsse aus dem Bundeshaushalt aus dem Weg gegangen. Sollen sowohl das Sozialabgabenlimit eingehalten als auch versprochene Leistungsverbesserungen etwa in der Pflege umgesetzt werden, geht das nur mit mehr Zuschüssen des Bundes zur Kranken- und Pflegeversicherung. Sie müssten zur Einhaltung des Sozialabgabenlimits dauerhaft gewährt werden, es sei denn, man erweitert die Finanzierungsgrundlagen der GKV.

Der Präsident des Bundessozialgerichts Rainer Schlegel hat sich vor diesem Hintergrund in einem Interview mit der *Frankfurter Allgemeinen Zeitung* (FAZ, 17. 11. 2020) für eine generelle Umstellung der Kranken- und Pflegeversicherung von der Beitrags- auf eine Steuerfinanzierung ausgesprochen. Sie würde für mehr soziale Gerechtigkeit sorgen, weil damit im Unterschied zur GKV auch die oberen Einkommensgruppen in den Solidarausgleich einbezogen werden. Dafür seien allerdings »gewisse« Steuererhöhungen erforderlich. Aber dieser Vorschlag läuft nicht auf gewisse, sondern auf deutliche Steuererhöhungen hinaus. 2021 hatten die GKV und die Pflegeversicherung zusammen Ausgaben von etwa 330 Milliarden Euro. Der Bundeshaushalt umfasste im selben Jahr knapp 500 Milliarden Euro, von denen 100 Milliarden zu einem Sonderprogramm zur Bewältigung der Corona-Pandemie gehören. Die komplette Steuerfinanzierung der Kranken- und Pflegeversicherung würde den Bundeshaushalt also um 80 Prozent erhöhen. Das ist schon rein organisatorisch nicht zu bewältigen, weil das Steuersystem komplett umgebaut werden müsste.

Man könnte zur Entlastung der Kranken- und Pflegekassen daran denken, nur deren Sozialausgleich aus dem Bundeshaushalt zu finanzieren, der nach Auffassung vieler Ökonomen eine versicherungsfremde Leistung ist. Wir hatten bereits in den 2000er Jahren eine Debatte über ein solches Modell (Reiners 2009). Die Bundesregierung errechnete damals, dass bei einer Finanzierung des Sozialausgleichs die Mehrwertsteuer je nach Umfang des Sozialausgleichs von 19 auf 21 bis 23 Prozent angehoben werden müsste. Das aber wäre kein Sozialausgleich, sondern eine Benachteiligung der unteren und mittleren Einkommensgruppen, die durch die Umsatz- und Verbrauchssteuern relativ stärker belastet werden als die oberen Einkommensschichten (Bach et al. 2017). Diesen unsozialen Effekt haben die einkommensbezogenen Sozialabgaben nicht. Die Steuerfinanzierung der

Gesundheitsausgaben würde auch an der Abgabenbelastung der Wirtschaft nichts ändern, weil diese insgesamt durch die Verschiebungen im Sozialbudget von den Sozialversicherungen hin zum Staatshaushalt gleichgeblieben sind (siehe Abschnitt 1.3)

Abschied von Dogmen

Die herrschende ökonomische Lehre und die von ihr geprägte Wirtschafts- und Sozialpolitik sitzen in einer selbst gestellten Falle. Steigende Sozialabgaben kollidieren mit dem Dogma der Begrenzung der Lohnnebenkosten, ihre Überwälzung auf den Staatshaushalt gefährdet die dem Grundgesetz aufgedrängte Schuldenbremse. Als Ausweg aus diesem Dilemma bietet sich die weitere Reduktion des Arbeitslosengeldes und der Sozialrenten auf eine Grundsicherung an, was zu wachsenden sozialen Disparitäten führen würde. Aber auch diese Basissicherung auf Armutsniveau wird mit überproportional zu den Arbeitseinkommen wachsenden Ausgaben konfrontiert, wenn sie nicht nur die Lebenshaltungskosten, sondern auch die Kosten für die Kranken- und Pflegeversicherung abdecken soll.

Man kann es drehen und wenden wie man will, die auf uns zukommenden Probleme in der Gestaltung und Finanzierung der sozialen Sicherung sind nicht ohne eine wachsende Sozialquote des BIP zu bewältigen. Wer behauptet, man könne die damit zusammenhängenden existenziellen Fragen mit marktwirtschaftlichen Instrumenten beantworten, ist entweder ein Scharlatan oder ein glaubensfester Ideologe. Aber aus diesem Sachverhalt sollte man nicht auf eine finale Niederlage des Neoliberalismus schließen. Der Ökonom John E. King sieht in seinem Buch über den Postkeynesianismus zwar Anzeichen für »ein zunehmendes Vertrauen in die Macht der Fiskalpolitik und vor allem eine zunehmende wirtschaftliche Rolle des Staates« (King 2022: 9). Aber es sei mutig, darin das Ende der neoliberalen Phase des Kapitalismus zu sehen.

Die Staatsverschuldung ist auch für etliche neoklassische Ökonomen kein Tabu mehr, sondern ein Instrument des Staates »in einer neuen, komplexen Rolle als Risikomanager« (Schularick 2021: 15). Aber selbst solche Reprisen der neoklassischen Synthese von Angebots- und Nachfragesteuerung aus den 1960er und 1970er Jahren, die von Joan Robinson als »Bastard-Keynesianismus« verspottet wurde, alarmieren die Prätorianer der marktwirtschaftlichen Ordnungspolitik. Der FAZ-Herausgeber Gerald Braunberger warnt vor Abweichungen von deren Tugenden (FAZ, 02. 12. 2022): »Eine Wende zur angebotsorientierten, an marktwirtschaftlichen Prinzipien ausgerichteten Wirtschaftspolitik ist ... notwendig, um den durch technischen Fortschritt unausweichlichen Strukturwandel zu begleiten.« Das ist zwar eher eine Beschwörungsformel als eine sachliche Analyse. Aber das »befremdliche Überleben des Neoliberalismus« (Crouch 2011) hängt mit der Fähigkeit seiner Protagonisten zusammen, scheinbar faktenorientiert zu argumentieren, wo sie nur Ideologien bedienen. Die Zerstörung der von ihnen verbreiteten Mythen ist eine mühselige Angelegenheit, solange jemand wie Angela Merkel weitgehend ungestraft die »schwäbische Hausfrau« als fiskalpolitisches Vorbild propagieren kann.

Literatur

Achinger, Hans 1973: Prolegomena zu einer Theorie der Lebensqualität. Bernhard Külp und Wolfgang Stützel (Hrsg.), a. a. O.: 295–309

Albert, Hans 1963: Modell-Platonismus. Der neoklassische Stil des ökonomischen Denkens in kritischer Betrachtung. Friedrich Karrenberg und Hans Albert (Hrsg.): Sozialwissenschaft und Gesellschaftsgestaltung. Festschrift für Gerhard Weisser. Berlin (Duncker & Humblot): 45–76

Aldred, Jonathan 2020: Der korrumpierte Mensch. Die ethischen Folgen wirtschaftlichen Denkens. Stuttgart (Klett-Cotta)

Althammer, Jörg W. und Heinz Lampert 2014: Lehrbuch der Sozialpolitik, 9. Auflage. Wiesbaden (Springer Gabler)

Althaus, Dieter 2007: Das Konzept des Solidarischen Bürgergeldes. ifo-Schnelldienst 60 (4): 45–47

Arrow, Kenneth J. 1951: Social Choice and Individual Values. New York (Wiley)

Arrow, Kenneth J. 1963: Uncertainty and the Welfare Economics of Medical Care. American Economic Review 53 (5): 941–973

Atkinson, Anthony B. 2016: Ungleichheit. Was wir dagegen tun können. Stuttgart (Klett-Cotta)

Bach, Stefan, Martin Beznoska und Viktor Steiner (2017): Wer trägt die Steuerlast? Verteilungswirkungen des deutschen Steuer- und Transfersystems. Hans Böckler Stiftung (Düsseldorf), Study Nr. 347

Bäcker, Gerhard 2017: Das bedingungslose Grundeinkommen: Ein Traum und die harte Realität. Soziale Sicherheit 66 (10): 349–354

Bäcker, Gerhard 2022: Alterssicherung in Deutschland. Aus Politik und Zeitgeschehen 72 (20): 4–10

Bäcker, Gerhard und Kurt Kistler 2020: Länderbeispiele: Niederlande, Großbritannien, Schweiz und Österreich. Bonn (Bundeszentrale für politische Bildung. https://www.bpb.de/themen/soziale-lage/rentenpolitik/292889/laenderbeispiele-niederlande-grossbritannien-schweiz-und-oesterreich/

Bäcker, Gerhard, Gerhard Naegele und Reinhart Bispinck 2020: Sozialpolitik und soziale Lage in Deutschland. 6., vollständig überarbeitete und erweiterte Auflage. Wiesbaden (Springer VS)

Badura, Bernhard 1982: Heimanns demokratischer Sozialismus, eine Provokation moderner Sozialpolitik. Vorwort zu Eduard Heimann 1929/1982, a. a. O.: III-XXII

Baresel, Kira, Heike Eulitz et al.: 2021: Hälfte aller Erbschaften und Schenkungen geht an die reichsten zehn Prozent. DIW-Wochenbericht 5/2021: 64–71

Barr, Nicholas 2001: The Welfare State as Piggy Bank. Information, Risk, Uncertainty, and the Role of the State. Oxford UK (Oxford University Press)

Barr, Nicholas 2002: Rentenreformen: Mythen, Wahrheiten und politische Entscheidungen. Internationale Revue für Soziale Sicherheit, 55 (2): 3–46

Baumol, William 2013: The Cost Disease. Why Computers Get Cheaper and Health Care Doesn't. New Haven CT (Yale University Press)

BDA-Kommission 2020: Zukunft der Sozialversicherung. Beitragsbelastung dauerhaft begrenzen. Bericht vom 29. 07. 2020. https://arbeitgeber.de/themen/sozialpolitik-und-soziale-sicherung/zukunft-der-sozialversicherung/

Beck, Konstantin 2013: Wettbewerbserfahrungen aus der Schweiz. Klaus Jacobs und Sabine Schulze (Hrsg.).: a. a. O.: 241–262

Beck, Ulrich 1983: Jenseits von Klasse und Stand? Reinhard Kreckel (Hrsg.): Soziale Ungleichheiten (Soziale Welt, Sonderband 2). Göttingen (Otto Schwartz): 35–74

Beck, Ulrich 1986: Risikogesellschaft. Auf dem Weg in eine andere Moderne. Frankfurt am Main (Suhrkamp)

Beck, Ulrich 2007: Weltrisikogesellschaft. Auf der Suche nach der verlorenen Sicherheit. Frankfurt am Main (Suhrkamp)

Becker, Gary S. 1982: Der ökomische Ansatz zur Erklärung menschlichen Verhaltens. Tübingen (Mohr)

Becker, Gary S. 1991: A Treatise on the Family (Extended edition). Cambridge US (Harvard University Press)

Bell, Daniel und Irving Kristol (Hrsg.) 1984: Die Krise in der Wirtschaftstheorie. Berlin-Heidelberg-New York-Tokyo (Springer VS)

Berger, Johannes 2001: Der diskrete Charme des Marktes. Karl Ulrich Mayer (Hrsg.): Die Beste aller Welten? Marktliberalismus versus Wohlfahrtsstaat. Frankfurt am Main (Campus): 13–58

Bernstein, Eduard 1969: Die Voraussetzungen des Sozialismus und die Aufgaben der Sozialdemokratie. Reinbek bei Hamburg (Rowohlt)

Bertelsmann Stiftung 2015: Faktencheck Gesundheit: Regionale Unterschiede in der Gesundheitsversorgung im Zeitvergleich. https://faktencheck-gesundheit.de/fileadmin/files/BSt/Publikationen/GrauePublikationen/Studie_VV__FCG_Regionale_Unterschiede__2015.pdf

Bertelsmann Stiftung 2017: Krankenversicherung für Beamte und Selbstständige. https://www.bertelsmann-stiftung.de/de/publikationen/publikation/did/krankenversicherung-fuer-beamte-und-selbststaendige

Bertelsmann Stiftung 2019: Zukunftsfähige Krankenhausversorgung. Gütersloh (Bertelsmann). https://www.bertelsmann-stiftung.de/de/publikationen/publikation/did/zukunftsfaehige-krankenhausversorgung/

Bertelsmann-Stiftung 2020: Geteilter Krankenversicherungsmarkt. Risikoselektion und regionale Verteilung der Ärzte. Gütersloh (Bertelsmann). https://www.bertelsmann-stiftung.de/de/publikationen/publikation/did/geteilter-krankenversicherungsmarkt/

Bezemer, Dirk 2022: Günstlingswirtschaft der privaten Rentenfonds. Makroskop vom 26. April. 2022. https://makroskop.eu/15-2022/die-gunstlingswirtschaft-der-privaten-rentenfonds/

Bieback, Karl-Jürgen 2014: Verfassungsrechtliche Aspekte der Bürgerversicherung. 2., überarbeitete und erweiterte Auflage. Baden-Baden (Nomos)

Birg, Herwig 2003: Die demographische Zeitenwende. Der Bevölkerungsrückgang in Deutschland und Europa, 3. Auflage. München (Beck)

Blank, Florian, Camille Logeay et al. 2016: Alterssicherung in Deutschland und Österreich: Vom Nachbar lernen? WSI-Report Nr. 27, 1/2016

Blaug, Mark 1997: Economic theory in retrospect, Fifth edition. Cambridge U. K. (Cambridge University Press)

Blum, Karl und Andreas Weigand 2015: Sanierungsfall Krankenhaus. Düsseldorf (DKVG)

BMG (Bundesministerium für Gesundheit) 2021: Siebter Pflegebericht. Berichtszeitraum 2016–2021. https://www.bundesregierung.de/breg-de/suche/siebter-pflegebericht-1915564

Boettcher, Erik (Hrsg.) 1957: Sozialpolitik und Sozialreform. Ein einführendes Lehr- und Handbuch. Tübingen (Mohr-Siebeck)

Boettcher, Erik 1957a: Strukturwandel der Gesellschaft und Reform der Sozialpolitik. Derselbe (Hrsg.) 1957, a. a. O.: 154–166

Bofinger, Peter 2008: Gerechtigkeit für Generationen. Eine gesamtwirtschaftliche Perspektive. Bonn (Friedrich-Ebert-Stiftung). http://library.fes.de/pdf-files/wiso/05902.pdf

Bönke, Timm und Astrid Harnack 2017: Ein Staatsfonds für Deutschland? Grundüberlegungen und internationale Vorbilder. Gütersloh (Bertelsmann Stiftung). https://www.bertelsmann-stiftung.de/de/publikationen/publikation/did/inklusives-wachstum-fuer-deutschland-8-ein-staatsfonds-fuer-deutschland-grundueberlegungen-und-intern/

Bohrer, Karl-Heinz und Kurt Scheel 2010: Editorial zu Merkur 64 (9–10): 950

Börsch-Supan, Axel 2003: Zum Konzept der Generationengerechtigkeit. Zeitschrift für Wirtschaftspolitik 2/2003: 221–226

Börsch-Supan, Axel 2022: Der Lange Schatten der Demografie. Handlungsfelder einer Rentenreform in Deutschland. Aus Politik und Zeitgeschehen 72 (20): 28–34

Bosbach, Gerd und Jens Jürgen Korff 2017: Die Zahlentrickser. Das Märchen von den aussterbenden Deutschen und andere Statistiklügen. München (Heyne)

Boulding, Kenneth E. 1973: Ökonomie als Moralwissenschaft. Winfrid Vogt (Hrsg.), a. a. O.: 103–125

Brandhorst, Andreas, Helmut Hildebrandt und Ernst-Wilhelm Luthe (Hrsg.) 2017: Kooperation und Integration – das unvollendete Projekt des Gesundheitssystems. Wiesbaden (Springer VS)

Braun, Bernard, Hagen Kühn und Hartmut Reiners 1998: Das Märchen von der Kostenexplosion, Frankfurt am Main (Fischer)

Braun, Bernard, Tanja Klenk und Uwe Klemens (Hrsg.) 2022: Selbst verwalten! Wie Ehrenamtliche unser Gesundheitswesen mitgestalten. Stuttgart (Kohlhammer)

Bräutigam, Christoph, Michaela Evans et al. 2014: Arbeitsreport Krankenhaus. Düsseldorf (Hans Böckler Stiftung) Arbeitspapier 306. https://www.boeckler.de/pdf/p_arbp_306.pdf

Breyer, Friedrich und Wolfgang Buchholz 2009: Ökonomie des Sozialstaates. Zweite, überarbeitete Auflage. Berlin-Heidelberg (Springer)

Breyer, Friedrich, Wolfgang Franz et al. 2004: Reform der sozialen Sicherung. Berlin-Heidelberg-New York (Springer)

Breyer, Friedrich, Peter Zweifel und Martin Kifmann 2013: Gesundheitsökonomik, 6. Auflage. Berlin-Heidelberg-New York (Springer)

Brie, Michael 2015: Polanyi neu entdecken. Hamburg (VSA)

Buchanan, James M. und Gordon Tullock 1962: Calculus of Consent. Logical Foundations of Constitutional Democracies. Ann Arbor (University of Michigan Press)

Bude, Heinz 2014: Gesellschaft der Angst. Hamburg (Hamburger Edition)

Bude, Heinz 2019: Solidarität. Die Zukunft einer großen Idee. München (Hanser)

Bundeskanzleramt 2002: Auf dem Weg zu mehr Wachstum, Beschäftigung und Gerechtigkeit. Internes Strategiepapier des Bundeskanzleramtes. http://www.portal-sozialpolitik.de/index.php?page=agenda-2010

Bundesregierung 2001: Bericht der Bundesregierung über die Untersuchung zu den Wirkungen des Risikostrukturausgleichs in der gesetzlichen Krankenversicherung. BT-Drucksache 14/5681 vom 28.03.2001. https://dip.bundestag.de/drucksache/bericht-der-bundesregierung-%C3%BCber-die-untersuchung-zu-den-auswirkungen-des/90791

Bundesregierung 2021: Siebter Pflegebericht. https://www.bundesgesundheitsministerium.de/service/publikationen/details/siebter-pflegebericht-bericht-der-bundesregierung-ueber-die-

entwicklung-der-pflegeversicherung-und-den-stand-der-pflegerischen-versorgung-in-der-bundesrepublik-deutschland.html
Bundesverfassungsgericht 2001: Urteil vom 3. April 2001 – 1 BvR 1629/94. https://www.bundesverfassungsgericht.de/SharedDocs/Entscheidungen/DE/2001/04/rs20010403_1bvr201495.html
Bundesverfassungsgericht 2005: Urteil vom 18. Juli 2005 (2 BvR 2/01). http://www.bundesverfassungsgericht.de/SharedDocs/Entscheidungen/DE/2005/07/fs20050718_2bvf000201.html
Bundesverfassungsgericht 2019: Urteil vom 5. November 2019 (1 BvL 7/16). https://www.bundesverfassungsgericht.de/SharedDocs/Entscheidungen/DE/2019/11/ls20191105_1bvl000716.html
Büscher, Andreas, Laura Peters und Alena Lübben 2022: Zu Hause pflegen – zwischen Wunsch und Wirklichkeit. VdK-Pflegestudie, dritter Zwischenbericht. https://www.vdk.de/deutschland/pages/themen/pflege/81569/pflegestudie?dscc=ok
Butterwegge, Christoph 2018: Weder gerecht noch sozial. Das bedingungslose Grundeinkommen. Derselbe und Kuno Rinke (Hrsg.): Grundeinkommen kontrovers. Plädoyers für und gegen ein neues Sozialmodell. Weinheim (Beltz): 189–214
Butterwegge, Christoph 2020: Die zerrissene Republik. Weinheim-Basel (Beltz-Juventa)
Butterwegge, Christoph, Gerd Bosbach und Matthias W. Birkwald (Hg.) 2012: Armut: Probleme und Perspektiven der sozialen Sicherung. Frankfurt am Main-New York (Campus)
Cangiani, Michele und Claus Thomasberger 2002 Marktgesellschaft und Demokratie: die Perspektive der menschlichen Freiheit. Polanyis Arbeiten von 1920 bis 1945. Karl Polanyi 2002, a. a. O.: 11–44
Cassel, Dieter, Ingwer Ebsen et al. 2008: Vertragswettbewerb in der GKV. Möglichkeiten und Grenzen vor und nach der Gesundheitsreform der Großen Koalition. Bonn (WIdO)
Castel, Robert 2005: Die Stärkung des Sozialen. Leben im neuen Wohlfahrtsstaat. Hamburg (Hamburger Edition)
Collier, Paul 2018: Sozialer Kapitalismus! Mein Manifest gegen den Zerfall unserer Gesellschaft. München (Siedler)

Corneo, Giacomo 2014: Bessere Welt. Hat der Kapitalismus ausgedient? Berlin (Goldegg)

Crouch, Colin 2011: Das befremdliche Überleben des Neoliberalismus. Berlin (Suhrkamp)

Deppe, Frank 2003: Politisches Denken zwischen den Weltkriegen. Hamburg (VSA)

Deppe, Hans-Ulrich, Götz Kaiser et al. (Hrsg.) 1973: Medizin und gesellschaftlicher Fortschritt. Thesen, Referate, Diskussionen und Beschlüsse des Marburger Kongresses »Medizin und gesellschaftlicher Fortschritt« am 20./21. Januar 1973. Köln (Pahl-Rugenstein)

Destatis (Statistisches Bundesamt) 2019: Bevölkerung im Wandel. Annahmen und Ergebnisse der 14. Koordinierten Bevölkerungsvorausberechnung. https://www.destatis.de/DE/Presse/Pressekonferenzen/2019/Bevoelkerung/pressebroschuere-bevoelkerung.html

Destatis 2021: Ausblick auf die Bevölkerungsentwicklung in Deutschland und den Bundesländern nach dem Corona-Jahr 2020. Erste mittelfristige Bevölkerungsvorausberechnung 2021 bis 2035. https://www.destatis.de/DE/Themen/Gesellschaft-Umwelt/Bevoelkerung/Bevoelkerungsvorausberechnung/Publikationen/Downloads-Vorausberechnung/bevoelkerung-deutschland-2035-5124202219004.html

Deutscher Bundestag (Wissenschaftlicher Dienst) 2008: Informationen zum Schweizer Rentensystem und seine Übertragbarkeit auf Deutschland. Berlin (Deutscher Bundestag, WD6-3000-008/8)

Dieterich, Anja, Bernard Braun et al. (Hrsg.) 2019: Geld im Krankenhaus. Eine kritische Bestandsaufnahme des DRG-Systems. Wiesbaden (Springer VS)

Downs, Anthony 1965: Ökonomische Theorie der Demokratie. Tübingen (Mohr-Siebeck)

Ebert, Thomas 2010: Soziale Gerechtigkeit. Ideen – Geschichte – Kontroversen. Bonn (Bundeszentrale für politische Bildung)

Ebert, Thomas 2012: Soziale Gerechtigkeit in der Krise. Bonn (Bundeszentrale für politische Bildung)

Eder, Günter 2018: Die Rente im Spannungsfeld von Politik, Wirtschaft und Demographie. Datenbasierte Überlegungen zur Zukunft der gesetzlichen Rente. Berlin (Rhombos)

Eder, Günter 2020: Warum sich Deutschland nicht rentiert. Makroskop vom 01. Dezember 2020. https://makroskop.eu/47-2020/warum-deutschland-rentenverlierer-ist/

Eder, Günter 2020a: Geht ein Österreicher in Rente ... Makroskop vom 08. Dezember 2020. https://makroskop.eu/48-2020/rentensystem-deutschland-oesterreich/

Ehrenberg, Herbert und Anke Fuchs 1980: Sozialstaat und Freiheit. Frankfurt am Main (Suhrkamp)

Enquete-Kommission Strukturreform der gesetzlichen Krankenversicherung 1988: Zwischenbericht. Bundestagsdrucksache 11/3267 vom 4. Juni 1988

Enquete-Kommission Strukturreform der gesetzlichen Krankenversicherung 1990: Endbericht. Bundestagsdrucksache 11/6380 vom 12. Februar 1990

Erhard, Ludwig 2020: Wohlstand für alle. Neuausgabe der 8. Auflage von 1964. Berlin (Econ-Ullstein)

Esping-Andersen, Gøsta 1991: The Three Worlds of Welfare Capitalism. Princeton NJ (Princeton University Press)

Esping-Andersen, Gøsta 2002a: A Child-Centred Social Investment Strategy. Esping-Andersen, Gøsta et al. 2002, a. a. O.: 26–67

Esping-Andersen, Gøsta 2002b: A New Gender Contract. Esping-Andersen, Gøsta (Hrsg.) 2002: Why We need a New Welfare State. Oxford (Oxford University Press): 68–95

Eucken, Walter 1989: Die Grundlagen der Nationalökonomie, 9., unveränderte Auflage. Berlin-Heidelberg-New York (Springer)

Eucken, Walter 1990: Grundsätze der Wirtschaftspolitik. Taschenbuchausgabe, 6. durchgesehene Auflage. Tübingen (J. C. B. Mohr – Paul Siebeck/ UTB)

Farrant, Andrew and Edward McPall 2014: Can a Dictator Turn a Constitution into a Can-Opener? Review of Political Economy 26 (3): 331–348

Fehr, Hans und Sabine Jokisch 2006: Demografischer Wandel und internationale Finanzmärkte. Perspektiven der Wirtschaftspolitik 7 (4): 501–517

Ferber, Christian von 1977: Soziologie und Sozialpolitik. Von Ferber und Kaufmann (Hrsg.), a. a. O.: 11–34

Ferber, Christian von und Franz-Xaver Kaufmann (Hrsg.) 1977: Soziologie und Sozialpolitik. Sonderheft 19/1977 der Kölner Zeitschrift für Soziologie und Sozialpsychologie. Opladen (Westdeutscher Verlag)

Fourastié, Jean 2004: Die große Hoffnung des 20. Jahrhunderts. Neuauflage von 1954, Köln (Bund)

Frank, Jürgen 1976: Kritische Ökonomie. Eine Einführung in Grundsätze und Kontroversen wirtschaftswissenschaftlicher Theoriebildung. Reinbek (Rowohlt)

Franke, Günter und Jan Pieter Krahnen 2007: Finanzmarktkrise: Ursachen und Lehren. Frankfurter Allgemeine Zeitung vom 24. November 2007: 13

Fraser, Nancy 2019: Warum zwei Karls besser sind als einer. Mit Polanyi und Marx zu einer Kritischen Theorie. Ulf Bohrmann und Paul Sörensen (Hrsg.): Kritische Theorie der Politik. Berlin (Suhrkamp): 63–83

Fratzscher, Marcel 2016: Verteilungskampf. Warum Deutschland immer ungleicher wird. München (Hanser)

Freidson, Eliot 1998: Profession of Medicine: A Study of the Sociology of Applied Knowledge. Chicago (Chicago University Press)

Fukuyama, Francis 1989: Das Ende der Geschichte? Europäische Rundschau 17 (4): 3–25

Ganßmann, Heiner 2009: Politische Ökonomie des Sozialstaats. 2., überarbeitete Auflage. Münster (Westfälisches Dampfboot)

GDV (Gesamtverband der Versicherer) 2021: Rente Global: Schweiz. Das Vorbild verblasst. https://www.gdv.de/de/themen/positionen-magazin/rentenversicherung-schweiz-das-vorbild-verblasst-68186

Geißler, Heiner 1976: Die neue soziale Frage. Armut im Wohlfahrtsstaat. Freiburg (Herder)

Geppert, Christian 2020: Deutschlands Rentensystem im internationalen Vergleich und Reformbilder im Ausland. Deutsche Rentenversicherung 75 (1): 145–168

Geyer, Johannes, Markus M. Grabka und Peter Haan: 20 Jahre Riester-Rente – Private Altersvorsorge braucht einen Neustart. DIW-Wochenbericht 40/2021: 668–673

Giddens, Anthony 1999: Der dritte Weg. Die Erneuerung der sozialen Demokratie. Frankfurt am Main (Suhrkamp)

Göpel, Maja und Moritz Remig 2014: Vordenker einer nachhaltigen Gesellschaft. Karl Polanyi und die »Große Transformation«. GAIA 23 (1): 70–72

Göpffahrt, Dirk 2016: Morbi-RSA. Ziele, Methoden und Weiterentwicklung. Gesundheits- und Sozialpolitik 70 (4–5): 8–14

Göpffahrt, Dirk, Stefan Greß et al. (Hrsg.) 2006: Jahrbuch Risikostrukturausgleich 2006.: Zehn Jahre Kassenwahlfreiheit. St. Augustin (Asgard)

Göpffahrt, Dirk, Stefan Greß et al. (Hrsg.) 2007: Jahrbuch Risikostrukturausgleich 2007: Gesundheitsfonds. St. Augustin (Asgard)

Gorz, André 1984: Der Weg ins Paradies. Berlin (Rotbuch)

Greß, Stefan, Maran Manouguian und Jürgen Wasem 2007: Niederlande – Anatomie einer Reform. Gesundheits- und Sozialpolitik 10 (1): 35–40

Guldimann, Tim, Marianne Rodenstein et al. 1978: Starnberger Studien 2: Sozialpolitik als soziale Kontrolle. Frankfurt am Main (Suhrkamp)

Habermas, Jürgen 1985: Die Neue Unübersichtlichkeit. Frankfurt am Main (Suhrkamp)

Hajen, Leonard, Holger Paetow und Harald Schumacher 2017: Gesundheitsökonomie. Strukturen – Methoden – Praxisbeispiele. 9. aktualisierte Auflage. Stuttgart (Kohlhammer)

Hank, Rainer 2010: In den Teufelsmühlen. Bilanz des Sozialstaats. Merkur 64 (9–10): 1018–1028

Hartmann, Michael 2010: Die Schwachen tragen die Starken. Frankfurter Rundschau vom 29. 12. 2009. Abgedruckt in: Rehmann und Wagner (Hrsg.), a. a. O.: 121–124

Hartwich, Hans-Hermann 1970: Sozialstaatspostulat und gesellschaftlicher status quo. Köln und Opladen (Westdeutscher Verlag)

Hartz-Kommission (Kommission Moderne Dienstleistungen am

Arbeitsmarkt) 2002: Bericht der Kommission. http://www.portal-sozialpolitik.de/index.php?page=hartz-kommission
Haun, Dietmar und Klaus Jacobs 2021: Weiterer Handlungsbedarf in der Pflegefinanzierung. G+G-Wissenschaft 21 (4): 7–14
Hayek. Friedrich A. 1957: Was ist und was heißt »sozial«. Albert Hunold (Hrsg.): Masse und Demokratie. Erlenbach-Zürich (Eugen Rentsch): 84–109
Hayek, Friedrich A. 1969: Der Wettbewerb als Entdeckungsverfahren. Derselbe (Hrsg.): Freiburger Studien. Tübingen (Mohr-Siebeck): 249–265
Hayek, Friedrich A. 1973: Die Anmaßung von Wissen. Ordo Band 26. Stuttgart (Gustav Fischer): 12–21
Hayek, Friedrich A. 1980: Recht, Gesetz und Freiheit, Band 1: Regeln und Ordnung. Landsberg am Lech (Verlag Moderne Industrie)
Hayek, Friedrich A. 1994: Der Weg zur Knechtschaft. Erlenbach-Zürich (Rentsch) 1945. Neuausgabe 1994. München (Olzog)
Hayek, Friedrich A. 2005: Die Verfassung der Freiheit. Herausgegeben von Alfred Bosch und Reinhold Veit. 5., erneut durchgesehene Auflage. Gesammelte Schriften in deutscher Sprache, Band B2. Tübingen (Mohr Siebeck)
Heigl, Andreas und Martin Katheder 2001: Age Wave – zur Demographieanfälligkeit von Aktienmärkten, München: Hypovereinsbank Policy Brief Volkswirtschaft Nr. 4/2001
Heimann, Eduard (1929/1982): Soziale Theorie des Kapitalismus. Theorie der Sozialpolitik. Frankfurt am Main (Suhrkamp)
Henschel, Armin 2019: Der deutsche Immobilienmarkt im europäischen Wirtschaftsraum. Klaus Voy (Hrsg.): Deutschland in Europa. Beiträge zur Wirtschafts- und Gesellschaftspolitik seit 1990. Marburg (Metropolis): 357–400
Herder-Dorneich, Philipp 1982: Der Sozialstaat in der Rationalitätenfalle. Stuttgart-Berlin-Köln-Mainz (Kohlhammer)
Hermann, Christopher und Nadia Mussa 2020: Investitionsfinanzierung und ineffiziente Krankenhausstrukturen. Jürgen Klauber et al. (Hrsg.) 2020, a. a. O.: 231–242
Hirsch, Michael 2016: Die Überwindung der Arbeitsgesellschaft. Eine politische Philosophie der Arbeit. Wiesbaden (Springer VS)

Hobsbawm, Eric J. 1995: Das Zeitalter der Extreme. Weltgeschichte des 20. Jahrhunderts. München-Wien (Hanser)

Höffner, Joseph 1971: Was ist Sozialpolitik? Bernhard Külp und Wilfrid Schreiber (Hrsg.), a. a. O.: 27–34

Hofmann, Werner 1964: Wert- und Preislehre. Sozialökonomische Studientexte, Band 1 Berlin (Duncker & Humblot)

Hofmann, Werner 1968: Das Elend der Nationalökonomie. Ders.: Universität, Ideologie, Gesellschaft. Beiträge zur Wissenschaftssoziologie. Frankfurt am Main (Suhrkamp): 117–140

Honneth, Axel 2009: Fataler Tiefsinn aus Karlsruhe. Die Zeit Nr. 40/2009 vom 24. 09. 2009

Honneth Axel 2011: Das Recht der Freiheit. Grundriß einer demokratischen Sittlichkeit. Berlin (Suhrkamp)

Horn, Karen 2009: Die Stimme der Ökonomen. Wirtschaftsnobelpreisträger im Gespräch. München (Hanser)

Illich, Ivan 1981: Die Nemesis der Medizin. Reinbek bei Hamburg (Rowohlt)

Jochimsen Reimut und Helmut Knobel 1971: Zum Gegenstand und zur Methodik der Nationalökonomie. Dieselben (Hrsg.): Gegenstand und Methoden der Nationalökonomie. Köln (Kiepenheuer & Witsch): 11–66

Jacobs, Klaus 2013: Wettbewerb im dualen Krankenversicherungssystem in Deutschland – Fiktion und Realität. Klaus Jacobs und Sabine Schulze (Hrsg.): Die Krankenversicherung der Zukunft. Anforderungen an ein leistungsfähiges System. Berlin (Kompart): 47–73

Judt, Tony 2010: Ein Sinn für Anstand. Die Zeit Nr. 1/2010 vom 7. 1. 2010

Jung, Heinz 1981: Der Klassenkampf als Triebkraft der Sozialpolitik. IMSF (Institut für Marxistische Studien und Forschungen) (Hrsg.): Der Staat im staatsmonopolistischen Kapitalismus. Frankfurt am Main (IMSF)

Kaube, Jürgen 2022: Der Zaubertrick mit dem kommunistischen Kaninchen. Frankfurter Allgemeine Zeitung, 30. 09. 2022: 11

Kaufmann, Franz-Xaver 1970: Sicherheit als soziologisches und sozialpolitisches Problem. Stuttgart (Enke)

Kaufmann, Franz-Xaver 1977: Sozialpolitisches Erkenntnisinteresse und Soziologie. Ein Beitrag zur Programmatik der Sozialwissenschaften. Von Ferber und Kaufmann (Hrsg.), a. a. O.: 35–75

King, John E. 2022: Postkeynesianismus. Eine Einführung. Wien (ProMedia)

Kingreen, Thorsten und Kühling, Jürgen 2013: Monistische Einwohnerversicherung. Konzeptionelle und rechtliche Fragen einer Transformation der dualen in eine integrierte Krankenversicherungsordnung. Gesundheits- und Sozialpolitik 67 (2–3): 28–35

Kirsch, Guy 2004: Neue Politische Ökonomie. 5. überarbeitete und erweiterte Auflage. Stuttgart (Lucius und Lucius UTB)

Kistler, Ernst 2006: Die Methusalem-Lüge. Wie mit demografischen Mythen Politik gemacht wird. München-Wien (Hanser)

Kistler Ernst und Falko Trischler 2012: Altersarmut und Methusalem-Lüge. Wie die Senkung des Rentenniveaus mit demografischen Mythen begründet wird. Butterwegge et al. (Hrsg.): a. a. O.: 163–174

Klapper, Bernadette und Irina Cichon (Hrsg.) 2021: Neustart! Für die Zukunft unseres Gesundheitswesens. Berlin (Medizinisch Wissenschaftliche Verlagsgesellschaft)

Klauber, Jürgen, Max Geraedts et al. (Hrsg.) 2020: Krankenhausreport 2020. Berlin (Springer)

Klemperer, David 2020: Sozialmedizin – Public Health – Gesundheitswissenschaften. 4. überarbeitete und erweiterte Auflage. Bern (Hogrefe)

Knieps, Franz und Hartmut Reiners 2015: Gesundheitsreformen in Deutschland. Geschichte – Intentionen – Kontroversen. Bern (Huber)

KOMV (Kommission für ein modernes Vergütungssystem) 2019: Empfehlungen für ein modernes Vergütungssystem in der ambulanten ärztlichen Versorgung. https://www.bundesgesundheitsministerium.de/bericht-komv.html

Kortmann, Klaus 1973: Probleme der Armut im Sozialstaat. Martin Pfaff und Hubert Voigtländer (Hrsg.). Sozialpolitik im Wandel. Von der selektiven zur integrativen Sozialpolitik. Bonn (Neue Gesellschaft): 127–144

Krätke, Michael 2017: Kritik der politischen Ökonomie heute. Zeitgenosse Marx. Hamburg (VSA)

Kühl, Jürgen 1982: Das Arbeitsförderungsgesetz von 1969. Grundzüge seiner arbeitsmarkt- und beschäftigungspolitischen Konzeption. Mitteilungen aus der Arbeitsmarkt- und Berufsforschung 15 (3): 251–260

Kühn, Hagen 2004: Demographischer Wandel und demographischer Schwindel. Zur Debatte um die gesetzliche Krankenversicherung. Blätter für deutsche und internationale Politik, 49 (6): 742–751

Külp, Bernhard und Wilfrid Schreiber (Hrsg.) 1971: Soziale Sicherheit. Köln-Berlin (Kiepenheuer & Witsch)

Külp, Bernhard und Wolfgang Stützel (Hrsg.) 1973: Beiträge zu einer Theorie der Sozialpolitik. Festschrift für Elisabeth Liefmann-Keil. Berlin (Duncker & Humblot)

Lampert, Thomas, Matthias Richter, M. et al. 2016: Soziale Ungleichheit und Gesundheit. Stand und Perspektiven der sozialepidemiologischen Forschung in Deutschland. Bundesgesundheitsblatt 59 (2): 153–165. http://edoc.rki.de/oa/articles/reXZ30940Vqgk/PDF/20BQIsykq9Qi6.pdf

Lehnhardt, Gero und Claus Offe 1977: Staatstheorie und Sozialpolitik. Politisch-soziologische Erklärungsansätze für Funktionen und Innovationsprozesse der Sozialpolitik. Christian von Ferber und Franz-Xaver Kaufmann, a. a. O.: 98–127

Lessenich, Stefan 2012: Theorien des Sozialstaats zur Einführung. Hamburg (Junius)

Luxemburg, Rosa 1970: Sozialreform oder Revolution. Gesammelte Werke Band 1/1. Berlin (Dietz): 367–466

Mackenroth, Gerhard 1957: Die Reform der Sozialpolitik durch einen deutschen Sozialplan. Schriften des Vereins für Sozialpolitik Neue Folge Band 4. Berlin: Duncker und Humblot. Hier zitiert nach der ergänzten Fassung in Erik Boettcher (Hrsg.) 1957, a. a. O.: 44–74

Marshall, Thomas H. 1976: Citizenship and Social Class. Ders.: Class, Citizenship and Social Development. Westport, Ct. (Doubleday Anchor): 65–122

Marx, Karl 1962: Randglossen zum Programm der deutschen Arbeiterpartei. Marx-Engels-Werke, Band 19. Berlin (Dietz): 15–32

Marx, Karl 1962a: Randglossen zu Adolph Wagners »Lehrbuch der politischen Ökonomie«. Marx-Engels-Werke, Band 19. Berlin (Dietz): 355–383

Marx, Karl 1965: Theorien über den Mehrwert Erster Teil. Marx-Engels-Werke, Band 26. 1. Berlin (Dietz)

Marx, Karl 1971: Einleitung zur Kritik der Politischen Ökonomie. Marx-Engels-Werke, Band 13: 615–642

Marx, Karl und Friedrich Engels 1969: Die deutsche Ideologie. Marx-Engels-Werke, Band 3: 5–530. Berlin (Dietz)

Marshall, Thomas H. 1975: Social Policy. New Edition. London (Hutchinson)

Masuch, Peter, Wolfgang Spellbrink et al. (Hrsg.) 2015: Grundlagen und Herausforderungen des Sozialstaats. Bundessozialgericht und Sozialstaatsforschung, Band 2. Berlin (Erich Schmidt)

McKeown, Thomas 1979: Die Bedeutung der Medizin. Frankfurt am Main (Suhrkamp)

Metzler, Gabriele 2010: Demokratisierung des Risikos? Ulrich Becks »Risikogesellschaft«. Zeithistorische Forschungen 7 (2): 323–327

Mill, John Stuart 2006: Utilitarismus. Hrsg. von Manfred Kühn. Hamburg (Meiner)

Minsky, Hyman P. 2011: Instabilität und Kapitalismus. Zürich (diaphanes)

Mommsen, Wolfgang J. 1993: Das Ringen um den nationalen Staat. Die Gründung und der innere Ausbau des Deutschen Reiches unter Otto von Bismarck 1850 bis 1890. Propyläen Geschichte Deutschlands, Band 7/1. Berlin (Propyläen)

Müller-Armack, Alfred 1990: Wirtschaftslenkung und Marktwirtschaft, Reprint von 1947. München (Kastell)

Müller, Wolfgang und Christel Neusüß 1970: Die Sozialstaatsillusion und der Widerspruch von Lohnarbeit und Kapital. Sozialistische Politik 2 (6–7): 4–61

Münkler, Herfried 2001: Solidarität in modernen Gesellschaften. Franz Müntefering und Matthias Machnig (Hrsg.), a. a. O.: 31–48

Franz Müntefering und Matthias Machnig (Hrsg.) 2001: Sicherheit im Wandel. Neue Solidarität im 21. Jahrhundert. Berlin (Vorwärts)

Musgrave, Richard A. 1974: Finanztheorie. 2., verbesserte und ergänzte Auflage. Tübingen (Mohr Siebeck)

Nachtwey, Oliver 2009: Marktsozialdemokratie. Die Transformation von SPD und Labour Party. Wiesbaden (VS)

Nachtwey, Oliver 2016: Die Abstiegsgesellschaft. Berlin (Suhrkamp)

Naegele, Gerhard 2014: 20 Jahre Verabschiedung der gesetzlichen Pflegeversicherung. Eine Bewertung aus sozialpolitischer Sicht. Bonn (Friedrich-Ebert-Stiftung)

Nell-Breuning, Oswald von 1957: Solidarität und Subsidiarität im Raume von Sozialpolitik und Sozialreform. Erik Boettcher (Hrsg.), a. a. O.: 213–226

Neumann, Lothar F. und Klaus Schaper 2008: Die Sozialordnung der Bundesrepublik Deutschland. Frankfurt am Main (Campus)

Nordmann, Jürgen 2005: Der lange Marsch zum Neoliberalismus. Hamburg (VSA)

Nozick, Robert 2006: Anarchie, Staat, Utopia. München (Olzog)

Nuernbergk, Christian 2006: Die PR-Kampagne der Initiative Neue Soziale Marktwirtschaft und ihr Erfolg in den Medien. Ulrike Röttger (Hrsg.): PR-Kampagnen. Über die Inszenierung von Öffentlichkeit. 3., überarbeitete Auflage. Wiesbaden (Springer VS): 159–177

Nullmeier, Frank 2000: Politische Theorie des Sozialstaats. Frankfurt am Main/New York (Campus)

Oberender, Peter, Stefan Felder et al. 2006: Bayreuther Versichertenmodell. Bayreuth (P. C. O.)

OECD 2009: Pensions at a Glance. https://www.oecd-ilibrary.org/finance-and-investment/pensions-at-a-glance-2009_pension_glance-2009-en

OECD 2021: Health at a Glance 2021. https://www.oecd.org/health/health-at-a-glance/

OECD 2021a: Pensions at a Glance 2021. https://www.oecd.org/publications/oecd-pensions-at-a-glance-19991363.htm

Offe, Klaus 1972: Strukturprobleme des kapitalistischen Staates. Frankfurt am Main (Suhrkamp)

Offe, Klaus 1984: Arbeitsgesellschaft – Strukturprobleme und Zukunftsperspektiven, Frankfurt am Main (Campus)

Opielka, Michael (Hrsg.) 1985: Die ökosoziale Frage. Entwürfe zum Sozialstaat. Frankfurt am Main (Fischer)

Opielka, Michael (1987): Strukturprobleme sozialpolitischer Alternative. Michael Opielka und Ilona Ostner (Hrsg.), a. a. O.: 122–148

Opielka, Michael 2015: Strukturprobleme der Finanzierung der sozialen Sicherheit aus sozialwissenschaftlicher Sicht: Das Grundeinkommen als zentrale sozialpolitische Innovation. Peter Masuch et al. (Hrsg.), a. a. O.: 737–749

Opielka, Michael und Ilona Ostner (Hrsg.) 1987: Der Umbau des Sozialstaates. Essen (Klartext)

Ötsch, Walter O. und Silja Graupe 2018: Der vergessene Lippmann – Politik, Propaganda und Markt. Einführung zur Neuausgabe von Walter Lippmann: Die Öffentliche Meinung. Frankfurt am Main 2018 (Westend)

Ötsch, Walter O., Stephanie Pühringer und Katrin Hirte 2017: Netzwerke des Marktes. Ordoliberalismus als Politische Ökonomie. Wiesbaden (Springer VS)

Ötsch, Walter O. und Claus Thomasberger 2009: Der neoliberale Markt-Diskurs. Marburg (Metropolis)

Pabst, Stefan 1997: Finanz- statt Sozialpolitik. Konflikte bei der Implementation der Pflegeversicherung. ZeS-Arbeitspapier 8/97. https://www.socium.uni-bremen.de/veroeffentlichungen/arbeitspapiere/?

Paquet, Robert 2013: Auswirkungen der Bürgerversicherung auf die Beschäftigung in der gesetzlichen und privaten Krankenversicherung. Arbeitspapier 284 der Hans-Böckler-Stiftung. https://www.boeckler.de/pdf/p_arbp_284.pdf

Pauly, Mark V. 1968: The Economics of Moral Hazard: Comment. American Economic Review 58 (4): 531–537

Pick, Peter 2000: Weiterentwicklung der sozialen Pflegeversicherung. Arbeit und Sozialpolitik 54 (7–8): 31–35

Piketty, Thomas 2014: Das Kapital im 21. Jahrhundert. München (C. H. Beck)

Piketty, Thomas 2020: Kapital und Ideologie. München (C. H. Beck)

Polanyi, Karl 1978: The Great Transformation. Politische und ökonomische Ursprünge von Gesellschaften und Wirtschaftssystemen. Frankfurt am Main (Suhrkamp)

Polanyi, Karl 2002: Chronik der großen Transformnation. Artikel und Aufsätze (1920–1945), Band 1. (hrsg. von Michele Cangiani und Claus Thomasberger. Marburg (Metropolis)

Porter, Roy 2000: Die Kunst des Heilens. Eine medizinische Geschichte der Menschheit von der Antike bis heute. Heidelberg-Berlin (Spektrum)

Precht, Richard David 2022: Das Ende der Arbeit wie wir sie kennen. München (Goldmann)

Preller, Ludwig 1978: Sozialpolitik in der Weimarer Republik. Reprint von 1949. Kronberg (Athenäum-Droste)

Pressel, Holger 2012: Der Gesundheitsfonds. Entstehung – Einführung – Weiterentwicklung – Folgen. Wiesbaden (Springer VS)

Ptak, Ralf 2003: Vom Ordoliberalismus zur Sozialen Marktwirtschaft. Wiesbaden (VS)

Raffelhüschen, Bernd, Teresa Brinkschmidt et al 2021: Die Generationenbilanz: Steigende Schulden, versäumte Reformen, apathische Politik. Stiftung Marktwirtschaft: Argumente zu Marktwirtschaft und Politik Nr. 158, September 2021 https://www.stiftung-marktwirtschaft.de/inhalte/themen/generationenbilanz/

Rawls, John 1979: Eine Theorie der Gerechtigkeit. Frankfurt am Main (Suhrkamp)

Rawls, John 2003: Gerechtigkeit als Fairneß. Ein Neuentwurf. Frankfurt am Main (Suhrkamp)

Reckwitz, Andreas 2017: Die Gesellschaft der Singularitäten. Berlin (Suhrkamp)

Reckwitz, Andreas 2019: Das Ende der Illusionen. Politik, Ökonomie und Kultur in der Spätmoderne. Berlin (Suhrkamp)

Rehmann, Jan und Thomas Wagner (Hrsg.) 2010: Angriff der Leistungsträger? Das Buch zur Sloterdijk-Debatte. Hamburg (Argument)

Reichelt, Herbert 1994: Steuerungswirkungen der Selbstbeteiligung im Arzneimittelmarkt. Stuttgart-Jena-New York (Gustav Fischer)

Reifferscheid, Antonius, Dominik Thomas und Jürgen Wasem 2013: Zehn Jahre DRG-System in Deutschland – Theoretische Anreizwirkungen und empirische Evidenz. Klauber et al. (Hrsg.), a. a. O.: 3–19

Reiners, Hartmut 2006: Der »Lahnstein-Mythos«: Die schwere Geburt des RSA. Dirk Göpffahrt et al. (Hrsg.), a. a. O.: 13–34

Reiners, Hartmut 2009: Denn sie wissen nicht, was sie tun. Anmerkungen zum gesundheitspolitischen Programm der schwarz-gelben Koalition. Gesundheits- und Sozialpolitik 63 (6): 10–14

Reiners, Hartmut 2019: Mythen der Gesundheitspolitik. 3., vollständig überarbeitete Auflage. Bern (Hogrefe)

Rice, Thomas 2004: Stichwort: Gesundheitsökonomie. Bonn (Kompart)

Riese, Hajo 1972: Ordnungsidee und Ordnungspolitik – Kritik einer wirtschaftspolitischen Konzeption. Kyklos 25 (1): 24–48

Riester, Walter 2004: Mut zur Wirklichkeit. Düsseldorf (Droste)

Rifkin, Jeremy 2005: Das Ende der Arbeit und ihre Zukunft. Frankfurt am Main (Fischer)

Ritter, Gerhard A. 2006: Der Preis der deutschen Einheit. Die Wiedervereinigung und die Krise des Sozialstaats. München (C. H. Beck)

Robinson, Joan 1973: Die Zweite Krise der ökonomischen Theorie. Winfried Vogt (Hrsg.), a. a. O.: 37–55

Roß, Jan 1998: Die neuen Staatsfeinde. Was für eine Republik wollen Schröder, Henkel, Westerwelle und Co.? Berlin (Alexander Fest)

Rothgang, Heinz 1997: Ziele und Wirkungen der Pflegeversicherung. Eine ökonomische Analyse. Frankfurt am Main-New York (Campus)

Rothgang, Heinz und Thomas Kalwitzki 2015: Pflegestärkungsgesetz II: eine erstaunlich großzügige Reform. Gesundheits- und Sozialpolitik 69 (5): 46–54

Rothgang, Heinze und Thomas Kalwitzki 2021: Pflegeversicherungsreform 2021 – Was muss geschehen und was geht noch? Gesundheits- und Sozialpolitik 2021 75 (2): 6–15

Rothgang, Heinz, Franziska Heinze und Thomas Kalwitzki 2021: Zur Notwendigkeit einer Finanzreform der Pflegeversicherung jenseits der »kleinen Pflegereform« des GVWG. Gesundheits- und Sozialpolitik 75 (4–5): 19–28

Ruland, Franz 2009: Ausbau der Rentenversicherung zu einer allgemeinen Erwerbstätigenversicherung. Zeitschrift für Rechtspolitik 42 (6): 165–169

Ruland, Franz 2013: Die Bedeutung des Äquivalenzprinzips in der Rentenversicherung. Deutsche Rentenversicherung 2/2013: 101–111

Rürup-Kommission (Kommission Nachhaltigkeit in der Finanzierung der sozialen Sicherungssysteme) 2003: Bericht der Kommission. Bundesministerium für Gesundheit und Soziale Sicherung. Berlin (BMGS). http://www.portal-sozialpolitik.de/index.php?page=ruerup-kommission

Rüstow, Alexander 1971: Sozialpolitik diesseits und jenseits des Klassenkampfes. Külp und Schreiber (Hrsg.), a. a. O.: 17–26

Schefold, Bertram 1981: Die Relevanz der Cambridge-Theorie für die ordnungspolitische Diskussion. Schriften des Vereins für Socialpolitik N. F. 116. Berlin (Duncker & Humblot): 689–704

Schirrmacher, Frank 2004: Das Methusalemkomplott. München: Heyne

Schmähl, Winfried 1978: Die Einkommenssituation alter Menschen in der Bundesrepublik Deutschland – Probleme ihrer Ermittlung und Beurteilung. Hans-Peter Widmaier (Hrsg.): Zur Neuen Sozialen Frage. Schriften des Vereins für Socialpolitik, Neue Folge Band 95. Berlin (Duncker & Humblot): 185–249

Schmähl, Winfried 2006: Die neue deutsche Alterssicherung und die Gefahr steigender Altersarmut. Soziale Sicherheit 66 (12): 397–402

Schmähl, Winfried 2015: Alterssicherung und Erwerbsminderung aus wirtschaftswissenschaftlicher Sicht. Peter Masuch et al. (Hrsg.), a. a. O.: 29–63

Schöb, Ronnie 2020: Der starke Sozialstaat. Weniger ist mehr. Frankfurt am Main/New York (Campus)

Schönbach, Karl-Heinz 2008: Reform der Ärztevergütung: Großer Kuchen, gut verteilt? Gesundheit und Gesellschaft 11 (10): 29–32

Schröder, Gerhard 2003: Mut zum Frieden, Mut zur Veränderung.

Regierungserklärung vom 14. März 2003. http://www.documentarchiv.de/brd/2003/rede_schroeder_03-14.html
Schularick, Moritz 2021: Der entzauberte Staat. Was Deutschland aus der Pandemie lernen muss. München (C. H. Beck)
Schumpeter, Joseph 1972: Kapitalismus, Sozialismus und Demokratie. München (Francke-UTB)
Schwinger, Antje 2022: Verbesserte Arbeitsbedingungen in der Langzeitpflege: Aber wer zahlt? Gesundheits- und Sozialpolitik 76 (4–5): 30–36
Sen, Amartya 2010: Die Idee der Gerechtigkeit. München (C. H. Beck)
Sen, Amartya 2020: Rationale Dummköpfe. Ditzingen (Reclam)
Siems, Dorothea 2021: Kostenexplosion – jetzt droht den Krankenkassen ein Finanzdebakel. Welt+ vom 04. 10. 2021. https://www.welt.de/wirtschaft/plus234150214/Krankenkassen-Jetzt-droht-den-Kassen-das-Finanzdebakel.html
Simon, Michael 2019: Das deutsche DRG-System: Vorgeschichte und Entwicklungen seit seiner Einführung. Anja Dieterich et al. (Hrsg.), a. a. O.: 3–27
Simon, Michael 2019 a: Das deutsche DRG-System: Weder Erfolgsgeschichte noch leistungsgerecht. Anja Dieterich et al. (Hrsg.), a. a. O.: 295–324
Sinn, Hans-Werner 2004: Der kranke Mann Europas. Diagnose und Therapie der deutschen Krankheit. Internationale Politik Heft 5/2004: 25–34
Sinn, Hans-Werner und Silke Übelmesser 2002: Pensions and the Path to Gerontocracy. European Journal of Political Economy 19 (1): 153–158
Sloterdijk, Peter 2009: Die Revolution der gebenden Hand. Frankfurter Allgemeine Zeitung vom 13. 06. 2009. https://petersloterdijk.net/2009/06/die-revolution-der-gebenden-hand/
Sloterdijk, Peter 2010: Warum ich doch recht habe. Die Zeit Nr. 49/2010 vom 02. 12. 2010
Smolka, Klaus Max 2017: Ringen um Rendite. Frankfurter Allgemeine Zeitung vom 26. Februar 2017. http://www.faz.net/aktuell/finanzen/aktien/investorenmesse-super-return-eroeffnet-in-berlin-14893990.html

Spieker, Manfred 2004: Besitzen, als besäße man nichts. Zur Eigentumsethik der Christlichen Gesellschaftslehre. Frankfurter Allgemeine Zeitung (FAZ), 11. Dezember 2004: 13

Staffeldt, Thomas 2008: Vergütungsreform – im Zeitplan und aus den Fugen. Gesundheits- und Sozialpolitik 62 (4): 36–40

Staiger, Martin 2022: Bürgergeld: Neues Label, altes Denken? Blätter für deutsche und internationale Politik 67 (10): 109–114

Straubhaar, Thomas 2017: Radikal gerecht. Wie das bedingungslose Grundeinkommen den Sozialstaat revolutioniert. Hamburg (Edition Körber-Stiftung)

Streit, Manfred E. 2009: Soziale Gerechtigkeit – ein ordnungspolitisches Ärgernis. Derselbe: Reflexionen und Kommentare zur Wirtschaftspolitik. Baden-Baden (Nomos): 95–99

SVR-G 2009 (Sachverständigenrat zur Begutachtung der Entwicklung im Gesundheitswesen): Koordination und Integration – Gesundheitsversorgung in einer Gesellschaft des längeren Lebens. Deutscher Bundestag: Drucksache 16/13770

SVR-G 2012: Wettbewerb an der Schnittstelle zwischen ambulanter und stationärer Gesundheitsversorgung. Deutscher Bundestag: Drucksache 17/10323

SVR-G 2018: Bedarfsgerechte Steuerung der Gesundheitsversorgung. Deutscher Bundestag: Drucksache 19/3180

SVR-W (Sachverständigenrat zur Begutachtung der gesamtwirtschaftlichen Entwicklung) 1985: Jahresgutachten 1985/86. Bundestagsdrucksache 10/4295

Thomasberger, Claus 2009: »Planung für den Markt« versus »Planung für die Freiheit«. Walter O. Ötsch und Claus Thomasberger (Hrsg.), a. a. O.: 63–96

Thomasberger, Claus 2012: Das neoliberale Credo. Ursprünge, Entwicklung, Kritik. Marburg (Metropolis)

Trojan, Alf 1986: Jenseits der Grenzen des Sozialstaats. Selbsthilfegruppen aus dem Blickwinkel der Sozialpolitik. Derselbe (Hrsg.): Wissen ist Macht. Eigenständig durch Selbsthilfe in Gruppen. Frankfurt am Main (Fischer): 284–312

Vogl, Joseph 2017: Die Vergötzung des Marktes. Über das seltsame Überleben des Gottesbeweises in der Ökonomie. Blätter für deutsche und internationale Politik 62 (9): 98–108

Vogt, Winfried (Hrsg.) 1973: Seminar: Politische Ökonomie. Zur Kritik der Herrschenden Nationalökonomie. Frankfurt am Main (Suhrkamp)

VVG-Kommission (Kommission zur Reform des Versicherungsvertragsrechts) 2004: Bericht der Kommission vom 19.4.2004. https://www.jura.uni-hamburg.de/media/einrichtungen/sem-versicherungsrecht/gesetzesaenderungen/abschlussbericht-der-vvg-kommission-2004-04-19.pdf

Walendzik, Anke und Jürgen Wasem 2019: Vergütung ambulanter und ambulant erbringbarer Leistungen. Gütersloh (Bertelsmann Stiftung). https://www.bertelsmann-stiftung.de/de/unsere-projekte/integrierte-krankenversicherung/projekt-nachrichten/gleiche-medizinische-leistungen-gleich-bezahlen/

Wallrabenstein, Astrid 2009: Verfassungsrechtliche Aspekte einer Erwerbstätigenversicherung. Deutsche Rentenversicherung 2009 (4): 329–335

Wehler, Hans Ulrich 2008: Deutsche Gesellschaftsgeschichte, Band 5: Bundesrepublik und DDR. München (C. H. Beck)

Wendl, Michael 2021: Zurück zum guten alten Kapitalismus. Wie Sarah Wagenknecht die soziale Marktwirtschaft verklärt. Sozialismus Heft 6/2021: 64–67

Werner, Götz W. 2007: Einkommen für alle. Bedingungsloses Grundeinkommen – die Zeit ist reif. Köln: Kiepenheuer & Witsch

Wilenksy, Harold L. 2006: Rich Democracies. Political Economy, Public Policy and Performance. Berkeley – Los Angeles – London (University of California Press)

Internetquellen: Letzter Abruf 4. Dezember 2022

Stichwortverzeichnis